尚老师谈家庭教育

孩子、我在你身后

尚文升 著

暨南大学出版社
JINAN UNIVERSITY PRESS

中国·广州

图书在版编目（CIP）数据

孩子，我在你身后/尚文升著 . —广州：暨南大学出版社，2018. 1
（尚老师谈家庭教育）
ISBN 978 - 7 - 5668 - 2257 - 4

Ⅰ . ①孩…　Ⅱ . ①尚…　Ⅲ . ①家庭教育—教育心理学　Ⅳ . ①G780

中国版本图书馆 CIP 数据核字（2017）第 282569 号

孩子，我在你身后
HAIZI，WO ZAI NI SHENHOU
著　者：尚文升

- -

出 版 人：徐义雄
策划编辑：冯　琳
责任编辑：雷晓琪　梁　婧
责任校对：叶佩欣
责任印制：汤慧君　周一丹

出版发行：暨南大学出版社（510630）
电　　话：总编室（8620）85221601
　　　　　营销部（8620）85225284　85228291　85228292（邮购）
传　　真：（8620）85221583（办公室）　85223774（营销部）
网　　址：http://www.jnupress.com
排　　版：广州市天河星辰文化发展部照排中心
印　　刷：广州天虹彩色印刷有限公司
开　　本：787mm×1092mm　1/16
印　　张：14
字　　数：244 千
版　　次：2018 年 1 月第 1 版
印　　次：2018 年 1 月第 1 次
定　　价：45.00 元

（暨大版图书如有印装质量问题，请与出版社总编室联系调换）

自　序

记得在大学的时候看过谢国有先生的著作《"东方好莱坞"的缔造者：邵逸夫和他的黄金时代（1907—2014）》，书中有个真实的案例，也许正是看完这个案例后的深刻反思，在我心中播下了一颗种子，让我得以在未来与家庭教育结下了不解之缘，并且立志为此奋斗终生。

这篇文章说的是家庭环境对孩子成长的重要性，类似《荀子·劝学篇》所说的"蓬生麻中，不扶而直；白沙在涅，与之俱黑"。文章介绍了美国的两个家族。一个家族的始祖是 200 年前康涅狄格州德高望重的哲学家嘉纳塞·爱德华。由于重视子女教育，家学渊源，他的八代子孙中出了 1 位副总统、1位外交官、13 位大学院长、103 位大学教授、60 位医生、20 多位议员……在长达两个世纪的时间里，竟没有一人被关、被捕、被判刑。另一个家族的始祖是 200 年前纽约州的马克斯·莱克，他是个臭名昭著的赌棍加酒鬼，开设赌馆，对子女不闻不问。在他的八代子孙中有 7 个杀人犯、65 个盗窃犯、324个乞丐，因酗酒死亡或成为残疾者的有 400 多人。2016 年 3 月，在政协第十二届第四次会议的记者会上，有记者问全国政协委员、北京市第四中学校长刘长铭如何看待"天价学区房"问题，他回答："如果是我，我不会这么做，我会把更多的精力和家庭财力放在改善家庭教育的质量上。很多事例证明家庭教育是决定孩子未来职业成功、生活幸福最重要的因素。家庭是孩子的第一所学校，父母是孩子的第一任老师，我们应该把更多的精力放在改进家庭教育上。"美国两个家族后代的对比也好，刘长铭校长的观点也好，其实都在传递一个相同的信息：家庭教育对一个人的影响何其大，尤其是在童年时期。俗话说的"三岁看大，七岁看老""三岁定八十"就是这个意思，而不是在孩子小的时候教给他很多知识性的东西。

大学毕业后的第三年（2003 年），我如愿以偿地进入一家教育机构，开始从事家庭教育工作。在以后的职业生涯中，虽曾经有过几次短时间脱离家庭教育行业，但过不了多久又会"重操旧业"，也许这正源于内心那份强烈的热爱与呼唤吧。毫不夸张地说，在举办巡回讲座的过程中，我真的是"历经千辛万苦，说尽千言万语，走遍千山万水，服务千家万户"。有时在笑里流泪，有时却又破涕为笑；既患得患失，又乐在其中。截至2016年9月，我在国内举办的讲座场次保守估计已经上千，算是满足了自己小小的虚荣心，获得了一点小小的成就感。

很多家长根本不了解孩子，结果造成亲子间无数次的冲突。如果家长能知道一些最起码的教育学常识或心理学原理，教育其实完全可以成为一种享受，至少能让家长感到比较轻松而不是充满挫败感。

在十多年的家庭教育工作中，我发现有两个"拦路虎"一直在阻碍着家长的成长。这两个问题如果不解决，家长就无法改变，家庭环境也无法改变，最后直接导致孩子的问题"涛声依旧"。

第一个"拦路虎"，是家长不理解孩子年龄与心理特征，爱用大人的想法揣摸孩子。比如一个三四岁的幼儿用羡慕的眼光看着同伴的玩具，尽管他自己并没有，但是他仍然会用尽全身的力气大声"吹嘘"："我家里也有一个这样的玩具，比你的还大还漂亮，哼！"如果家长能明白孩子这么说，是因为他在这个年龄段还无法分清想象和现实的差别，家长就会笑着对孩子说："其实你是希望妈妈也能帮你买个这样的玩具，妈妈知道了。"而不是对孩子说："家里哪有这样的玩具，小小年纪竟然会撒谎了，这还了得。"

第二个"拦路虎"，是很多家长心态浮躁，喜欢"揠苗助长"，这种解决问题的手段本身就存在很大的隐患，其结果必然是造成更大的问题。

有教育专家曾说，教育不能太快了，否则灵魂跟不上；教育家叶圣陶先生也曾经说过，教育应该是农业，而不是工业。不少父母应该知道美国心理学家格赛尔曾经做过的"同卵双生子爬楼梯实验"，实验得出的结论是：教育不能太急，太急往往适得其反。心理学上有句话说得好：心灵的事，还是要慢慢来。

有鉴于此，从前年开始，我就有一个想法，希望能写一本书有针对性地解决这两个问题，至少能降低这两个问题对家长造成的困扰。刚好去年有空，于是就从2016年9月份开始动笔，到2017年7月份正式完稿，期间的酸甜苦辣，难以言表。

本书分为两个部分：

第一部分是父母成长。我一直觉得，孩子是环境的产物。更确切地说，是父母教育观念的产物，如果父母不反省自己的教育方式，抗拒学习和成长，那么，孩子小时候被自己的父母如何对待，长大后就会用同样的方式对待自己的孩子。这个现象，可以称为"轮回"，从深层心理学的角度来看，叫"强迫性重复"。唯有反省和成长，才能摆脱原生家庭的影响，从而选择更健康的方式与孩子相处。

第二部分是读懂孩子。孩子是人，但更是孩子。他的心理既有和成人相同的地方，又有不同的地方，这就是哲学上所说的事物的"独特性"。如果父母不能正确解读孩子在发展过程中出现的一些现象，动辄"上纲上线"，就会破坏亲子关系，甚至严重损害孩子的心理健康。

本书在出版过程中得到了不少朋友的帮助，他们针对书稿提出了宝贵的意见，在此一并表示感谢。他们是：全国著名幼教专家曾红台女士、胡轶群女士，广州父母学堂许化利会长，广东省关心下一代工作委员会校园安全活动副主任郑晓霁先生，中国教育学会家教委高级讲师薛丰惠老师、马赛梅老师、王伟老师、武晓庆老师。还有我的大学同学赵志诚夫妇、赵美华夫妇、石永峰夫妇，尽管相隔千里，他们依然给了我很多中肯的意见。

更要感谢暨南大学出版社的编辑冯琳女士，在图书出版过程中，她的细心热情和专业敬业，深深打动了我，期待下一次与她的合作。

尤其要感谢我的导师——中国当代家庭教育科学研究开拓者、中国教育学会家教委理事长、北京师范大学教育学科带头人赵忠心教授，他对书稿的肯定坚定了我写书的信心。

本文中部分案例与故事参考了一些网络资料，无法一一致谢作者。

如果书中某篇文章、某个观点，甚至只是某句话，对你有一点帮助和启发，或引起了你的思考，我都将深感荣幸！

由于本人水平有限，书中难免有不当之处，敬请同行和读者斧正。

2017 年 9 月 9 日

目 录
CONTENTS

三 教养误区

四 爱和陪伴

第二部分 读懂孩子

一 问题行为

第一部分

父母成长

一　情绪管理

父母先要疗愈自己

天气不会永远晴空万里，总会有阴雨连绵的日子；同样，家长和孩子相处也不会永远风平浪静，总会有失去耐心的时候。这些时候包括：无尽的小麻烦，阶段性的冲突，突如其来的危机。一旦发生冲突，不少家长常常会下意识地采取简单粗暴的方式对待孩子，过后又会内疚甚至是痛恨自己，直到下一次冲突，同样的场景再次上演，恶性循环。

面对情绪失控，也许有人曾经建议，或者从相关渠道得到的信息是要学会控制情绪，说白了就是要学会忍，就像一句俗话说的："'忍'字头上一把刀，忍后方知'忍'字高。"然而，当采取了控制或忍受的做法，不用多久就会发现行不通。要么负面情绪因为压抑而不断累积，就像一个不断产生蒸汽却没有排气孔的的高压锅，累积到一定程度的时候，一件微不足道的事情（外在诱因）都可以让负面情绪集中爆发；要么被积压的负面情绪会突然转移到无关的人身上，也就是所谓的"迁怒"，就像有的人在生活极度失意的时候，会通过伤害无辜来报复社会。

其实，情绪无法被控制，只能被管理。因为情绪本身就是人的一部分，人与情绪对抗，其实是自己反对自己，自己排斥自己。这样做无益于问题的解决，反而会让问题变得更加严重——解决问题的手段，本身就是一个很大的问题。

要管理好情绪，尤其是负面情绪，首先要明白负面情绪的来源，就像医生治病，只有找到病因才能对症下药。

来自原生家庭的负面情绪

很多人的负面情绪，都源自原生家庭的影响。也就是说，来自童年时期与父母的相处模式。一方面，在与父母的互动过程中，孩子学会了如何采取有效的方式来解决问题或者冲突。如果父母的脾气暴躁，孩子就学会用发火解决问题；如果父母喜欢羞辱人，孩子就学会在冲突的时候口不择言，用语言暴力对别人进行人身攻击。尽管在成年后，孩子在意识上会反对父母当初的教育方式，但在潜意识中，还是会不知不觉地认同父母，因为父母作为孩子的第一教育者，其威严和榜样作用是潜移默化的。毕竟小时候每个人都要依赖父母，即便长大后，我们的思维还是会因为惯性，在行为上继续模仿父母，也就是心理学所说的"情感上排斥，行为上认同"。另一方面，孩子从父母身上学到了一个概念，就是"父母应该怎样对待孩子"。也就是说，我们在成为父母之前，就已经确定了以后会采取何种方式与孩子相处，因为一个先入为主的模式已经深深扎根在我们心中。

如何解决这个问题？成人首先要敢于承认这个事实：父母当初的教育方式确实不妥，甚至已经深深地伤害了我，影响到当下我和孩子的相处。

其次，如果可能的话，成人要把这种影响当面心平气和地告诉父母而不是指责父母，毕竟父母无法给予我们他们本身没有的东西。心理学上有种说法，人的大部分负面情绪都是一种自我攻击，而这种自我攻击在本质上是为了报复父母，因为人的生命来自父母，攻击自己也就意味着惩罚父母。如果能面对面地和父母沟通，就可以为曾经积压的负面情绪找到一个安全的出口，从而使其中的大部分得以释放。当然，若父母能为他们曾经的行为表示歉意，效果会更好。如果没有，我们也要表示理解，毕竟父母也是受害者，也曾经被长辈用类似的方式对待过。想象一下父母在小时候被长辈用类似方式对待时的无助和害怕，想象得越具体，我们就越容易释怀，从而原谅父母。

如果因为条件的限制，没有机会和父母面对面沟通，可以把自己受到的伤害具体地写下来，越详细越好，当然，结尾应是原谅父母的话。通过书写，可以让曾经的伤害浮出水面，而不是在潜意识里压抑着。然后把写成的文字对着父母的相片大声地念出来，可以痛哭流涕，也可以声嘶力竭。通过这个具体的仪式，潜意识就会相信我们已经原谅了父母，困扰我们的负面情绪就能大大减轻。原谅父母在某种程度上就是原谅我们自己，接纳我们自己。就像美国哲学家、历史学家威尔·杜兰特所说的，年轻的战士总是不可避免地继承了他所攻击的旧主的许多品质和能力。我们身上总是保留着许多为我们自己所谴责的东西，就像相似之处才能拿来做比较，相似之人才会争吵。美剧《血族》里面也有一句表达相同意思的经典台词：当你心里住着一个囚犯的时候，总有一天会发现，其实被囚禁的是你自己。

最后，我们要不断告诉自己，我无法选择父母，但我依然可以选择用更好的方式和孩子相处。

观念产生的负面情绪

有时候影响人的不是发生的事情，而是人对事物的看法。好比面对一个好动的孩子，如果成人的观念是这个孩子就喜欢捣乱，接下来成人很有可能会惩罚这个孩子；如果成人的观念是这个孩子其实很想安静地坐下来，只不过实在无法控制他自己的行为，成人就会对孩子表现出更多的包容。

因此，下一次要发脾气的时候，应及时改变看法，换一个角度看问题，这更容易让我们的心情好起来。就好比同样是半杯水，"只剩下半杯水了"和"还有半杯水"这两种不同的解读，给人造成的内心感受也是不一样的，前者是失望，后者是惊喜。

"应该"思想产生的负面情绪

不少父母常常不愿意相信事实，而是带着"应该"的思想，这也容易让他们发脾气。比如，"孩子都这么大了，他应该懂礼貌呀""我在他身上花了这么多钱，应该会考出好成绩呀"。如果带着这种思想，人就是在和事实对抗，容易失控。就好比面对"下雨了"这一事实，如果我们认为"不应该下雨呀"，情绪就会产生不适。因此，下次遇到类似的事情时，不要再带着"应该"的思想，而是要承认事实，仅仅把它定义为一个目前需要解决的问题，因为只有定义成问题后，我们才会开始采取积极有效的措施，而不是发脾气。

转移的负面情绪

意大利有句谚语："他是个大好人，好得一无是处。"意思是生活中有不少人为了刻意在别人心目中留下好的印象，在面对委屈的时候，通常会选择逆来顺受，最终导致负面情绪发生转移。

因此，父母一定要学会在外维护自己的正当权利不被侵犯，而不是委曲求全。很多时候"委曲"并不能求全，反而还会让人更委屈。某种程度上来说，别人怎么对待我们，其实都是我们"教会"对方的。受委屈了，却没有及时通过合理的方式正确表达自己的感受，而是碍于情面或者其他原因把负面情绪压下来，那么负面情绪就会不断寻找安全的发泄出口，这时候常常遭殃的就是周围的亲人，尤其是孩子。

莫名其妙的负面情绪

还有一种莫名其妙的负面情绪，它会突然降临，我们无法得知它的来源，因此在面对它的时候常常感到不知所措。在这种情况下，可以采取三个步骤进行化解。

首先，快要发脾气的时候暂时离开现场，然后进行数次深呼吸。之所以要离开现场，是为了避免双方相互刺激导致情绪进一步升级，最后可能导致情绪完全失控；之所以要深呼吸，是为了让理智重新和我们的身体建立连接，以便回归理智状态，因为所有的负面情绪都是受潜意识支配的，不受理智的约束。

其次，感受自己的负面情绪体现在身体的哪个部位。负面情绪就像西方文化中的魔鬼撒旦，它一定需要一个载体，而不是凭空就可以存在。美国作家露易丝·海在其著作《生命的重建》中提出一个观点：生理上的疾病，几乎都是由于某种负面情绪在该部位长期淤积导致的。这同样说明了情绪需要一个身体部位作为载体而存在。

最后，运用自己的意念让负面情绪所依附的部位放松，这类似于瑜伽中的"冥想"。可以想象有一只温柔的手，轻轻地不断抚摸着紧张的部位，或者有一缕柔和的阳光照耀着，让那个部位不断地放松。当紧张的部位彻底放松后，负面情绪也就消失了，就像人们常说的"皮之不存，毛将焉附"。适合负面情绪生存的环境不存在了，负面情绪也就随之不见了。

心理学上说，所有的关系都是人和自己关系的外在投射。唯有疗愈了自己内在的伤口，人和自己的关系变好了、和谐了，人才能以健康的方式去维持其他关系，尤其是亲密关系。

安全地发脾气

平衡的重要性

台湾知名学者傅佩荣老师在演讲中曾经提到两个故事，让人感触颇深。第一个故事是：澳洲中部现在的沙漠，以前其实是绿地，生长着成片适合当地气候的树林。英国人占领当地后，觉得这些树木既不开花，也不结果，更谈不上好看。于是，他们把当地的树林全部砍伐掉，然后种上很多从英国运来的既能开花又会结果的树苗，结果这些树苗不久后全部枯死，因为它们无法适应当地的气候。澳洲四面环海，空气咸度特别高，只有当地土生土长的树木才可以适应。澳洲中部的沙漠就是这样形成的。另一个故事是：一个到处旅行、见多识广的印度人有一次到香港后，发现香港人非常喜欢吃青蛙，他一下子嗅到了其中的商机。因为他的家乡很贫穷，几乎一无所有，但青蛙非常多。于是，他回国后向政府申请捕捉青蛙运到香港贩卖。申请被批准后，他动员全村的男女老少一齐上阵，到处抓青蛙，最后抓来的青蛙填满了几个大型货柜。他将这些青蛙卖到香港，狠狠地赚了一笔。出乎意料的是，第二年全村人都得了疟疾，当时很多人迷信，以为是青蛙的神来报仇了。其实真正的原因是，青蛙被抓光后，当地的生态平衡被打破，没有了青蛙这个天敌，蚊子大量繁殖，最终导致疟疾的爆发。不仅生态系统存在平衡，世间万物都存在平衡，这种平衡维持着万物的秩序，让世界得以平稳发展。

情绪的作用

其实人也是自然界的一部分，就像庄子所说的"人与天一也"。当人自身的平衡被打破后，也会产生严重的后果。生理失去平衡，人需要看医生。心理平衡对人而言同样意义重大。而情绪，就是用来调节心理平衡的利器。

不同的情绪有不同的能量。喜悦是分享的能量。很多地方都有这样的风俗，遇到喜事的时候，会通过大摆宴席的方式和亲朋好友分享喜悦，如果分享的欲望被抑制，就会变成一种惩罚。恐惧是保命的能量。当人遇到危险时，身体就会迅速调整成应急状态：肾上腺素激增，心跳加快，从而促使血液快速流向人的四肢，同时，瞳孔也会放大，有利于视线高度集中。这一系列的身体反应，都是为了让人随时进入临战状态或逃离危险。痛哭是结束的能量。遇到伤心的事情，尤其是重大创伤性事件，人会借由痛哭来发泄心中的负面情绪。痛哭过后，难受的心情才会告一段落，人才能有力量继续前行。否则，人无法走出那些不堪回首的往事。愤怒是守护的能量。它在很多时候被用来明确彼此间的界限，防止正当权益被侵害。正如在抗日战争中，中华儿女唱着《义勇军进行曲》浴血奋战，最终取得胜利。这就是一个民族愤怒的力量。

别做虚伪的父母

情绪本身无所谓好坏，很多人之所以被情绪困扰，甚至被情绪伤害，是因为对待情绪的方式出了问题。就拿要不要对孩子发脾气来说，不少家长都有类似的困惑：孩子侵犯了自己的利益，自己实在忍无可忍的时候，究竟可不可以对孩子发脾气。发吧，担心对孩子造成伤害；不发吧，自己又憋得难受。通常我的回答都是：可以发脾气，但不可以对孩子进行人身攻击。

在与孩子相处的过程中，很多父母常常会忘记自己只是一个有局限性的凡人，而企图在孩子面前表现得完美无缺。其实这会给自己和孩子都带来很大的压力，毕竟完美在生活中并不存在，美都是有缺憾的。同时，每个人都有自己的正当权利和需求，当这些正当权利和需求被侵犯的时候，情绪就来了。如果在忍无可忍的时候选择了压抑，会导致几种后果：要么情绪越积越多，直到有一天集中爆发；要么情绪会转向自己，形成心理学上所谓的"自我攻击"；要么情绪会寻找一个发泄口从而伤及无辜。

当正当权利被侵犯的时候，如果父母选择压抑愤怒，这本身就是给孩子做了一个不好的榜样，因为他会找不到和他人相处的合理界限，这不利于他将来的人际交往。毕竟，亲子关系在本质上就是一种人际交往模式。即使大人有能力抑制情绪，但有时一些细节还是会暴露其内心的真实感受，那就是"微表情"，或者是肢体语言。这些都是受潜意识支配的，人在意识层面无法控制。比如，恶狠狠的语气，紧皱的眉头，僵硬的表情，特定的语调。也就是说，父母表面的压抑和由实际感受产生的"微表情"，会向孩子传递出相互矛盾的信息，表面上是接受，实际上却是排斥。这可能让孩子感到困惑，内心处于极度纠结状态。长此以往，会对孩子的心理造成严重的伤害。想象一下这种场景：一个人一边说着"我爱你"，一边打你的耳光，这种矛盾信息让人内心多么难受。

如何安全地发脾气

《夏山学校》这本书里面有一个非常经典的案例，说的就是"如何对孩子安全地发脾气"，相信对父母有很大的启发。

有一年春天，校长尼尔花了好几个星期种土豆，土豆长势也很不错。但一天尼尔发现自己辛辛苦苦栽种的土豆，竟然有 8 颗被连根拔起。尼尔非常恼火，对那些捣蛋的孩子大发脾气："我的土豆可是花了我很多心血，看到它们被连根拔起，我非常生气，生气得都想打人骂人了。这是我的土豆，我的土豆就不该被别人侵犯。"奇怪的是，自从尼尔发过脾气后，再也没人敢破坏他的土豆了。一方面，尼尔说出了感受，通过发脾气释放了情绪，表达了不满，捍卫了自己的权利；另一方面，他只是就事论事，并没有对孩子的心理造成伤害。

所以，当孩子的行为侵犯了大人的正当权利的时候，大人要说出孩子给自己造成的具体伤害，以及自己真实的感受，包括期望，这样孩子才能找到与大人相处的合理界限，同时也有了努力的方向。比如，家里要来客人了，父母刚刚收拾好客厅，没过多久又被孩子乱丢的玩具弄得乱七八糟。父母劝说了孩子几次，孩子依然无动于衷，这个时候父母就可以这样表达对孩子的不满：我刚刚才打扫完，转眼间就被你弄得不成样子，我非常生气，想把这些玩具全部丢到垃圾桶里去，希望你现在马上把玩具捡起来放好。相信孩子一般情况下都会比较配合。

最忌讳的做法是对孩子进行人身攻击："你天生就是个邋遢鬼，猪圈都比我们家干净，看看你干的好事。"这种做法无法培养孩子的合作精神，只能引起孩子的对抗或者彻底的自我否定。父母需要用实际行动告诉孩子：当你侵犯我利益的时候，我可以发火，因为我是凡人；但我不会攻击你，因为尽管你是个孩子，但你的人格和我是平等的。

第一部分 父母成长

比打更可怕的是骂

　　和世界其他各民族文化相比，中国文化偏重于强调一个观点：对一个人表示关心或者照顾的最好方式，就是"养其身"，从生理上满足对方。这种现象在生活中很常见，比如，很多老人喜欢给孩子喂饭，最好是能把孩子喂得白白胖胖的；人们见面的第一句话往往是"吃饭了吗"。也就是说，在很多人的观念里，人只有生理上的需求，只要我满足了你的生理需求，我就是对你好；反之，我只有伤害了你的身体，那才叫伤害，因为这种伤害看得见。至于精神伤害或者人格上的伤害，很多人则不以为意。曾经看到过这样一幕，一个大人用很难听的话骂一个看起来像是初中生的孩子，孩子说你这样讲话伤害了我的人格，大人竟然用无赖的语气说：你说我伤害了你的人格，好，那你把人格拿出来，让我看看有没有伤口。在这个大人看来，无形的伤害不叫伤害，因为用肉眼看不见。其实有时候无形的东西对人的影响更大，就好比人的思想，虽然用眼睛看不到它的存在，但它决定了一个人和另一个人的不同。

语言暴力的伤害

　　随着社会的进步和发展，打孩子的现象越来越少，但骂孩子，尤其是口不择言地攻击孩子人格的行为，在生活中还是屡见不鲜。其实，和身体上的伤害相比，这种语言暴力对孩子的伤害更大，不少人终其一生都很难走出辱骂留给自己的阴影。

　　笔者以前看过一个小故事。一头熊在与同伴的搏斗中受了重伤，它来到一位守林人的小木屋外乞求援助。守林人看它可怜，便决定收留它。晚上，守林人耐心地、小心翼翼地为熊擦去血迹，包扎好伤口，并准备了丰盛的晚餐给熊享用，这一切令熊无比感动。临睡时，由于只有一张床，守林人便邀请熊与他共眠。就在熊进入被窝时，它身上那难闻的气味钻进了守林人的鼻

009

孔："天哪！我从来没闻过这么难闻的味道，你简直是天底下第一大臭虫！"听到如此不堪入耳的话，熊的心里非常难受，但是它一句话都没有说，当晚也无法入眠，勉强等到天亮，熊起床向守林人致谢上路。多年后他们偶然相遇，守林人问熊："你那次伤得好重，现在伤口愈合了吗？"熊回答道："皮肉上的伤痛我已经忘记，心灵上的伤口却永远难以痊愈！"这就是《增广贤文》里所说的"好言一句三冬暖，恶语伤人六月寒"。

发小的遭遇

语言暴力会对一个人心理造成巨大伤害。哈佛大学医学院的某位教授通过研究比较受虐儿童和正常儿童的大脑发现：经常被语言暴力攻击的儿童，他们的小脑蚓部发育都不正常。小脑蚓部是主控情绪平衡的部位，受环境的影响要比基因遗传的影响大得多。它一旦有了异常，就会直接影响人控制情绪的能力。所以，这些受虐儿童长大后几乎都无法有效控制自己的情绪，常常会情绪失控，同时伴随着暴力倾向和破坏欲，自我认同感低，并且缺乏同情心，即使面对他人的痛苦也表现得很冷漠。

我的一个发小的遭遇就很好地说明了语言暴力对人造成的伤害有多大。从他记事起，父母最乐此不疲的事就是对他进行各种辱骂。比如，他做事的动作稍微慢了一点，父母就马上来一句："你等着挨刀吗？"他回一下嘴，父母就说："你懂什么？"如果他不小心在外惹祸了，父母会直接用恶毒的语言诅咒他。至于骂他"白眼狼""蠢货""你的良心被狗吃了""上辈子造了孽才生下你""看看你那球样"等类似的话更是司空见惯。

在这种时刻充满着语言暴力的环境下长大，我发现他身上有几个明显的特点：

第一，他经常有自杀的念头，感觉活着没意思。每次只要和他聊天，尤其是当他有负面情绪的时候，他的第一句话往往就是：都不知道人活着是为了什么。言语中透露出无限的消极和绝望，这是小时候极度缺乏安全感形成的心理状态。

孩子因为不成熟，看问题的角度常常是非黑即白的。用个体心理学创始人阿德勒的话说就是"全有或者全无"：要么我是好的，要么我是坏的；要么你是爱我的，要么你是恨我的。很显然，当孩子遭遇语言暴力的时候，他们无法理解所有的事情，以为都是自己的错才造成的，父母之所以不爱自己，是因为自己不可爱。这种看法会导致孩子否定自己的价值，而这必然导致归属感的缺失，最终会让孩子长大后活得很茫然无力，甚至绝望。爱的一个重要功能是给人力量和面对困难的勇气，而爱的缺失则会导致相反的结果。

第二，他生活中几乎没有朋友，除了我和一个高中女同学。

他曾经讲过两件小事令我印象非常深刻。一件事是他的妻子为了给孩子树立一个好的榜样，每次他下班回来，都会冲上去给他一个拥抱。而他的反应则是非常紧张，感觉要窒息一样，恨不得马上逃离现场。爱是一种能力，要给予对方爱有个前提条件，就是给予者自己要感受过爱，拥有过爱，自己没有的东西是无法给予别人的。很显然，他缺乏爱的能力。另外一件事是坐车的时候，无论多么挤，他永远都会刻意与人保持距离，如果别人无意中碰了他一下，他就会用不友好的语气大声提醒对方。即使是恋爱期也如此，当女方想缩短距离向他表示亲近的时候，他都会下意识地和女方拉开距离，几次恋爱都因此而告吹。

这其实源于小时候被伤害的经历。这种经历告诉他，距离太近就意味着被伤害。并且由于这种经历当时伴有激烈的负面情绪介入，形成了创伤，出于对个体生命的保护，潜意识就会通过"泛化"功能来避免一切可能发生的近距离接触，就像俗话说的"一朝被蛇咬，十年怕井绳"。于是，"和任何人保持距离"成了他长大后有效的自我保护手段，至少在他看来这是一种保护。

第三，他的人际关系时刻都处于紧张状态。

在单位上班十几年了，他几乎每隔两年就要换一个科室，原因是与同事关系不和。这些不和常常起源于他对一些鸡毛蒜皮的事过于敏感而进行的错误解读，接下来的做法就是出口伤人。他说最想不通的是，他伤害别人的话，竟然和他父母小时候伤害他的话惊人地相似，包括对孩子也是如此。他从一个当初的受虐者变成了当下的施暴者。

这就是原生家庭对一个人最大的伤害：父母和孩子的交往模式，常常在无意识中内化成孩子未来的人际交往模式，尤其是在应对冲突时。同时，父母对他的人身攻击，也让他从小建立了一个错误的认知模式：最亲的人都这样伤害我，外面的人更加不值得信任。戴上这副"有色眼镜"，在与别人交往的时候，他常常会把对方想得很坏，以此来证明自己的看法是对的。

第四，他很自卑。

曾经有一次，他有机会成为科室的领导，但到了竞选关头，他却主动放弃了。问他原因，他说每到关键时刻，脑子里就会出现父母诅咒他的声音。

除了自卑，他还会经常自我攻击。有一次他切西瓜不小心切到了手，因为伤口很大，不得已去了附近的医院缝合包扎。当他打电话向我说起这件事时，第一句话就是："我觉得自己是天底下最蠢的蠢货，连切个瓜都能把手切流血。"

孩子在小的时候，因为发展的限制，无法客观看待自己，他对自己的认识常常建立在父母的评价上。如果父母经常给出负面评价，孩子就会用这种评价给自己定性，这种"自我设限"最终会导致"自我实现"，孩子最后真的变成了父母口中的那种人。

一个人要活得幸福，最终取决于精神上的自立。当父母用恶毒语言攻击孩子的时候，会把孩子从精神上彻底摧毁。精神上死亡了，人活着，充其量也只是"行尸走肉"。英国有句谚语说得好："舌头没有骨头，但能打碎一颗心！"因此，为了孩子的健康成长，为人父母者请嘴下留情。

恶性冲突后的关系修复

祝福别人的时候，人们最喜欢用的一个成语是"一帆风顺"，究其原因，至少说明"一帆风顺"不是生活的常态。就像俗语说的："人生不如意者，十之八九。"生活其实就是一个不断出现问题然后又不断解决问题的过程，仿佛正常的心电图，其趋势必定是起起伏伏的，一旦成了直线，也就意味着生命不复存在了。

就拿家长和孩子的相处来说，发生小的冲突很正常，毕竟父母和孩子不可能在任何时候都有相同的需求，有时候目标不同，有时候计划不同，有时候爱好不同。亲子之间一些小的冲突解决起来相对比较容易，因为父母和孩子都还处于理智状态。然而，在所有的冲突中，有一种冲突的破坏性和危害性极大，那就是恶性冲突。在这种冲突中，父母情绪失控，对孩子大吼大叫，甚至对孩子发起人身攻击或者采取简单粗暴的行为；而孩子因为生理和心理上都处于相对弱势的地位，被父母如此对待后产生了强烈的羞耻感，感到灰心丧气、内疚，甚至会觉得自己"很坏"。长期频繁的恶性冲突会对孩子自我认知的发展造成严重的负面影响。那么，恶性冲突发生后，父母如何采取有效的措施及时修复与孩子的关系呢？

首先，父母需要确认自己已经彻底恢复到理智状态，这是修复关系的前提和保证。如果不确定这一点，可以再给自己多一点的时间做准备。大人的负面情绪如果没有完全退潮，即使是小小的刺激也足以使其卷土重来，而孩子的心理还不成熟，难以承受在短时间内发生的连续刺激。就好比成人看了恐怖片后不久就会若无其事，而孩子看了恐怖片则有可能长时间陷于惊恐之中无法自拔，原因就在于二者心理承受能力不同。

其次，父母不需要自责或者内疚。自责或者内疚、后悔只会放大父母内心的不适感，这无助于问题的解决。人不小心摔跤后需要做的是反思如何避免类似的事情再次发生，有反思才有改变的可能性，而不是埋怨自己甚至是攻击自己，这不是面对生活的积极态度，而是消极的逃避。同时，父母需要告诉自己：我不是一台完美的机器，我是一个有局限的人，我会犯错，就像孩子会犯错一样；犯错并不代表我一无是处，只是说明我的方式不妥，需要调整。当人学会了原谅自己，才有可能去原谅别人，毕竟给予别人的东西，自己要先拥有。

再次，父母要反省自己的情绪来源。医生看病讲究对症下药，如果找不到疾病的源头，再高明的医生也束手无策。管理情绪也是同样的道理，只有明白了情绪来自何方，父母才能做到有的放矢。

如果负面情绪来自原生家庭，父母需要尽最大努力去原谅自己的父母，毕竟他们已经尽力了。更重要的是，他们很有可能也是自己原生家庭的受害者。也就是说，尽管无法选择父母，但我们仍然可以通过原谅父母从而选择用更好的、更智慧的方式与孩子相处。敢于做一个承担责任的人，而不是把所有的责任都推给父母。一味埋怨甚至痛恨父母，只会让人在原生家庭的淤泥中越陷越深，即心理学上所说的"情感上排斥，行为上认同"。

如果负面情绪来自在家庭之外受了委屈后的情绪转移，那父母需要脱掉"老好人"的面具，尽最大的努力做一个表里如一的人，遇到不合理的事情时，要学会通过表达自己的感受去维护自己的利益。在人际交往中，委曲求全或者逆来顺受从来都不是最佳选择，"委曲不能求全，大多数情况下只能让自己更委屈"，别人对待你的方式，其实在某种程度上说都是经过你同意的。从哪里来的情绪，尽量让它在哪里排解。能带进家门的只有一样东西，就是欢声笑语。

如果负面情绪来自父母的观念，那就不妨尝试着换一个角度看问题。有一个老太太整天坐在路口逢人就哭。一天，一位好心人路过此地，便问其缘由。老太太告诉好心人：我有两个女儿，都是做生意的，大女儿卖伞，小女儿卖鞋。每当天晴的时候，她就想起了卖伞的女儿，担心她的伞会因此卖不出去，因此伤心而哭；而每当下雨的时候，她又想起卖鞋的女儿，想到她的鞋一定不好卖，因此也伤心落泪。所以，无论天晴还是下雨，她心里都很难过。好心人听完后告诉老太太说："我给你想个办法，下雨的时候，你就想卖伞的女儿生意好，天晴的时候你要想卖鞋的女儿生意好，这样你就很开心了。"听了好心人的一番话，老太太一下醒悟了，从此再也不会愁眉苦脸，而是变得乐欢起来。同样一件事，换了一个角度思考，结局自然大不相同。比如，孩子和家长顶嘴，如果家长认为孩子是在挑衅自己，就有可能火冒三丈；如果家长觉得顶嘴表明孩子有了独立的思想，以后肯定能维护自己的利益而不是处处迎合他人，家长就会心平气和地对待这件事。

最后，父母需要就自己的不当行为向孩子真诚地道歉。不少父母很难相信自己的行为给孩子造成了伤害或者吓到了孩子，但事实确实如此。道歉的时候父母先要对孩子的心情表示理解，也就是陈述孩子刚才面对父母的做法产生的内心感受，比如害怕、伤心、担心父母不爱自己了等。接下来要重点说明原因，通过这个环节向孩子传递一个信息：大人偶尔也会失去理智或者陷入崩溃状态。知道了这一点，孩子才能够理解父母，理解人的思想，理解恶性冲突的本质，否则，孩子就无法顺利走出这些可怕经历给自己带来的伤害。同时在此过程中，孩子也会明白：即使是亲密的关系，有时候也会产生矛盾，但这并不意味着关系彻底破裂，而是仍然可以采取实际行动去弥补。这样孩子在未来的恋爱或者婚姻等亲密关系中遇到类似事情的时候，就会在心理上有了准备而不至于惊慌失措。更重要的是，只有大人学会给孩子道歉，孩子才能学会给他人道歉。

尽管恶性冲突应该尽量避免，但当它发生的时候，只要处理得当，将为父母和孩子彼此了解提供一个宝贵的机会，从而有助于双方建立起全新的亲密关系，这类似于武侠小说中所谓的"不打不相识"。

当孩子的行为妨碍了他人时

家长咨询：

　　我在书房看书，但女儿在客厅把电视声音开得很大，吵得我无法静下心来，出去吼了几次，让她把声音关小点儿，她依然我行我素，气得我一整天都没有好心情，真不知道该拿她怎么办。

　　有句话说得好："萝卜青菜，各有所爱。"每个人都是独一无二的个体，需求也不可能时时保持一致，当需求不一致的时候，可能就会产生冲突。面对冲突，吼叫当然无法解决问题。吼叫是本能反应，和孩子相处需要的是智慧而不是本能。就像俗话说的，如果吼叫能解决问题，那就意味着驴将统治整个世界。更重要的是，当家长采取吼叫方式的时候，孩子内心的反抗情绪也会被激活，这只会让问题变得更加难以解决，使家长产生更多的挫败感，且损害了与孩子的亲密关系。

　　当然，压制怒气也不能解决问题。情绪都是不能被压抑的，一旦压抑了，情绪就会变成一股无名狂窜的风，到处寻找出口。它可能会突然爆发，也可能会改变攻击方向。

　　那么当孩子的行为妨碍了父母的正当权益的时候，父母怎么办？大致上可以按照以下步骤解决：

　　第一步，用第一人称描述孩子的行为给父母带来的具体妨碍。所谓"第一人称"，就是以"我"开头的表达方式，比如"我觉得""我认为""我的想法是"等。这样的表达有一个好处，就是防止大人一开始就带着情绪指责孩子。以"你"开头的话语，常常会让对方感觉到被责怪和被攻击，从而也选择回击或者防御的手段，这会让双方都远离了所要解决的问题。比如，跟一个在公共场所吸烟的人说"我觉得有点呛，很不舒服"，相信大多数情况下对方会主动把烟熄灭，因为我们只是在表达自己的感受，并没有指责对方；相反，如果直接说"你这人还有没有公德心，不知道公共场所不能吸烟吗"，效果往往适得其反。同时，客观描述可以让对方看到事实真相，而不是被我们的情绪加工或者扭曲过的事实。比如，家长昨天提醒过，但孩子今天又忘了带饭盒回去。这时有的家长会说：你怎么忘性这么大，如果脑袋不是长在你脖子上，估计你会把脑袋都弄丢了。这就是被我们情绪扭曲和夸大了的事实。正确的描述应该是：妈妈发现你这星期已经是第二次忘带饭盒了。这样的沟通可以让大人和孩子都把焦点对准所要解决的问题，让孩子有了具体的努力方向。

很多父母属于"半句话"父母，因为他们常常会告诉孩子：不许这样，不可以那样，但并没有告诉孩子具体要怎么样。一方面，这些父母急于制止孩子的行为；另一方面，这些父母会认为孩子应该知道怎么做。但孩子毕竟是孩子，他们的阅历没有父母多，经验也没有父母丰富。就拿本节案例来说，家长要做的第一步就是告诉孩子：我在房间没办法静下心来看书，因为电视机的声音实在是太吵了。

第二步，说出自己的真实感受。告诉孩子他们的行为给大人造成了哪些具体的妨碍，这可以让孩子规范自己的行为。但是如果没有告诉孩子父母的真实感受，孩子就会像一个算盘珠子一样，拨一下才会动一下，需要大人时刻提醒，这样就无法培养出孩子真正的自律精神。感受可以引起对方的共鸣，让对方真切地意识到自己行为的不妥。例如，父母在房间写东西时，小朋友猛地推门进来，父母应告诉他：我正在写东西，你这样突然进来会吓我一跳，我很不喜欢。只有这样才能让他认识到自己的错误。案例中的家长可以这样告诉孩子：一直被吵让我很不开心，甚至是有点恼火。

第三步，父母要说出对孩子来说是合理的并且具体的期望。中国人的思维普遍偏于感性，与西方精确的理性思维不同。之前看过一个笑话，有一个外国人来到中国留学，有一次他问历史老师，我都来了三年了，你怎么还说中国有五千年的历史，应该是五千零三年呀。对于人们平时所用的口头语"等我一会儿""马上来"，究竟"一会儿""马上"是多长时间，每个人的判断标准不一样，也就容易造成误解。尤其是在教育孩子方面，类似的说法常常会让孩子很困扰，因为无法把握一个准确的"度"。比如案例中的家长让女儿把声音"关小点儿"，但却没有达到预期的效果。估计是女儿被家长吼了有情绪，更重要的是她也不知道把声音调低到什么程度才算是"关小点儿"，因此女儿并没有配合。如果家长告诉女儿：希望你能把声音调到 20，这样的表达会更容易让孩子知道具体怎么做。

通常情况下，只要亲子关系良好，走完这三步很多冲突基本都会化解，毕竟冲突让双方心里都不舒服。更重要的是亲子双方在整个冲突解决的过程中，实现了双赢。即这样的解决方法，既满足了孩子看电视的需要，又满足了妈妈看书的需要。

但仍然可能存在特殊的情况，就是走完这三步，孩子如果还是不配合，怎么办？此时，大人就要进行第四步：采取行动。大人要用实际行动帮孩子找到人与人之间的界限。如果正当权益被侵犯了，大人选择委屈自己，这等于是在误导孩子自己的需求可以凌驾于他人之上，别人的需求都不重要。这将为孩子在未来的人际关系交往中埋下无穷的隐患。采取行动最好的方式是给孩子提供选择，这样可以在最大程度上保护孩子的自尊。比如，案例中的妈妈可以告诉孩子：要么，把声音调到 20；要么，关掉电视，你自己选。孩子能配合当然皆大欢喜，如果孩子无动于衷，妈妈就可以心平气和地走过去，把声音调到 20 或者直接关掉电视。

第五步，保持镇定。需求没有满足，孩子肯定会有情绪，甚至会大哭大闹。在这种情况下，父母一定要保持镇定，而不是觉得要为孩子的负面情绪负责而产生负罪感或者内疚感，更不要被孩子的负面情绪感染，对孩子大打出手。否则，父母的做法就不是在引导孩子，而是变成了报复孩子。孩子的需求没满足本身就不开心，如果父母还粗暴对待孩子，会对其造成二次伤害。在保持镇定的情况下，父母要用"呼应"的语言对孩子的心情表示理解：把电视关了，你很不开心，所以你就哭了，那你哭吧，我陪着你。在孩子宣泄负面情绪的过程中，父母不用安慰孩子，只需在必要的情况下，为孩子递上一张用来擦眼泪的纸巾。因为安慰只会放大孩子的负面情绪，让孩子感觉自己更可怜。孩子需要学会和自己的负面情绪和谐相处。这样，当以后父母不在身边，他又再次遇到类似的负面情绪的时候，就不会被负面情绪所淹没。

每一次犯错都应该是孩子学习和成长的宝贵机会，只要父母善于引导，孩子外在的经历都终将成为他内在的经验。吼一顿或者打骂一顿，除了让孩子内心更加抗拒父母之外，对他们的成长没有丝毫帮助。

善待自己， 拒绝家暴

家庭暴力简称家暴，是指发生在家庭成员之间的，以殴打、捆绑、禁闭、残害或者其他手段对家庭成员从身体、精神等方面进行伤害和摧残的行为。受害者以女性居多。据 2010 年中国妇女社会地位调查显示，我国已婚妇女在整个婚姻生活中遭受过来自配偶不同形式家庭暴力的比例高达 24.7%。在百度里输入"家暴"一词进行搜索，与之相关的信息高达一千一百万条。

尽管我国在 2016 年 3 月 1 日施行姗姗来迟的《反家暴法》，但就在《反家暴法》实施的第二天，发生在合肥的一场家暴惨剧再次刺激了国人的神经。因为家庭矛盾，合肥女律师张娟（化名）带着孩子和母亲在外租房居住。3 月 2 日，张娟和母亲在住处被登门的丈夫砍成重伤，不仅如此，丈夫还挑断了张娟的手脚筋，并且用羊角锤把张娟母亲的颅骨敲碎。10 月 21 日，该案在合肥市中级人民法院开庭审理。

心理学上有个词叫"首因效应"，指的是我们对事物形成的最初印象在总体印象的形成上比后来获得的信息影响更大，甚至可以说起到了决定性的作用。这就好比我们刚认识一个朋友，无意间和对方开了个有点过分的玩笑，如果发现对方没有反应，以后我们的玩笑就会越来越过分；相反，如果对方听到后马上表现出不高兴，甚至警告我们不要再开类似的玩笑，我们以后就会很谨慎。

就拿案例中的受害者张娟来说吧，相信丈夫对她的家暴肯定不止一次了，如果在第一次发生家暴的时候，张娟能坚决说"不"并且奋起反击，丈夫后来的行为就不至于丧心病狂到如此程度。前段时间发生在南京的"嫌弃媳妇没生儿子，凶悍婆婆定期坐高铁上门暴打媳妇"事件，也正是因为媳妇一再选择忍让和息事宁人的态度，才让婆婆有恃无恐，甚至在媳妇迫于无奈去法院申请了人身保护令的时候，婆婆竟然叫嚣"保护令就是一张废纸"。

由此可见，遭遇家暴的时候，个人仅凭外部帮助是无法从根本上解决问题的，关键在于受害者对此事的态度是忍让还是还击。选择忍让就是对施暴者的纵容，因为你的忍让不能换来对方的同情，反而会让对方更看不起你，觉得对你施暴是安全的，因此会强化对方的攻击行为；选择还击，刚开始对方也许会被激怒，让你伤害加重，但是只要你始终不妥协，对方就会收敛，这样下次他想对你施暴的时候就要掂量一下，至少不会让他的行为变本加厉，造成无法挽回的悲剧。毕竟人在采取某种行为的时候，都会提前考虑一下风险系数，如果风险太大，就会放弃，以免给自己带来伤害。就好比不少成人在和孩子发生冲突的时候敢于打孩子，因为这样的行为是安全的，是没风险的。但是如果和陌生人发生了冲突则不会轻易动手，因为这样的行为是不安全的，是有风险的，对方很可能会还手。

人都是欺软怕硬的。我小时候有个同学，个子很矮，于是很多同学都给他起了个外号：武大郎。但仅仅叫了几次以后就再也没人敢叫这个外号了，因为只要谁敢叫，他就会拿出拼命的架势来表示反抗。尽管个子矮，在打斗中常常处于下风，但他屡败屡战，直到对方答应再也不叫他外号为止。慢慢地，他的外号从"武大郎"变成了"拼命三郎"，方圆几里内无人敢惹。

每次家暴发生的时候，除了受害者，最难受的应该是受害者的父母。毕竟每个孩子都是父母身上掉下来的一块肉，当看到孩子被他人如此惨无人道地对待而自己又无能为力的时候，撕心裂肺的痛简直难以形容。然而，想要彻底改变一个成年受害者的观念有点困难，因为人当下的行为都是源于过去建立的观念系统，更确切地说是来自于人格。而人格主体框架的形成时间，按照个体心理学创始人阿德勒的说法，是在5岁左右，和我们通常所说的"三岁看大，七岁看老"道理差不多。人格一旦成形，以后要对其进行大的改变会非常困难，除非通过心理治疗，重新搭建人格系统。这也就是说，如果想要彻底根除家庭暴力，父母需要在孩子小的时候多下点功夫。

做母亲的，要善待自己

孩子都有个特点，即会在潜意识里认同和模仿同性，女孩会认同母亲的做法，男孩会认同父亲的做法。对此，阿德勒有个观点说："假如母亲较富于权威性，整天对着家里其他人唠叨，女孩子们可能会模仿她，变得刻薄挑剔，男孩子则始终处于防御的地位，怕受批评，尽量寻找机会表现他们的恭顺。"相反，如果母亲在家庭中过于懦弱，委曲求全，那么女儿以后在婚姻中被不公平对待时也会选择忍让而不是勇于维护自己的利益，这种态度是婚姻中家暴发生的前提条件。因此，告诫天下所有的女性，如果在婚姻中遭遇了家暴，尤其是当着孩子面的时候，请旗帜鲜明地对家暴说"不"。你的行为本身就给孩子树立了一个好的榜样："委曲"不能求全，只会让自己更委屈，勇敢还击才是唯一出路。

尊重孩子

人与人之间应该有边界，就像国与国之间一样。当你对孩子使用暴力的时候，你就侵犯了孩子的身体边界；当你辱骂孩子的时候，你就侵犯了孩子的精神边界。

一个经常被暴力对待的孩子，一方面，他压抑了很多愤怒，解决问题的时候喜欢以暴制暴，更可怕的是，这种愤怒情绪不会消失，它在四处寻找安全的出口，因此家人就很容易成为发泄对象；另一方面，他会建立一个错误的认知模式：和人建立关系的时候，如果自己不够强大，就要学会受委屈。而经常辱骂孩子则会从精神上把孩子彻底摧垮，使孩子的心灵就像被烧伤了一样，即使到了成年，疤痕依旧冒着青烟。这样的孩子没有尊严，被家暴伤害的可能性会更大。就像鲁迅先生说的："小的时候，不把他当人，他长大后就做不了人。"

和孩子建立牢靠的依恋关系

孩子的安全感取决于孩子小时候，尤其是三岁前和母亲的关系是否可靠。这种依恋关系越可靠，孩子的安全感就越足，内心就会越强大。而一个内心强大的人是不会忍受委屈的，他敢于面对一切后果，因此任何人都不敢肆意妄为地对待他。

尊重孩子的内心感受

在生活中适度表扬孩子。表扬太多了，孩子就会依赖外部的评价，变得很爱面子，非常在意别人的看法而不是体会自己内心的真实感受，这常常会导致孩子在遭遇伤害的时候"打掉牙和血吞"。一个最明显的例子就是，几乎所有遭受家暴的女性都会认为"家丑不可外扬"，始终强忍着直到更大的伤害发生。心理学研究发现，当一件事情发生的时候，人内心的第一感觉往往是最真实的，随后出现的第二感觉、第三感觉都是别人的，比如父母的、老师的、同学的等。就拿遭遇家暴的人来说，她的第一感觉肯定是愤怒，但是随后又出现了一种声音：算了吧，嫁鸡随鸡，嫁狗随狗。过了一会儿又会出现另一种声音：为了孩子，忍忍吧。于是，遭遇家暴的人也就慢慢变得麻木了。所以，作为父母需要经常问孩子一句话：对于这件事，你的感受如何？

做孩子坚强的后盾

当孩子遇到困难不知道该怎么办的时候，家长一定要给孩子传递一个信息：遇到无法解决的困难请及时告诉爸爸妈妈，我们是你最坚强的后盾。而不是告诉孩子：别给我们添麻烦。单单这个信息，就可以给孩子传递力量，让孩子有勇气面对生活中一切不可预测的事情。

相信大家还记得2010年发生的西安音乐学院高材生药家鑫杀人事件。这本是一起普通的车祸，当时伤者并没有大碍，在这种情况下药家鑫没有选择及时把伤者送往医院就医，而是选择了用刀把对方捅死。这种违背常理、让人感到不可思议的做法就是源于药家鑫的爸爸从小给他灌输的观念是：不准给家里添麻烦。如果药家鑫的爸爸从小告诉他的是"遇到困难别怕，我们一起想办法"，估计事情的结局就会改变。

内心有力量的人永远都不会畏惧，而力量的来源，就是父母在孩子小的时候给孩子传递的一个信息：无论发生了什么事，我们都无条件地爱你！

维护利益，还是报复孩子

家长咨询：

我和女儿关系一直很不错，女儿今年三年级，她很喜欢邀请朋友到家里一起写作业。昨天我出去办事，回来之前她打电话给我，问晚上洗澡的时候能不能帮她洗头，我爽快地答应了。结果等我回到家，进入卧室，发现她和同学没有经过我的同意用了我的化妆品，并且在化妆台上撒得到处都是，也没有清理。我知道她这个年龄段的孩子有这个需要，又担心成人的化妆品可能会让孩子皮肤过敏，于是专门给她买了一套儿童化妆品，但是她从来不用，就喜欢用我的。之前她和同学玩我的化妆品的时候我已经警告过她，让她不准碰我的东西，她也明确表示同意了，结果昨天同样的事情又发生了。我当时非常气愤，决定给她一点颜色看看，于是就大声地训斥了她（以前几乎没有这样做过），并且告诉她：以后不准带同学来家里写作业。说完后她也没出声，径直去洗澡了。过了没五分钟，她突然在洗澡间大声地哭了起来，一边哭一边大声地说：妈妈不要我了。我赶紧过去对她说：没有的事，妈妈一直爱你。你准备好了，妈妈帮你洗头。她说：不要你帮我洗头，你的手会长出钢丝，然后把我勒死。就这样一直说了不下十次，我听了很内疚，也很难受，不知道该怎么办。

早在一百多年前，英国著名哲学家、社会学家赫伯特·斯宾塞在其著作《伦理学原理》中就强调："人人都有自由做自己想做的事，只要不侵犯其他人的平等自由。"几乎所有的法律、法规、道德规范都是基于此而设立的。

当正当权利被侵犯的时候，人自然而然会带有不满的情绪，接下来便会采取行动维护自己的利益，这是人之常情，父母也不例外。当孩子的行为一再妨碍到父母的时候，如果父母忍无可忍，是可以发脾气的。但是发脾气有个前提：只能就事论事，不能对孩子进行人格攻击或者威胁孩子，否则，就只是在表面上维护利益，本质上却是在报复孩子，这无助于问题的解决，反而会让问题变得更加棘手，因为大人采取的手段本身就是一个很大的问题。同时，当一方有了攻击行为的时候，另一方必定会本能地采取防御或者反击的措施。

就拿本案例来说，女儿的行为确实侵犯了妈妈的利益，妈妈完全可以通过发脾气的方式来表达自己的诉求。先说女儿的行为对自己造成的具体伤害：妈妈看到你和同学第二次没有经过我的同意就用了我的化妆品，并且弄得到处都是。接下来说自己的感受：妈妈非常生气，也很担心你们用了成人化妆品后皮肤发生过敏现象。最后说期望：妈妈希望你们下次想玩的话，用你自己的儿童化妆品。这样处理会使孩子不但知道了自己的错误具体是什么，也有了努力的方向。这样做对孩子有两个好处：①有利于协助孩子找到人与人之间合适的界线；②当别人侵犯了孩子的利益时，他也会勇敢维护自己的利益而不是选择逆来顺受。如果孩子损害了大人的利益，而大人没有及时采取必要的手段，这等于是在误导孩子：你的利益高于一切，其他人的利益都可以忽略不计。这最终会让孩子成为一个自私自利、不受欢迎的人。这种牺牲自己正当权益的做法，与其说是爱，倒不如说是"碍"，既"碍"了自己，又"碍"了孩子。

但这位妈妈显然不是在表达诉求，而更像是在通过发泄情绪来报复孩子，就像她说的"决定给她一点颜色看看"，包括告诉女儿"以后不准带同学来家里写作业"也是典型的威胁。本来说"和女儿的关系一直很好"，事到临头却一反常态，为什么会这样？

这位妈妈忽略了两个事实真相，一个事实真相是，女儿第二次没经过妈妈同意玩了妈妈的化妆品。妈妈的思想里有个"应该"的念头在作怪：我之前已经告诉她不要玩我的化妆品了，她应该知道呀。很多亲子冲突都是由于大人带着类似的"应该"念头导致的。其实根本没有"应该"或"不应该"，那只是成人强加在事实真相上的一厢情愿。既然事情已经发生了，就应该积极面对，解决问题，而不是一味地在"应该"念头下纠结孩子的错。唯有正视事实才能做到有的放矢。如果这位妈妈能接受"女儿又玩了自己的化妆品"这个事实，而不是用"应该"或者"不应该"的念头和这个事实抗争，这样就能从报复孩子的激烈情绪中抽身，从而更容易采取冷静合理的手段来解决目前的问题。

还有一个事实真相是：孩子的发展从来都不是一帆风顺的。就像哲学上所说的，事物的发展总是呈现螺旋式上升的趋势，有时前进，有时后退，但每一次后退都是为下一次前进作铺垫和积蓄能量。也就是说，成人不可能通过一次教育就要求孩子十全十美，永不犯错，这连成人自己都做不到。因此，即使孩子会犯相同的错误，成人依然要继续采取正确的方式引导孩子和相信孩子。无条件的爱是每个孩子都应该得到的礼物，这与孩子的行为无关。

至于孩子一直说"不要你帮我洗头，你的手会长出钢丝，然后把我勒死"这句话，因为孩子感觉太可怕了，妈妈的行为让孩子担心自己不被爱了，于是用"退行"的方式来确认妈妈是否还像以前那样爱自己。"退行"是一种心理防御措施，常常发生在当事人感觉到不安全的情况下。就好比恋爱中的女孩经常说的一句口头语就是"你不爱我了"，其目的就是确认男友的爱不会因为她的不恰当或者不合理的行为而发生改变。

语言常常是内心情绪的外在表现，如果能觉察到这一点，妈妈就会先处理孩子的情绪，向孩子表示：你担心自己犯了错妈妈就不爱你了，甚至觉得妈妈会伤害你，妈妈能理解你的心情，但妈妈向你保证这样的事不会发生。等孩子情绪慢慢平复后，再向孩子道个歉：对不起，妈妈刚才的样子肯定吓到你了，但妈妈刚才实在是太生气了。这样的表达不仅有利于及时修复被破坏的亲子关系，并且能让孩子意识到很重要的一点：即使是在亲密关系中，有时候也会发生冲突，但冲突并不意味着双方关系会彻底破裂，关系仍然可以重建。

二　亲子沟通

亲子沟通第一步——呼应

　　教育，从本质上来说，就是向受教育者施加积极影响的过程。要保证这个过程顺利进行，有个前提：必须得到受教育者的配合，也就是所谓的"先有关系，后有教育"。关系好了，教育的效果事半功倍；关系不好，教育的效果事倍功半，甚至是适得其反。一个最常见的例子就是，很多孩子会因为喜欢一个老师从而喜欢这个老师所教的科目，反之，则会讨厌这门科目。

　　而关系的好坏往往在很大程度上取决于沟通的好坏，毕竟，人是社会性动物，语言是人类独有的交流工具。在沟通中，人们都普遍遵循一个"相似性"法则，也就是通常所说的"物以类聚，人以群分"。那些言行上像自己的人，理解自己的人，对于我们来说是朋友，因而更容易取得我们的信任，我们也更愿意和此类人合作。

　　建立"相似性"的重要手段便是"呼应"。"呼应"就是通过认同对方的言行或者言行背后的情绪，向对方传递这个明确的信息：我和你是一伙的，是同类，我能理解你。唯其如此，对方才会在心理上放松，信任我们，从而在接下来的过程中更愿意选择合作而不是对抗。这个技巧在神经语言程序学中也被称为"先跟后带"：跟随对方是前提，引导对方或者向对方施加影响是目的。再通俗点来说，类似于北方话中的"顺毛捋"，就是先顺着而不是逆着对方的想法。

　　英国著名的教育家 A．S．尼尔在其著作《夏山学校》一书中说过一个案例：有一次，小班老师告诉尼尔，说有一个小女孩不合群，也不快乐。尼尔让小女孩过来聊聊。小女孩过来时第一句话就是："我不要什么'个别谈话'，一点意思都没有。"尼尔说："很对，这样的谈话完全是在浪费时间，我们绝不要个别谈话。"听了尼尔这么说，小女孩想了一下，然后慢慢地说："那么，我不在乎一点点个别谈话。"接着，尼尔问小女孩："能告诉我你为什么不快乐吗？"小女孩开始告诉尼尔自己为什么不快乐：因为感觉妈妈更爱小弟弟，不爱自己。

在案例中，尼尔通过认同和理解小女孩的说法取得了小女孩的信任，从而保证了沟通的顺利进行。相反，对于那些和我们唱反调的、不理解我们的人，我们表现出来的则是对抗或者防御，也就失去了合作的可能性。

相信很多人都看过一个视频，说的是一个孩子考试考得很差，他爸爸一看试卷非常生气，接下来就开始指责孩子：你怎么历史才考了 30 分，地理考了 20 分，政治考了 8 分？你说说，到底怎么回事？结果他儿子比他爸爸还理直气壮：历史考了 30 分，那些事情发生的时候我出生了吗？地理考了 20 分，那些地方我去过吗？政治考了 8 分，十八大召开的时候有邀请我去北京吗？

这虽然是个笑话，但反映出孩子面对指责时出于本能所做出的无理狡辩。其实当家长指责和攻击孩子的时候，家长就已经站在了孩子的对立面。在这种情况下，孩子会本能地开始反抗，这就是人性：人都愿意被理解，而不是被指责或攻击。

如果案例中的家长在看到孩子成绩单时，不是先指责，而是通过呼应的方式理解孩子，比如"其实你也不想考这么低分"，或者"考了这么低分你一定很难过"，相信接下来家长在询问孩子原因然后引导孩子如何避免类似情况再次出现的时候，孩子就会更容易配合。因为家长呼应孩子的两句话，都是孩子内心的真实想法，当孩子感到被家长理解的时候，才不会带有抵触情绪，从而更愿意合作。

呼应分为行为呼应和语言呼应，以下进行简单介绍。

行为呼应：跟随对方的行为，取得对方的信任

所谓行为呼应，就是当对方有了某种行为时，我们采取同样的行为配合对方，以此取得对方的信任，为接下来向对方施加影响奠定良好的基础。

心理治疗过程中常常会运用行为呼应。催眠大师艾瑞克森曾经医治过一位患有惊恐障碍的病人。这个病人觉得到处都充满了威胁和危险。因此，他从不走出房间，一直蜷缩在自己的床上。在医院里，所有的医生和护士都一直按照常规的方式，给这位经常感觉自己会无缘无故被人袭击的病人吃一些镇定的药，让他安安静静地待着。艾瑞克森第一次去见这个病人的时候，他

正在往窗户缝上钉木板。艾瑞克森问他："你在干什么？"病人头也不抬地说："我要把这里加固起来，这里太可怕了。"艾瑞克森二话没说，放下手中的病历本和钢笔，拿起锤子、钉子还有木板，和这个病人一起钉了起来。那个病人觉得很惊讶。他们一起钉了窗户的木缝、地板上的木缝、门口的木缝，然后艾瑞克森又建议说："你看，走廊的地面上也有一些木缝，我们去把它们也钉起来，好不好？"病人想了想，点了点头，于是他们一起走出了房间，把走廊里的木缝也钉了钉，后来一直钉到医院大门口。这位病人患病几年来第一次走出自己的房门。在接下来的日子里，患者对艾瑞克森的治疗非常配合，没过多久，就痊愈出院了。

除了心理治疗，行为呼应在应对孩子问题行为上也能取得很好的效果。《夏山学校》中同样有一个非常经典的案例。一次，一个刚转学来的新生朝着尼尔刚漆好的大门上扔泥巴。尼尔明白这个新生其实是想通过"扔泥巴"这种破坏性行为发泄过往在传统学校所积压的怨气，于是，尼尔也从旁边拿起泥巴，和这个新生一起朝门上扔。后来，这个新生和尼尔成了无话不谈的好朋友，很多问题行为也消失了。当时有人很好奇，问尼尔为什么要这么做，尼尔说：认可对于正常儿童和问题儿童来说是同样重要的，尤其是对问题儿童。每位家长和老师都必须遵守这个信条——你要始终站在孩子这一边。

行为呼应也可以运用到日常和孩子的相处过程中。比如，有些父母因为某些原因无法长时间陪伴孩子，导致孩子在见到父母时内心往往会有距离感或者排斥感。在这种情况下，如果父母想在短时间内和孩子建立起良好的亲子关系，一个最简单的方法就是用同样的行为呼应孩子：他玩什么，你也跟着玩什么；他让你干什么，你就干什么。很快，父母就能和孩子打成一片了。

语言呼应：说出对方内心的真实感受，解除对方的"心理武装"

还有一种呼应叫语言呼应，就是说出对方语言背后的情绪，或者重复对方的观点。

在运用语言呼应时，有一个最大的忌讳，就是带着自己的成见对当事人进行评判或者攻击，这样只会引起对方的反抗或者防御，尤其是在当事人有情绪的时候。毕竟，情绪都是当事人在当下的真实感受，无所谓对错。我们唯一能做的，就是表示理解和感同身受。更重要的是，感受本身就是"自我"

很重要的一部分，当别人的感受被我们看到，被我们理解时，他们才会感到被我们全然接纳。这在心理学上也叫"I See You"，接纳才能带来信任，信任才能产生合作。

设想一个场景：闺蜜今天在车上被性骚扰了，她气呼呼地告诉你整个过程。听完后，你肯定不会说谁让你今天穿得这么性感，因为这样的话是在损人；你也肯定不会说看来还是像我这样的普通人比较安全呀，因为这样的话又是在利己。损人也好，利己也罢，都是在评价对方，而不是全然接纳对方，这样只会让对方反感。如果你懂得呼应，就应该说，怎么车上还有这么变态的人，或者，难怪你这么生气又这么害怕，我能理解你的心情。当用呼应的话表示理解对方时，对方才更容易接受你的观点或者意见。

语言呼应有三种方式，并且这三种方式在沟通中往往是循环穿插使用，单独使用的概率比较小。

第一种方式，用"简单话"呼应对方。就是用类似的话呼应对方，如"哦""啊""嗯""是吗""真的呀""我想听听""我明白了""原来是这样""我很好奇"等。这些话都是中性的，不褒义也不含贬义，不会给对方造成任何压力，同时还向对方传递了一个信息：我正在认真听你说。更重要的是，当我们用"简单话"呼应孩子的时候，我们给自己预留出了思考的空间，以便对对方的话做出灵活的回应。

比如，当孩子告诉你：我们班今天有个小朋友用剪刀把自己的一撮头发剪掉了。你可以用"简单话"呼应孩子：真的吗？相信孩子会继续兴高采烈地向你描述当时的情景。但是如果直接来个评价或者说教：剪头发是不对的。估计接下来的沟通大门就会关上。

第二种方式，用"镜子话"呼应对方。所谓"镜子话"，就是把孩子的话重复一遍后反馈给孩子。比如，孩子说：我今天不想上学了。家长应该回应：哦，你今天不想上学了。

当家长说出"镜子话"的时候，孩子不会抗拒，因为家长说的是孩子内心的真实想法，家长并没有对此进行任何评价。孩子感到被理解了之后，在接下来的沟通中就更容易说出不想上学背后的真正原因。

当然，更多情况下，我们无法通过一次呼应就得知背后的真正原因，那么可以继续呼应。就拿上面这个案例来说，如果孩子第二句话是"我没睡够"，家长就应该这样呼应：看得出来你还很累，那中午在学校好好午休。通过呼应，我们很容易发现孩子行为背后的真正需求，那接下来要做的，就是帮他解决"没睡够"问题。比如，晚上不要让孩子在睡前做剧烈的运动，或者晚上早点上床。当家长通过呼应挖掘出孩子问题行为背后的真正原因时，解决的办法其实有很多。

如果在问题产生时家长来一句：你不想上学你想干嘛？小孩就必须要上学。那么接下来的沟通也同样难以继续，因为孩子心里开始有了抵触情绪。即使最后他被逼着上学了，估计也是带着愤怒和压抑的。不难想象带着这样的情绪，他的学习效率会多低下。毕竟，心情好才能学得好。

当孩子明显带有情绪但没有将其直接表达出来时，或者大人能感觉到孩子有激烈的情绪时，就需要用到第三种语言呼应的方式：用"情绪话"呼应对方。

比如，孩子哭着告诉家长，今天小明把他的风筝抢走了，他要了几次都拿不回来，小明还动手打了他。这个时候孩子明显是带有情绪的，家长需要先通过"情绪话"呼应孩子，以便释放孩子的负面情绪，如：看得出来你很生气。如果孩子接下来还带着情绪，家长应继续用"情绪话"呼应，直到他走出负面情绪的困扰，家长再引导孩子下次遇到类似问题时如何解决。

如果孩子能想到办法自然更好，如果想不出，家长可以说说自己的想法。比如，如果是我的话，我会告诉他不可以抢，但可以轮流玩；或者，如果是我的话，我会让老师帮忙要回来等。能想到的办法越多越好，因为这本身就是一个发散思维的过程，对孩子也有正面的影响，让他有了除哭以外更多解决问题的思路。最后，再通过分析每种方法会造成的后果，把选择权交给孩子。

人们之所以经常说"理解万岁"，就是因为理解很难做到。只有理解才能产生好的沟通，只有好的沟通才能产生好的关系，也只有好的关系才能产生好的教育。要想影响孩子，先从学习如何与孩子好好说话开始吧！

营造安全的沟通环境

《战国策》中有篇文章叫"触龙说赵太后"，说的是赵太后刚刚执政，秦国就加紧进攻赵国，赵太后向齐国求救，齐国回复：一定要用长安君来做人质，才派出援兵。赵太后不答应，大臣们极力劝谏。太后明白地告诉身边的近臣说："有再说让长安君去做人质的人，我一定朝他脸上吐唾沫！"左师触龙希望去见太后，太后气势汹汹地等着他。触龙缓慢地小步快跑，到了太后面前向太后道歉说："我的脚有毛病，连快跑都不能，很久没来看您了。私下里我自己宽恕自己，又总担心太后的贵体有什么不舒适，所以想来看望您。"太后说："我全靠坐车走动。"触龙问："您每天的饮食该不会减少吧？"太后说："吃点稀粥罢了。"触龙说："我现在特别不想吃东西，自己却勉强走走，每天走上三四里，就慢慢地稍微增加点食欲，身上也比较舒适了。"太后说："我做不到。"太后的怒色稍微消解了些。触龙说："我的儿子舒祺，年龄最小，不成才，而我又老了，私下疼爱他，希望能让他替补上黑衣卫士的空额来保卫王宫，我冒着死罪来禀告太后。"太后说："可以。年龄多大了？"触龙说："十五岁了。虽然还小，但希望趁我还没入土就托付给您。"太后说："你们男人也疼爱小儿子吗？"触龙说："比妇女还厉害。"太后笑着说："妇女更厉害。"触龙回答说："我私下认为，您疼爱燕后就超过了疼爱长安君。"太后说："您错了！不像疼爱长安君那样厉害。"触龙说："父母疼爱子女，就得为他们考虑长远些。您送燕后出嫁的时候，拉着她的脚后跟为她哭泣，这是惦念并伤心她嫁到远方，也够可怜的了。她出嫁以后，您也并不是不想念她，可您祭祀时，一定为她祷告说，'千万不要被赶回来啊'。难道这不是为她作长远打算，希望她生育的子孙，一代一代地做国君吗？"太后说："是这样。"触龙说："从这一辈往上推到三代以前，甚至到赵国建立的时候，赵国君主的子孙被封侯的，他们的子孙还有能继承爵位的吗？"赵太后说："没有。"触龙说："不单是赵国，其他诸侯国君的被封侯的子孙的后继人还有在的吗？"赵太后说："我没听说过。"触龙说："他们当中祸患来得早的就会降临到自己头上，祸患来得晚的就降临到子孙头上。难道国君的子孙就一定不好吗？这是因为他们地位高而没有功勋，俸禄丰厚而没有劳绩，而占有的珍宝又太多了啊！现在您把长安君的地位提得很高，又封给他肥沃的土地，给他很多珍宝，而不趁现在这个时机让他为国立功，一旦您百年之后，长安君凭什么在赵国站住脚呢？我觉得您为长安君打算得太短了，因此我认为您疼爱他比不上疼爱燕后。"太后说："好吧，任凭您指派他吧。"于是触龙就替长安君准备了一百辆车子，把他送到齐国去做人质，齐国的救兵才出动。

大臣们劝谏失败的原因

赵太后当时正处在抵触情绪中。她之所以有情绪，是认为齐国的要求太过分了，分明是乘人之危。而此时的大臣们不但不理解赵太后，相反，还极力劝谏，这让赵太后觉得本来齐国不讲理已经够让人生气了，现在竟然连大臣也不理解自己，于是她的情绪进一步升级为愤怒，所以她说，有再说让长安君去做人质的人，她一定朝他脸上吐唾沫。

触龙劝谏为什么会成功

触龙先通过和赵太后拉家常的方式营造了一个宽松的谈话氛围，谈话氛围一旦变得轻松，人的警惕性就会放松，对抗情绪也会慢慢消失。本来赵太后以为触龙和其他大臣一样，是来劝自己让长安君去齐国当人质的，于是"太后气势汹汹地等着他"，这是一种随时准备拔剑出鞘的高度防御状态。如果触龙在这个时候直接切入正题，最后的结果估计比其他的大臣更惨，毕竟他不是一般的大臣。再加上赵太后已经公开明确地表示了任何人都不准再提让长安君去齐国当人质的事，触龙一旦再次提起，便会被赵太后解读为是在向自己叫板，这将导致赵太后把先前积压的所有不满和怒气都发泄到触龙身上，结局可想而知。

在解除了赵太后的"心理武装"后，触龙还是没有急于劝说赵太后，因为他发现"太后的态度稍微缓和了些"，但并未完全消除，这个时候仍然不适合切入正题，否则只会前功尽弃。于是，他采取了"曲径通幽"的方法，先谈自己的小儿子。触龙之所以要这么做，一方面是因为赵太后还有余怒，另一方面是他分析了赵太后行为背后的真正原因是爱长安君，只不过这种爱是一种私心，一种"小爱"，而不是为孩子未来着想的"大爱"。因此触龙要做的，就是把赵太后的"小爱"，引导成对长安君的"大爱"，但此时显然还不是最好的时机。

最后，当"太后笑着说'妇女更厉害'"时，触龙知道赵太后的怒气已经彻底消退了，于是才开始切入正题，摆事实，讲道理，成功说服了赵太后让长安君去齐国做人质，使齐国出兵救了赵国。

对家长的启发

在和孩子相处的过程中，如果孩子有了不满的情绪，要先处理孩子的情绪，再处理相关的问题，因为人在这种情况下是听不进任何建议或者说教的，甚至还会起反作用。

比如，孩子回家一脸沮丧地告诉你今天他被老师批评了。作为家长，正确做法应该是先用"情绪话"呼应孩子：当着那么多同学的面被批评，确实让人挺尴尬的，如果是我，我也有点不舒服。能告诉我发生什么事了吗？孩子得到理解后，接下来的沟通就会比较顺利，即使孩子暂时没说原因，但至少给即将发生的沟通奠定了一个良好的基础。相反，如果家长不问青红皂白就张口指责孩子：怎么老师不批评其他同学就批评你？肯定是你不听老师的话。估计接下来的沟通就会很难继续下去了，孩子会本能地产生对抗或者防御的心理。很多青春期的孩子之所以拒绝和家长沟通，就是因为过往的经历告诉孩子，说话环境不安全，沟通就等于自讨苦吃。

这个故事告诉为人父母者：

（1）沟通的氛围是否轻松很重要。日本人谈生意一般会在饭桌上，潮汕人谈生意一般会在喝茶的时候，因为人们在吃饭或者喝茶的时候是很放松的，不会有高度戒备心理。因此，和孩子沟通的时候，父母一定要营造一种宽松的谈话氛围。

（2）父母要善于察言观色。情绪会通过面部表情体现出来，一个人无论伪装的技术多高明，还是能从他的脸上看出他内心活动的蛛丝马迹，因为情绪是受潜意识支配的，很难受理智控制。

（3）数学上讲的"两点之间直线最短"并不适用于人际沟通。沟通中反而是"两点之间曲线最短"，也就是中国人常说的"曲径通幽"。当发现孩子的情绪还没有完全消除的时候，不要急着切入正题，否则只会前功尽弃。

亲子沟通中，语言可以是一堵墙，也可以是一扇窗，关键在于大人的做法。

沟通中的十种 "沟"

一位大妈上了空调车投了一块钱，司机看着她说："两块啊。"大妈点点头回答说："嗯，凉快。"司机又说："投两块。"大妈笑着说："小伙子，不光头凉快，浑身都凉快。"说完大妈往车厢后面走。司机说："钱投两块。"大妈说："后头更凉快！"这则笑话中，两个人的沟通完全像两条永远不会产生交集的平行线，你说你的，我说我的，到最后你不知道我在说什么，我也不知道你在说什么，误会就这样产生了。这就好比问一个人：你感觉今天的饭菜味道怎么样？这个人却回答：这本书确实挺不错的。

其实，很多人没有意识到，类似的现象还经常发生在家长和孩子的沟通过程中，不但双方不在同一个频道，而且成人还喜欢带着感情色彩或者自己的成见去评判孩子，沟通的大门就这样关上了。

常见的最无效甚至是起破坏作用的沟通方式，有以下十种：

（1）命令孩子或者对孩子强加家长的意志。比如告诉孩子：马上把玩具收好；不准用球拍打弟弟等。

这些家长之所以习惯这样做，是因为他们不知道还有其他更好的方法可以实现双赢，因而在和孩子相处的过程中更喜欢靠本能而不是运用智慧。同时，这些家长不懂得尊重孩子，没把孩子当成一个具有独立人格的"人"。在这种不平等的关系中，孩子更像是一个俯首称臣的下属，而他们在孩子的眼里，则是高高在上的权威。还有，这些家长发现，采用类似的方法往往可以起到立竿见影的效果。确实，这种方法有时候见效很快，但由此给孩子带来的副作用也很大，毕竟教育的效果具有延后出现的特点。这就好比得了轻微的感冒去使用抗生素，感冒很快就会好，但身体却要付出"自愈能力被破坏"的巨大代价。这种副作用使孩子时常处于恐惧状态，他之所以去做一件事，不是发自内心而是被逼无奈，这无助于培养孩子的自律能力。家长只是发出命令，却并没有告诉孩子原因及改善方法，孩子就没有努力的方向，这将会导致同样的错误在短时间内重复出现。

（2）警告或者威胁。比如，告诉孩子：下次再这样，小心我对你不客气；你是不是想挨打。

这些家长似乎是在解决问题，但其本质上是在带着思维的惯性逃避问题，因为他们不希望看到问题，也不敢正视问题，更不愿意反思问题，所以，简单粗暴的方式通常是他们唯一的选择。这不是在教育和引导孩子，更像是在报复孩子。被如此对待后，孩子必定会带着极大的负面情绪，甚至对父母充满怨恨，因为人都愿意自己做主而不是在威胁下屈从，就像恩格斯说过的："哪里有压迫，哪里就有反抗。"

其实，这种威胁在多数情况下都只是口头上的气话，除非情况特殊，家长一般不会采取实际行动，而孩子都是天生的观察家，一旦发现了这个秘密，以后就会变得更加不合作。同时，大人这种"身教"的做法也给孩子树立了一个不好的榜样，在未来的人际交往中，如果遇到问题，孩子也会下意识地采取威胁别人的做法，从而加剧人际冲突。

（3）过度说教或者讲道理。比如，告诉孩子：抢东西是不对的；要学会尊重同学。

没有人喜欢被说教，因为说教的内容通常都是老生常谈，空洞无物，并且说教者几乎都是"站着说话不腰疼"，喜欢用大帽子压人；同时，说教者从开始说教的那一刻起，本身就带有某种优越感，从而把别人置于不如自己的境地。尤其是当说教变成长篇大论的时候，会引起对方在心理上极大的反弹。著名作家马克·吐温有一次听牧师演讲，最初感觉牧师讲得很好，于是打算捐款；十分钟后，牧师还没讲完，他不耐烦了，决定只捐些零钱；又过了十分钟，牧师仍然没有讲完，他决定不捐了。在牧师终于结束演讲开始募捐时，过于气愤的马克·吐温不但分文未捐，还从盘子里偷了2元钱。这种由于刺激过多或作用时间过久而引起逆反心理，就是"超限效应"。

（4）直接给出建议或者解决方案。比如，告诉孩子：他不和你玩了，就去找个新朋友吧；他打你，你也可以打他呀。

大人直接提出建议和方案，不但会失去了一个引导孩子自主解决问题的宝贵机会，并且在无形中向孩子传递了一个信息：你是无能的，必须依靠我。这对孩子来说是一种强大的暗示，在这种暗示下，孩子会感到自卑，独立性变得越来越差，更加依赖大人。当这种依赖达到一定程度时，大人又会感到身心疲惫，容易缺少耐心而导致情绪失控，有损亲子关系。

（5）贴标签或者侮辱。比如，骂孩子：你就是一个蠢货，我看你是没救了。

这是用"以偏概全"的方式对孩子的人格进行"盖棺定论"，彻底否定孩子。父母是孩子成长的一面镜子，孩子因为受发展的限制，还无法对自己进行客观评价和认识，他对自己的看法往往在很大程度上取决于父母对他的评价。《阿甘正传》里的阿甘出生时智商只有75，是一个典型的弱智儿童，然而，母亲从未放弃过阿甘，她经常告诉阿甘："你必须明白，你和你身边的人一样，你和他们并没有什么不同，没有。"阿甘在母亲积极向上的暗示中茁壮成长，最后干出了一番自己的事业。

（6）简单的口头表扬。比如，告诉孩子：你太棒了；你太厉害了。

简单的口头表扬至少会给孩子带来几方面的"副作用"。首先，会让孩子变得满足现状，回避困难，因为谁都无法保证自己在任何情况下都是最棒的，最厉害的，维持现状变成最安全的做法。简单的口头表扬都是基于"人格"而非事实，孩子做得好，他会觉得自己很厉害，而一旦遭遇失败，孩子也更容易彻底否定自己。其次，简单的口头表扬会让孩子失去自我评价和自我认识的能力，最终让孩子就像瘾君子对毒品上瘾一样严重依赖外在评价。自己感觉好不好不重要，关键是别人要觉得好，这样的孩子一辈子都会活在别人的阴影下，无法做自己。所谓存在就是选择能成为自己的可能性，如果无法做自己，人在精神上就已经死亡了，即使活着也只是行尸走肉。最后，表扬会降低孩子对事情本身的兴趣转而关注他人的评价，一旦外部表扬消失了，孩子就会失去前进和努力的理由。

（7）安慰或者转移注意力。比如，告诉孩子：明天就没事了；别哭了，你喜欢的动画片开始了。

当孩子有负面情绪的时候，很多家长常常喜欢采取安慰或者转移注意力的方式，企图帮助孩子尽快走出负面情绪的困扰。事实上，类似的做法也许暂时有点效果，但对孩子的长远发展却是有百害而无一利，因为这会让孩子在思维上形成依赖。当有一天孩子的负面情绪很激烈，而能提供帮助的人又不在身边时，孩子就极有可能会因失去理智而造成悲剧的发生。媒体经常报道的"被老师批评了几句就自杀"的学生，几乎都是在安慰中长大的孩子。安慰还会放大孩子的负面情绪，暗示孩子是一个弱者，让孩子在负面情绪中越陷越深。同时，孩子一旦发现"装可怜"能给自己带来很多好处，也就很容易学会用"装可怜"来要挟他人，以便达到自己的目的。生活中很多"一哭二闹三上吊"的成人，差不多就是这么培养出来的。更重要的是，这样的行为会无形中给孩子传递一个错误的信息：别人应该为你的不开心负责，你没有错，错的是别人。这会让孩子将来成长为一个不负责任的或者喜欢指责别人的人。

（8）设圈套提问。比如，在明明知道真相的情况下问孩子：你刚才去哪里了？你确定你没有偷吃哥哥的饼干？

父母这样做的时候，其实是在变相引诱孩子说谎，因为孩子已经从父母的语气、语调、语速、面部表情中感觉到，一旦说了真相，后果就会很严重，出于自我保护的本能，孩子当然会选择说谎。除非大人直接告诉孩子真相，比如说：我刚才看到你吃了哥哥的饼干。

（9）诉苦或者自责。比如，告诉孩子：我这么辛苦都是为了你；都怪我不好。

诉苦会让孩子的心里背上一笔沉重的"良心债"，从而容易感到内疚，甚至是讨厌自己。讨厌自己的想法，讨厌自己的需求，长大后很可能成为一个内心匮乏的或者是"报喜不报忧"的人；而自责等于是在向孩子传递一个信息：我要为对方的心情负责任，别人的需求都是正常的，只有我的需求不合理。在这种榜样示范下，孩子也学会了拼命压抑自己，最后成为一个不敢维护自己正当权益、逆来顺受的"老好人"。

（10）横向对比。比如，告诉孩子：你看表姐学习多好呀；你看小明多懂礼貌，哪像你这么粗鲁。

每个孩子都是不同的个体，并且每个孩子发展的程度和速度也不一样。如果经常拿孩子与别人家的孩子比，尤其是拿孩子的不足和别人的优点比，只会让孩子感觉自己一无是处，在以后的人生中，时常产生一种莫名的无力感和无助感；同时孩子会变得敏感多疑，很容易嫉妒别人。当太过于关注外在所谓的竞争对手的时候，孩子就没有时间去发展自己。

有一句广告说得好：沟通从心开始。要让大人的话对孩子产生正面的引导和影响，就要学会把话说到孩子心里去，而不是戴着各种"有色眼镜"去挑刺和发泄自己的情绪，因为这样只会让孩子在心理上产生更强烈的反抗或者防御，而不是心甘情愿地与大人合作。

多说 "是"，少说 "不"

语言，除了是彼此交流的工具，同时还具有强大的暗示作用，这一点常常被人忽略。

在日本，有一所医院的治疗效果非常神奇，即使在其他医院诊断出比较严重的病，在这家医院，病人们大部分也能痊愈出院。这个医院有个特殊的规定：亲属或朋友来探望患者，必须带一本自己喜欢的杂志，见到患者后只需要简单地打个招呼，告诉患者"我来了"，然后专心致志地看杂志，临走时再简单告诉患者"我走了"，期间绝对不可以询问病人的病情，除非病人主动开口。后来有记者采访医院院长，问为什么会有这个似乎违背常理的规定。院长回答说：很多人探望病人时，通常在无意中会在语言里对病人进行暗示，比如询问患者"有没有好点"，或者劝说病人"不要想太多了""凡事要看开点"。其实这些做法都是在向患者传递一个信息：他确实病了，并且还病得不轻。这种暗示会给患者造成很大的心理压力，使患者降低治愈的自信，甚至越来越悲观，这样又怎么能取得良好的治疗效果呢？相反，如果他们对治愈疾病充满信心，就会积极配合治疗，疗效当然更好。

催眠大师艾瑞克森到了四岁还不会说话，当时比他小两岁的妹妹早已叽里咕噜说个不停。有一次，全家人满面愁容地对艾瑞克森不会说话表示担心，母亲却气定神闲地说："等时候到了，他自然会开口说话。"母亲的这句话向艾瑞克森传递了两个最重要的信息：你很正常，没有任何问题，只是时机还不成熟；我相信你。这就是一种积极的暗示，正是由于这种暗示所蕴含的强大力量，艾瑞克森后来不但开口说话了，并且在患有小儿麻痹、色盲、音盲、阅读障碍的情况下，依然成为享誉全球的催眠治疗大师。

正面语言可以给对方传递力量，而负面语言则会使问题变得更加严重。比如，当孩子有了所谓的"问题行为"时，家长最为常见的做法就是通过说"不"字来解决：不准打人，不准没礼貌，不准三心二意……采取类似做法的家长，往往会发现孩子的行为并没有朝着家长期望的方向变好，反而变本加厉。对于这种反常现象，心理学可以告诉我们答案。

"白熊效应"又称"白象效应""反弹效应"，源于美国哈佛大学社会心理学家丹尼尔·魏格纳的一个实验。他要求参与者尝试着不要想象一只白色的熊，结果人们的思维出现强烈反弹，大家很快在脑海中浮现出一只白熊的形象。为什么会这样？因为人的行为大部分是受潜意识支配的，潜意识的力量比意识的力量要强数万倍。潜意识有个特点，它最容易记住的是图像。举个例子，当父母告诉孩子"不准口吃"时，"不准"这两字是无法形成图像的，潜意识也接收不到；而"口吃"这两个字却可以形成图像，从而被潜意识接收。也就是说，当大人说出"不准口吃"这句话的时候，潜意识接收到的却是不断鼓励孩子口吃的命令，结果，孩子的口吃行为变得越来越严重。正确的做法是告诉孩子"慢点说"。同样的道理，大人看到前面有一摊水，告诉孩子"不要踩水"，刚说完，就会发现孩子冲过去踩了一脚，因为孩子的潜意识收到的是踩水的画面，正确的做法应是告诉孩子"停"。

"反弹效应"还有另一个表现，当一个人有意识控制自己的行为时，往往会引起身体功能的紊乱，结果造成行为更容易失控。在梅林克的童话故事《癞蛤蟆的逃脱》中，有一只癞蛤蟆被一只千足动物抓住了无法脱身，情急之下，癞蛤蟆发现这只千足动物能很好地掌控1 000只脚先后迈出的顺序，于是癞蛤蟆问："我很好奇，你能告诉我你行走的时候最先迈出哪只脚，并且如何先后迈出其他的999只脚吗？"千足动物开始思考，并观察自己的脚是如何迈出的。最后千足动物被自己弄糊涂了，它发现自己的脚竟然一只也迈不出去，于是，癞蛤蟆趁机逃脱了。很多人上台的时候会紧张，而且越是告诉自己不要紧张，就会发现自己越紧张，其实道理都是一样的。

问孩子"你为什么迟到"，不如问孩子"下次如何才能准时到"；告诫孩子"不准乱跑"，不如告诉孩子"请安静地坐在座位上"。在和孩子相处的过程中，切记：你想要什么，你就说什么；你不想要什么，你就别说什么。

父母会说话，孩子才"听话"

不少父母在和孩子相处的过程中，多少都会带点强权，其背后的逻辑有点类似武侠小说中的"山大王逻辑"：此山是我开，此树是我栽，要想过此路，留下买路财。也就是说，我手上有你需要的东西，并且我还占有绝对的优势，所以你最好乖乖配合，按我说的来，否则后果很严重。清一色的"乖孩子""听话的孩子"，就这样前仆后继地从"家庭生产线"上被制造出来，与之相随的，是父母们欢呼雀跃的喝彩声。然而，人性都倾向于自己做主，就像林语堂先生在《吾国与吾民》一书中所说的："人生不过如此，且行且珍惜。自己永远是自己的主角，不要总在别人的剧目里充当配角。"于是，面对强权的时候，只要有一线希望，人都会奋起反抗而不是轻易缴械投降，即使最后的结局早已在意料之中，但反抗了，至少问心无愧。

有个视频曾经刷爆了微信朋友圈，事情的起因大概是这样的：一位小女孩在吃饭的时候看电视，妈妈不允许，说了一些难听的话，小女孩一生气，就把电视遥控器扔掉了。接下来，妈妈和小女孩就此发生了一系列对话。在对话中，能感觉到妈妈企图在气势上压倒小女孩，而小女孩也不甘示弱，奋起反击。

教育学上有句话，没有好的关系，就没有好的教育。而好的亲子关系，大多来自良好的亲子沟通。因为当孩子处于对抗状态时，父母的教育也好，引导也罢，通常都是无效的，甚至是起反作用的。其实大多数情况下不是孩子不听话，而是父母不会说话，说的话孩子不爱听，并且最先挑起对抗的往往是父母。接下来分析一下这对母女的对话内容，相信对不少家长会有很大启发。

妈妈：想不想吃饭？

点评：明知故问的同时，还有点挑衅的味道，潜台词是：服了没有？服了，就有饭吃；不服，继续没饭吃。就好比两个人打完架，明显占上风的那个问趴在地上的另一个：想不想再来一次？

女儿：我不是跟你说了我要啊！

点评：孩子都是天生的观察家，小女孩的直觉是妈妈在明知故问，因此用不耐烦的语气开始反击。既然你用了针尖，那我肯定也要掏出麦芒，就像物理学上所说的，力的作用是相互的，你怎么对我，我就怎么对你。

妈妈：你要吃饭对不对？那你知不知道你错在哪里？

点评：妈妈的意思是，我的爱是有条件的，并且，你心里有没有真正意识到自己错了我不管，但你口头上必须要认错，这样，我就会在人前显得有面子。

女儿：你不是已经知道了吗？还问我。

点评：女儿表示，我对你非常不满，你越在乎什么，我就越在什么地方刺激你。你不是爱面子吗？我偏偏让你下不了台，最好能让你出糗，这样我受伤的心才感觉好受一点。孩子类似的叛逆行为还有：你越逼着我学习，我越不学习；你越逼着我练琴，我偏偏出差错。

妈妈：我知道啊！但你知不知道啊！我惩罚你不吃饭是为了让你知道你错在哪里啊。

点评：孩子成长的过程，其实就是一个不断犯错，不断反思，最后主动规范自己行为的过程。面对孩子的问题行为，父母的正确做法应该是引导孩子思考：这样的行为给别人带来的妨碍是什么，别人的感受是什么。在这样正确引导的过程中，孩子才会有努力的方向。

如果孩子犯错的后果是迎来父母不问青红皂白的惩罚，孩子"吃一堑"却并没有学会"长一智"，她唯独明白了两点：要安于现状而不是勇敢探索，这样就会避免犯错，避免被惩罚；爱我的人，伤我却是最深，更何况是那些外人，将来还不知道会怎么伤害我，看来以后在人际交往中要尽量和人保持距离了，免得再受伤。

女儿：那你也不能这样啊！

点评：女儿表示即使你是对的，但你的方式我无法接受。有时候"说什么"不重要，重要的是"怎么说"。因为"说什么"代表的是意识层面的内容，而"怎么说"代表的是潜意识层面的内容，也就是对方的真实想法。当一个人用恶狠狠的语调说"我爱你"的时候，相信你收到的信息是"我恨你"。

妈妈：我怎么样啊？

点评："我哪里错了，还不是为你好呀"是很多父母在理屈词穷的时候都会使出这招"撒手锏"，其实到底是为了孩子还是在报复孩子，每个人的心里都清楚。毕竟人都喜欢对不好的动机进行修饰和伪装，但其本质却依然没变，就像一张涂满脂粉的麻子脸。对此，著名作家马尔克斯在他的小说《一桩事先张扬的凶杀案》中有段精彩描述："有一次，我忍不住问几位屠户，是不是屠宰卖肉的营生会掩盖某些人嗜杀的本质。他们反驳道：'我们宰牛的时候，都不敢看它的眼睛。'其中一位告诉我，他不敢吃自己宰的牲畜的肉。另一个人说，他不忍心下手杀掉他熟悉的母牛，特别是在喝过它的奶之后。我提醒他们，维卡里奥兄弟就屠宰自家养的猪，他们非常熟悉那些猪，还给它们起了名字。'那倒不假。'其中一个屠夫回答说，'不过您该知道，他们给猪起的不是人的名字，而是花的名字。'"

女儿：那你也不能这样欺负小孩呀！

点评：女儿表示你的做法就是典型的凭借身份优势以大欺小，我不服。

妈妈：我是为了教育你走正路，把性格改好。

点评：无论父母对孩子如何高调地表示"我爱你"或"我是为了你"，是不是真的如此，父母说了不算，孩子说了才算。也就是心理学上所说的，沟通的内容由说话者决定，而沟通的效果由接收者决定。就好比丈夫看到妻子在看韩剧，直接过去把电视关掉，同时顺手给了妻子一个耳光：告诉你多少次了，少看点韩剧，我这是为了你好，你看你的眼睛都近视成什么样了！这种所谓的"为你好"，与其说是爱，倒不如说是控制。

女儿：我的性格就是这样，没办法改。

点评：女儿的意思是，既然是你先挑起了对抗，那我就要和你"干到底"，我就不改，看你能把我怎么样。

妈妈：你的性格就是这样没办法改，那你就不要做我的孩子。我的孩子是乖巧听话的，是妈妈的好孩子。脾气太倔强的小孩子我不要的。你说我这样教育你不对，那别人是怎么教育孩子的？你说来参考一下。看别人怎么教育的？别人的孩子怎么那么乖，我的孩子怎么那么坏？

点评：用三种武器形成交叉火力，企图把孩子的"自我"一举歼灭：①威胁：我的爱是有条件的，要想让我爱你，你就必须听我的；②下定义：好孩子就是乖孩子，你最好按照这个标准来，你不能做你自己，你只可以做妈妈期望的"自己"；③贴标签：你是坏的。

女儿：这就是性格。性格不同，那坏和不坏又不是我自己决定的，是老天决定的。

点评：女儿表示我也想做个好孩子，但我没有办法，不知道怎么做。

妈妈：你的性格是老天决定的？你是妈妈生出来的孩子，你是妈妈教育的，也是老师教育出来的孩子。跟老天有什么关系啊？你自己说。

点评：情急之下妈妈说出了一个真理，孩子生下来都一样，没有孩子天生就是坏孩子。就像鲁迅说的："即使是天才，生下来的第一声啼哭，也和平常的儿童一样，决不会就是一首好诗。"不好的孩子都是被后天环境所影响塑造，尤其是父母教育方式营造的家庭环境。

女儿：就有关系。

点评：女儿的意思是，反正你别想说服我，哪怕强词夺理我也在所不惜，因为我心里有负面情绪，我对你不满，我很愤怒。

妈妈：你说我教育你不对，那别人是怎么教育孩子的？

点评：妈妈表示看来我说不过你，算了，那就把球踢给你吧。

女儿：别人就是跟他说，他就知道。但你是直接骂我，这是不对的。

点评：女儿想表达的意思是，你有话就不能好好说吗？

妈妈：那我现在是不是在跟你好好说？我有没有骂你？

点评：妈妈认为我之前确实没有和你好好说，有骂你，但我现在已经改了，你就应该不生气了呀。这就好比我打了你一巴掌，然后补偿给你一颗枣，你怎么还有情绪？

女儿：你刚才已经骂了我很久，打了我很久了。

点评：女儿抱怨受伤的是我，又不是你，你是站着说话不腰疼。把别人脚踩疼了，自己嘴上却说没事；你没事，我有事。

妈妈：那你为什么要把遥控器扔掉啊？

点评：妈妈认为我打你骂你，都是你的错，是你惹我的，你活该。至于"你扔遥控器"是什么原因，我不管，尽管是我骂你在先。把责任都推给你，我就有了打你骂你的借口，并且打你骂你后我心中的不适感才能大大减轻。

女儿：因为你惹我生气了。

点评：女儿的意思是，凡事都有因果，难道我会无缘无故地扔掉遥控器？

妈妈：我跟你说吃饭不要看电视，把电视关掉。你干嘛要扔东西啊？

点评：妈妈认为我只下命令，但不解释，你照做就行了。就像在部队，我是长官，是你的上级；你是士兵，是我的下属。所以，你只负责服从命令，无权询问原因。

女儿：那为什么不能看啊？

点评：女儿的意思是，这是我的自由，并且你也没有告诉我为什么不能看。

妈妈：我说不能就不能。"食不言，寝不语"你不知道吗？吃饭的时候就不要说话，不要看电视，你听不懂啊？《新三字经》里教了什么啊？读《新三字经》没用是吧？老师教的没用，是吧？从明天开始不要读书，今天晚上开始不要吃饭。

点评：妈妈的态度是：①实在没词了，我就直接要横，反正我知道你没有赢的可能，因为我比你有优势，就像强盗告诉受害者：我就是想抢你，怎么啦；②只要学过的东西，你就应该记住并且马上做到；③最后一招撒手锏：威胁。

女儿：你敢！

点评：女儿表示你以为我怕你呀。

妈妈：我就是敢！

点评：妈妈表示我一定要制服你，让你害怕。

女儿：你敢，我就报警！

点评：女儿表示你打我一下，我就踢你一脚，谁怕谁。

妈妈：你去报啊！

点评：妈妈表示别忘了，你要依靠我才能生存，我就不信你能造反？再说了，你是我的私有财产，我想怎么样就怎么样，即使是警察也不能拿我怎么样。

以上就是母女对话的全部内容，可惜的是没有看到最终结果。但无论最后小女孩是依然不屈服，还是缴械投降了，都不重要。重要的是，家长要意识到，和孩子说话是一门很大的学问。如果家长不会说话，或者一开始就站在孩子的对立面，沟通就注定要失败，并且双方都会感到心力交瘁，因为孩子在心理上时时处于对抗状态。

高级说教仍然是说教

说教是一种最无效甚至会起反作用的沟通方式，因为说教者在心理上往往有一种优越感。尽管如此，现实生活中喜欢说教的却大有人在，尤其是家长教育孩子的时候，这种无用的方式可以说是被运用到了极致，包括一些所谓的名人也不例外。

台湾作家龙应台的著作《亲爱的安德烈》一书中，有一段写给自己21岁的儿子安德烈的话，每到开学的时候，这段话就会以排山倒海之势被疯传："孩子，我要求你读书用功，不是因为我要你跟别人比成绩，而是因为，我希望你将来会拥有选择的权利，选择有意义、有时间的工作，而不是被迫谋生。当你的工作在你心中有意义，你就有成就感；当你的工作给你时间，不剥夺你的生活，你就有尊严。成就感和尊严给你快乐。"

说心里话，龙应台女士是我非常尊敬的一位作家，她的杂文《野火集》针砭时弊，切中民意，是台湾民主发展过程中极具影响力的一本书；她写的《龙应台评小说》更是曾经震动台湾文坛。可以说，无论是在台湾还是在大陆，她都是文化领域当之无愧的名人。然而，名人也有其局限性，名人只代表她在某个行业取得突出的成就，并不意味着她必然很懂教育，更不意味着名人的教子言论就是金科玉律，毕竟"隔行如隔山"。所以，对于非教育行业或者非心理学行业的所谓"名人观点"，父母一定要仔细斟酌，不能盲目信奉。就拿她的这段话或者这个观点来说，我就不敢苟同。尽管这段话的文笔细腻优美，但仔细思考就会发现，它说到底还是一种说教，确切地说是一种经过修饰了的"高级说教"。这段话翻译成大白话就是，儿子，你必须好好读书，否则将来找不到好工作，会过得很辛苦。这难道不是说教吗？更何况这段话是说给她21岁的儿子听的，一个已经21岁的成人，到了这个年龄还不知道要用心读书，还需要母亲告诉他其中的利害关系，那这个成人的独立性是不是也太差了点？总之，这段话给人的感觉是龙应台打着"为孩子好"的幌子，行控制儿子之实。

　　我这样说不是胡乱猜想，而是有事实根据的。在《孩子你慢慢来》一书中，附录了龙应台大儿子安德烈的一篇文章《放手》，里面有一段这样的描述："我的父母亲太不一样了：父亲扮演了一个放任自由的角色，但是对我的成长细节没什么理解。相比之下，母亲就成了集责任于一身的严格的教育者。但是充满温暖。母亲和我最大的歧异在于，我只在乎好玩，她却很在意什么是我将来需要的才能或者品格。譬如弹钢琴，在母亲面前假装练琴练了8年，其实根本没练，今天也全忘光了；这场拔河，我是赢了。譬如游泳，母亲说游泳很重要，所以我就努力配合，总是用最慢的速度走向体育馆，好几次，我走到的时候，游泳课已经下课了。被母亲逮着时，她会连拉带扯地把我塞进汽车里，一路'押'到游泳池，但是这种猫抓老鼠的游戏，总是老鼠赢的概率高。"

　　从她儿子写的这段文字就可以看出，作为母亲的龙应台是比较喜欢控制孩子的，逼着孩子学钢琴，逼着孩子学游泳，但最后都以失败告终。面对母亲的逼迫，儿子采用的做法是消极对抗：你逼着我学钢琴，我没办法，但我可以不好好学；你逼着我学游泳，我也没办法，但我可以找机会偷懒。

　　"你逼着我学"和"我自己喜欢学"对于孩子来说是完全不同的感受，一种是负面的情绪体验，一种是正面的情绪体验，而趋乐避苦是人的天性。心情好才能做得好，因此，后者的动力要远远大于前者。也就是说，当大人强迫孩子做一件事的时候，孩子的表现不但不能达到大人的预期，甚至还会起反作用，因为强迫的方式会改变孩子做这件事的内部动机，让孩子觉得做这件事不是为了自己，而是为了父母。因此在我看来，龙应台是一位成功的作家，是名人，但未必是一位很懂孩子的母亲。更可怕的是，这段话或者这个观点，因为附加了"名人效应"，从而更容易对很多家长产生误导。

　　大部分成人从小经历的都是权威教育的模式，对于他们来说，名人代表权威，而权威的东西必然是对的，是不用质疑的。这样的做法也确实能给自己带来一定的好处，比如，对于名人代言的商品，人们往往会更加信赖，因为名人代言的产品一般来说质量都很过关，这会让人们节省选择商品的时间。即使是产品有问题，人们用过一次完全可以不再选择，除了损失点钱财之外，不会给人造成精神上的伤害。但教育孩子不一样，一种教育观念或者一种教育方法，如果不加思考就贸然采用，也许会给孩子的发展留下隐患。

　　除了名人效应，这段话之所以被家长热捧，还有两个重要原因：一是很多家长最喜欢的教育方式就是不动脑筋的说教，从来不思考也不学习更加智慧的与孩子的相处之道；二是这段话让家长对孩子的说教变得更有底气：人家龙应台都是这么教育孩子的，看来我的方法没有错。

英国著名的教育家 A．S．尼尔曾经说过："教育，从来不是懦夫所能胜任的。"要成为一名合格的家长，必须要多学习，多反思，如此，才能找到最适合自己孩子的教育方法，因为这个世界上没有任何人可以比父母更了解自己的孩子。

预防胜于治疗

《鹖冠子·世贤第十六》中曾经记载了这样一件事。一次，魏文王问扁鹊说："你们家兄弟三人，都精于医术，到底哪一位最好呢？"扁鹊答："长兄最好，中兄次之，我最差。"文王又问："那么为什么你最出名呢？"扁鹊答："长兄治病，是治病情发作之前，由于一般人不知道他事先能铲除病因，所以他的名气无法传出去；中兄治病，是治病于病情初起时，一般人以为他只能治轻微的小病，所以他的名气只及本乡里；而我是治于病情严重之时，一般人都看到我在经脉上穿针管放血，在皮肤上敷药等大手术，所以以为我的医术高明，名气因此响遍全国。"扁鹊的意思是对大夫而言，预防或疾病初见端倪时采取措施，远比等问题严重了再去处理重要得多。《黄帝内经》也说过"上工治未病，不治已病"，表达的是一样的意思：预防很重要。

然而，越重要的东西越容易被忽略，这一点在教育上体现得尤其明显。很多家长往往不懂得在平时教育孩子的过程中"防患于未然"，不重视对孩子的引导，到问题真正发生时才捶胸顿足，追悔莫及。

据新闻报道：2016年6月24日上午九时左右，湖南娄底某小学六年级学生小吴在学校跳楼身亡。因为6月24日下午班里要举办小学毕业典礼，小吴是主持人，于是在前一天，也就是6月23日，小吴和同学们把教室里的桌椅摆成了"回"字形，觉得这样比较方便毕业典礼的举行。结果6月24日早上老师来上课的时候发现桌椅摆成这样无法上课，就要求同学们把桌椅复原。大部分同学都按照老师的要求把桌椅恢复原状了，唯独小吴拒绝，并且开始哭，旁边的两个女同学不断安慰他。就这样持续了一段时间，老师开始讲课了，刚讲了没多久，小吴突然拍了一下桌子冲出教室，直接从四楼跳了下去。一切都发生在刹那间，老师和同学们当时根本来不及反应。事后小吴的爸爸和姐姐都觉得不可思议，他爸爸接受电视台采访的时候甚至说："我们家小吴看到谁都是笑嘻嘻的，从来没有自杀的倾向。他怎么就跳楼了呢？"

当然，今天谈论这件事的目的不是要给小吴亲人们的伤口上再撒把盐，毕竟一个生命瞬间消逝了，这种痛苦是任何一个局外人都无法想象和亲身体会的。以这件事为例只是想告诉所有的家长：与其解决问题，不如事先做好预防。每位自杀或是犯罪的孩子的父母在孩子刚出生的时候，都绝对想不到若干年后的某一天，眼前这个纯真可爱的小生命会走上一条不归路。

其实，和任何事物的发展一样，情绪从开始产生到最后变成实际行动，都有一个过程，不是一蹴而就的。

情绪的一个来源

先说说小吴为什么会哭。美国心理学家埃利斯针对情绪的来源，提出了ABC理论：A代表诱发事件，B代表人的看法，C代表情绪的具体表现。举个例子，我们在长椅子上坐着，旁边放着自己刚买的一袋水果。这个时候来了个陌生人，看也不看就一屁股坐在水果上。这时我们肯定会有情绪，感到很生气甚至很愤怒。这其中，陌生人坐在我们的水果上这件事就是A；我们觉得这个陌生人肯定是故意的，否则大白天不可能看不到这么一大袋水果，这个看法就是B；我们很生气就是C。这就是情绪的来源。相反，如果对方告诉我们他是个盲人，我们的情绪就会很快消失，因为看法发生了改变：既然是盲人，那肯定是无意的，甚至我们还会庆幸买的不是榴莲。也就是说，影响人情绪的不是发生了什么事，而是人对所发生的事情的主观看法。因此，要想管理好情绪，就要改变看法。

就拿案例中的小吴来说，他之所以会哭，是因为他对"老师让同学们把桌椅恢复原状"这件事的看法是：老师故意针对自己，让自己下不了台。于是，他的情绪产生了。如果当时老师能及时发现他的情绪有异常，并且及时表示理解，比如，老师可以走过去告诉小吴："你是不是觉得我是故意针对你所以才很难过？其实是因为我本学期的教学任务还没完成，如果完不成的话我就会被扣工资和写检讨。"相信小吴的情绪就会慢慢消退，后面的悲剧也就不会发生了，但小学一个班几十人，老师没时间也没精力去照顾每个孩子的情绪，他们的主要任务还是教学。也就是说，对孩子情绪的引导还是要靠父母。

凡事都有三种以上的可能性

如何防止孩子以后看问题太偏激和固执？一个比较简单的方法就是从小引导孩子：凡事都有三种以上的可能性。比如，孩子看到地上有一只小鸟死了，问妈妈："小鸟是怎么死的呀，是不是摔死的？"妈妈应该回答："有这种可能。"然后继续引导孩子：你觉得还有没有其他的可能？接下来和孩子讨论其他的可能性，比如触电死的，还有可能是被猫咬死的。孩子能想出的可能性越多越好，这样就可以防止孩子将来看问题时一根筋，爱钻牛角尖。就拿小吴来说，如果他能想到老师可能不是针对自己，也许老师今天刚和别人吵了架，或者也许老师的孩子病了所以说话的语气不太友好，他的情绪也不至于这么强烈。

安慰和同情会放大情绪

案例中有个细节，小吴在哭的时候旁边有两个女同学不断地在安慰他，安慰了没多久，悲剧就发生了。为什么同学的安慰不但没有化解小吴的情绪，反而放大了小吴的情绪？因为安慰传递的信息是：你现在确实很可怜。这种暗示只会让当事人越来越觉得自己可怜，越来越觉得对方过分，从而更容易失控。这也就是告诉父母：当孩子有情绪，尤其是负面情绪的时候，不要急于去安慰孩子，而应该先尝试理解孩子的心情。至于如何处理情绪，还是要让孩子自己去面对。比如，孩子哭的时候，大人要引导孩子：发生这样的事情你有点难过，妈妈能理解，你自己处理一下情绪，想哭就哭一会儿吧，妈妈陪着你。把处理负面情绪的事情交给孩子。这样，孩子将来遇到负面情绪，尤其是强烈的负面情绪的时候，就可以独自面对而不是时刻依赖外部力量，毕竟父母无法一辈子陪伴孩子。

当然，孩子小的时候心智还不成熟，对负面情绪无法做出更多的反应，那么在孩子情绪稳定下来后，大人就可以告诉孩子：妈妈也会生气，但生气的时候除了哭，还有其他的办法，比如，大声告诉对方我很生气，或者把生气的心情画出来，或者听会儿音乐。也许孩子对大人的方法还无法完全理解和接受，但至少这让他在面对负面情绪的时候多了一些选择。同时，父母的做法还给孩子传递了两个信息：有负面情绪很正常，不是什么大不了的事；负面情绪只是暂时的，不会一直缠着我。

一个孩子智商不高，但他的情绪管理能力很强，他依然可以过上幸福的生活；相反，他的智商很高，但管理情绪的能力很差，那么他将会生活在痛苦之中。因此，英国著名教育家 A．S．尼尔才说："我宁愿孩子是一个快乐的清洁工，也不希望他是一个神经不正常的学者。"而孩子管理情绪能力的强弱则取决于小时候父母对他的引导。

三 教养误区

规矩太多，家就成了监狱

人活着，要面临的一个重要制约就是，人需要和他人发生联系，单靠个人的力量是无法生存下去的。而规矩，则为人与人发生联系时提供了一个适当的距离，这样既可以保证人能充分融入群体，同时又不至于迷失了自己。也就是说，人可以有自由，但前提是不能妨碍别人的自由；人也可以维护自己的利益，但前提是不能妨碍别人的利益。所有的法律和道德规范都是基于此而设立的。

没有规矩的人类社会是无法想象的，在美国电影《人类清除计划》中，所有的犯罪和破坏行为在特定时间内都被允许。于是，每个人都活得没有安全感，随时都有生命危险。因此，古人才说："无规矩不成方圆。"然而，守规矩是自愿的还是被强迫的，是自发的还是需要被监督的，这两者产生的动力完全不同。

有个家长给自己4岁的儿子制定了28条规矩，大到待人接物，小到吃饭喝水。且不论孩子能否遵守这些规矩或者愿意不愿意遵守这些规矩，试想一下，一个有28条规矩的家，对于孩子来说还像个家吗？这样的家与其说是个家，倒不如说是监狱更适合些。

其实，"给孩子定太多规矩"的这种做法是违背人性的。具体表现有以下几点：

第一，这种做法都基于一个假设：孩子天生都是坏的，必须要用规矩约束。一旦有了这种假设，当孩子的行为出现偏差时，大人更容易戴着"有色眼镜"去放大孩子的错误，从而对孩子的行为"上纲上线"，甚至会给孩子贴上各种负面标签，结果是，在负面标签的不断暗示下，孩子最终成长为不好的孩子。就像一句古老的谚语所说的："如果你总是对一个孩子说他很坏，他就会真的变得很坏。"

第二，这种做法会让父母和孩子陷入一种类似"猫捉老鼠"的游戏之中，迟早双方都会感到心力交瘁。父母要想方设法保证监督到位，孩子则千方百计想要逃避惩罚。在这种游戏中，其实受伤最严重的是孩子，他在学校要遵守校规，被学校约束；回到家还要面对一大堆家规的约束，这样的环境令人窒息。失去了自由，人就会变得像囚犯一样痛苦不堪，所以匈牙利诗人裴多菲才说："生命诚可贵，爱情价更高。若为自由故，两者皆可抛"。

给孩子制定太多规矩的做法，名义上是爱孩子，为了孩子，其本质上却是一种控制。换位思考一下，如果爱人给你定了很多规矩，比如，几点睡觉，几点吃饭，几点按时回家，几点要看书，你感觉到的是爱，还是被控制？英国教育家 A. S. 尼尔在其著作《夏山学校》中有个观点说得好：从未活过和爱过的家长会赞成惩罚孩子，因为他们也是严格纪律的奴隶，根本不能想象自由是什么。

第三，这些所谓的规矩本身大多数是不平等条约，是家长强权意志的体现，常常只是用来约束孩子，而家长则游离于约束之外。比如，很多大人给孩子定的规矩是看电视不能超过半小时，而自己一碰到喜欢的球赛或者韩剧却通宵达旦，这会让孩子感觉非常不公平，从而积压了很多愤怒，更容易和大人产生冲突。

第四，这些所谓的规矩只是为了让家长"有面子"。一个守规矩、处处彬彬有礼的孩子会让成人感觉很有面子，因为这可以显示出自己很会教育孩子。至于孩子守规矩是自愿的还是被迫的，彬彬有礼是自发的还是出于恐惧，大人不会在乎，因为大人要的是当下的虚荣，根本不顾后果。

第五，这些所谓的规矩可以让家长惩罚孩子的时候不必内疚。口口声声说着爱一个人，但却动不动就简单粗暴地对待他，这多少会让人觉得自相矛盾，从而内心产生不适感。如果有了事先约定的规矩，那么就可以让家长的惩罚变得光明正大，合乎逻辑：不是我想惩罚你，而是你违反了规矩，是规矩让我惩罚你。

第六，这些所谓的规矩可以让家长教育孩子时变得很轻松。用本能教育孩子是最轻松的，不但不用动脑，并且操作起来轻车熟路。但如果要用智慧去教育孩子，则要不断地学习和反思，因为没有人天生就会做父母，大部分父母教育孩子的时候都是边学边干的。智慧需要动脑，动脑需要劳神费力，这显然是很多家长不愿意做的一件事，他们只希望把孩子的教育托付给别人，一个最明显的例子就是遍地开花的各类针对孩子的培训班和学习班。

家长的想法很简单，只要你能帮我教育孩子，花多少钱我都愿意，最好能有一劳永逸的"灵丹妙药"；但是要让我自己花心思去学习，那我做不到，也不想做。从这个角度来说，很多家长对孩子表面上很愿意付出，但其实骨子里考虑的都是自己的方便和省事。然而对于家长来说，最重要的事恰恰就是学习和反思，因为教育的最终效果，往往来自于家长和孩子的点滴相处，过程好了，结果才能好。

不能制定太多的规矩，因为这对孩子来说是一种精神上的禁锢，只会引起孩子在心理上的对抗而不是合作；同时又不能没有规矩，因为这样会导致孩子无法无天。怎么办？

最好的办法就是，当孩子的行为妨碍到或者伤害到他人时，父母要引导孩子"移情"。一方面，在平时和孩子相处的过程中，父母要多尊重、接纳孩子的感受，而不是经常否定，甚至是打击孩子的感受。比如，孩子哭的时候，大人要给孩子传递一个信息：你很伤心，想哭就哭一会儿吧，妈妈理解你；而不是告诉孩子：这有什么好哭的；或者，都这么大了还哭，不像个男子汉。当孩子能正确认识自己真实感受的时候，他才有可能比较准确地理解他人的感受。另一方面，当孩子的问题行为出现时，大人要让孩子明白他的行为给对方造成的真正妨碍是什么，以及对方的感受是什么。比如，孩子在下楼梯的时候和同学追逐打闹，大人要引导孩子：下楼梯的人很多，你这样会很容易撞倒别人，导致别人受伤，受伤的时候会很疼的。还记得你上次受伤的感受吗？

当一个孩子有了属于自己的感受，又能体会他人感受的时候，他自然会管好自己。他会自律而不需要他律，他会自控而不需要他控，如此才能达到我们传统文化中所说的一个词——慎独，就是即使只有自己一个人，也会规范自己的行为。这可以说是一个人守规矩的最高境界，这种境界靠的是自觉，而不是外部监督。

德国人始终保持着这种慎独精神，这从他们保护森林的细节上就能看出来。德国法律规定：砍伐成材的林木时，必须间隔砍伐，尤其禁止成片采伐。此外还规定，每砍伐一棵大树必须在原来的地方种植一棵小树苗，从而确保森林良性循环。即使是在战争期间兵荒马乱的年月，尽管没人守卫森林，但出乎意料的是，德国民众仍一如既往地遵循原来的做法，按部就班地伐老树、种幼苗……

　　我国历史上也有很多名人因为慎独而流芳千古。春秋时期的宋国，有个叫子罕的人担任宋国的司空一职，专门掌管建筑、车马、器械制造等事务。一次，有个宋国人无意中获得了一块美玉，他拿着美玉来到子罕的府上要把宝物献给子罕，想借此讨好子罕。但意外的是，子罕执意不肯接受。献玉的人误以为子罕嫌玉石不好，便连忙解释道："我已经请最好的玉匠鉴定过了，他们都说这是一块难得一见的宝玉。所以我今天特意把它带来献给您，请您务必收下它。"子罕说："在你看来美玉是宝，可我认为当官的人不贪才是宝。今天如若你把美玉给了我，你便失去了美玉之宝，而我如果真的收下你的美玉，则会丢掉我的不贪之宝，倒不如我们各自都留住自己的宝吧！"说完，子罕便请人把献玉者送出门。

　　德国民众的做法也好，子罕的故事也好，都告诉我们：发自内心的、自发自愿的守规矩，才是名副其实的对规矩的尊重。"诚于中"才能"形于外"。

　　也许和其他所谓的"捷径"相比，培养孩子移情能力的过程有点慢，有点难，所需要的时间也有点长，但仍然值得每位父母为之全力以赴，毕竟，孩子终究有一天会离开父母，独立生活。

别逼着孩子道歉

人都有个常识，灭火的时候要用水而不是用油，否则只会助长火势。然而，在教育孩子的时候，不少家长的做法却类似于"用油灭火"，本来出发点是要解决问题，结果却因为使用了错误的手段而让问题变得更加严重。比如，孩子犯了错，不少家长都会逼着孩子立刻认错或者道歉。也许在逼迫下，孩子当时确实认错了，也道歉了，但过了不久，大人会发现孩子又重蹈覆辙。于是大人又一次逼着孩子认错，孩子依然照做，然后过了不久他又会再犯，就这样，大人和孩子进入了一个"孩子犯错—大人逼着道歉—孩子再犯—大人再逼着道歉"的怪圈，双方都为此筋疲力尽，而问题依然在那里。

家长为什么喜欢逼着孩子道歉

权威思想在作怪。在中国，很多家长和孩子之间的关系从来都不是平等的，尽管口头上天天喊着要尊重孩子，但骨子里都把孩子当成自己的附属品，甚至是私有财产。这种不平等的关系必然导致家长希望孩子处处听自己的话，服从自己，尤其是在犯错的时候，逼着孩子道歉，更能彰显家长的权威，满足家长的面子。

防止自责。自责就是攻击自己，是一种强大的负面能量，没有人喜欢自责。因此，当问题发生时，为了避免自责，很多家长的第一念头就是要做点什么，但由于不知道正确的做法，只好采用最熟悉、最本能的那种：小时候父母是如何教育我的，我就用同样的方式教育孩子。这样，即使最后事态的发展失控了也问心无愧，毕竟自己已经尽力了。

急功近利，希望立刻解决问题。"冰冻三尺非一日之寒"，很多问题其实都是日积月累造成的，这也就意味着解决问题常常不可能一蹴而就。然而，很多家长的潜意识中对"问题"这两个字是排斥的、敏感的、恐慌的、焦虑的，因为他们小时候的经历也是如此，犯了错或者有问题后就会被自己的父母采用错误的甚至是粗暴的方式对待。这种经历如此难忘，以至于成为一种"强迫性重复"，影响着当下的父母和孩子。教育和治病的道理差不多，如果治病只是考虑效果而不顾后果，就会为健康埋下巨大的隐患。比如中国是全球抗生素滥用最严重的国家，据中国科学院的一项研究结果表明，2013年中国抗生素使用量达到了16.2万吨，约占世界用量的一半，人均消费量是美国的十倍。很多人连头疼感冒都会使用抗生素，这对发达国家来说，绝对是无法想象的事情。确实，使用抗生素很容易取得立竿见影的效果，但由此带来的副作用是超级细菌即"多重耐药菌"的出现，使很多病越来越难治，并且稀奇古怪的病越来越多。

很多家长心目中都有一个"完美孩子"。这个"完美孩子"很懂礼貌，说话恰到好处，通情达理，还很体贴人，对父母毕恭毕敬；会按时上学，在课堂上认真听讲，学习刻苦，考试成绩也很优秀。总之，这个孩子让父母很省心，不会给父母带来任何麻烦。有这样的孩子吗？肯定没有！因为孩子都是在犯错中成长的。就好比没有一个孩子天生会走路，想要学会走路就一定会摔跤，只有通过不断摔跤，孩子才能最终找到身体的平衡点和走路的感觉。

家长和孩子之间没有合适的界限。有一个形象的比喻，说外国的人与人之间的关系像一碗米，既在一起又各自独立；而中国的人与人之间的关系像一碗粥，彼此没有任何距离。尤其是父母和孩子之间的关系，更像是一碗煮烂的粥，彻底融合在了一起。因为这种关系的存在，很多本来属于孩子的事情被大人粗暴干涉或者大包大揽，造成孩子的过度依赖。其实在人生旅途中，每个家长都只能陪孩子走一程，到站了就要下车，接下来的路无论有多少风雨，孩子都要学会独自面对和解决。

逼着孩子道歉的弊端

逼着孩子道歉会让孩子产生逆反心理。人都喜欢自己做主，而不是被别人支配，尤其是被人强迫，否则自我就意味着不存在了。所以，为了维护自我的存在感，任何强制的教育手段都会遭遇孩子的反抗，让孩子更加讨厌对方、讨厌大人，甚至是讨厌他自己。

逼着孩子道歉，会让孩子产生一个错误的认识：道歉了就代表没事了，那么下次犯错只要道歉就可以了。这无法让孩子从内心深处意识到不妥在哪里以及如何避免类似情况再次发生。口是心非的道歉只是流于形式，真正的道歉应该是一种感情的表达，如果孩子不是发自内心主动去做，其实没有任何意义，接受道歉的人也能感觉到道歉者不是诚心诚意，而是在敷衍搪塞，这种举动其实是在培养一个彻头彻尾的"伪君子"。

逼着孩子道歉会打击孩子的自尊心。虽然孩子的个子没有家长高，经历没有家长多，但孩子在人格和家长是平等的。家长当众强迫孩子认错道歉，会让孩子的自尊心受到严重打击，一个没有自尊心的人是永远不会尊重别人的。因此，古人教育孩子"七不责"的第一条就是"对众不责"——在大庭广众之下不责备孩子，要在众人面前给孩子尊严。更重要的是，家长剥夺了孩子成长的一次宝贵机会，如果孩子犯错后不是强加家长的意志，而是引导孩子去面对问题、解决问题，孩子就会在原来发展的基础上向前迈了一大步。

对孩子错误行为的正确引导

首先，平时家长犯错的时候要学会向孩子真诚地道歉。比如，家长找不到东西后觉得是孩子拿走了，结果发现东西其实放在了另一个地方，这个时候家长需要向孩子道歉：我刚才以为是你把东西拿走了，所以非常生气，说话口气也不好听，对不起，冤枉你了。这个过程其实就是孩子体验冲突解决的过程。一方面，当家长真诚地向孩子道歉时，孩子才能学会如何向别人道歉；另一方面，孩子对"冤枉"这个词有了更真切的体验，便于以后灵活运用。就像蒙台梭利说的："我听过了，我就忘了；我看见了，我就记得了；我做过了，我就理解了。"

其次，孩子犯错的时候，家长要镇定，先处理孩子的情绪，再处理孩子问题。家长的镇定事实上给孩子传递了一个信息：你的错误是每个孩子都经历过的，没什么大不了。这会让孩子变得不那么慌乱，便于家长接下来对孩子进行有效引导。比如，孩子把小伙伴推倒在地，小伙伴哭了。家长事后可以心平气和地引导孩子：看到小伙伴哭了，其实你也很害怕，对吗？当家长把孩子的情绪说出来时，孩子的紧张和害怕就会消失一大半。接下来家长继续引导：妈妈相信你肯定不愿意看到小伙伴哭，你觉得接下来该怎么办呢？如果孩子说不知道，家长可以说出自己的想法：如果是妈妈的话，妈妈会给小伙伴道个歉，说声对不起。这样，既不会像发布命令那样给孩子带来很大的压力，又为孩子指出了一个解决问题的方向。一般在这种情况下，孩子都会主动去向对方道歉；如果经过家长的耐心引导，孩子仍然没有向对方道歉的意思，家长可以先暂时代替孩子给对方道个歉，然后引导孩子：没关系，等你准备好了，妈妈相信你一定会找机会当面向他道歉的。之后，大人可以找个适当的机会再次提醒一下孩子：你是准备明天还是后天给小伙伴道个歉？把最终的决定权交给孩子。更重要的是，这句话中嵌入了一个重要的暗示：你已经决定要道歉了，只是没确定时间而已。

《圣经》里说，世间万物皆有定时——播种有时，成长有时，花开有时，凋零有时。养育孩子，就像等待花开的过程，需要大人静下心，慢慢来，给孩子足够的时间，就像印第安人那句流传千古的谚语说的："别走得太快，否则灵魂就会跟不上。"

强定规矩的后遗症

传统教育向来主张对孩子严格管教，比如，"子不教，父之过""严师出高徒""严家无悍虏，而慈母有败子"。管教孩子本来无可非议，毕竟这是为人父母的天职，但如果一味强调用外部约束去"管"孩子，而不是让孩子发自内心地、自愿地去遵守规矩，就很容易导致两种后果：一种是外部约束或监督不存在的时候，孩子往往会变得肆无忌惮；另一种是当强行制定的规矩被孩子内化以后，将来他会用同样的规矩去要求别人，并且不达目的誓不罢休。

缰绳消失，孩子失控

2015 年 3 月在美国发生了一起骇人听闻的"中国留学生校园霸凌"事件：因为一些过节和感情纠葛，几名来自中国的留学生，对同是来自中国的另外两名留学生百般凌辱，其中包括扒光衣服，用烟头烫伤乳头，用打火机点燃头发，强迫被害人趴在地上吃沙子，剃掉被害人的头发并逼她们吃掉等，整个虐待的过程长达 7 个小时。手段之凶残，令人发指。随后，被害人报警，经过警方调查之后，此案提起公诉。最终，三名未成年施虐者分别获刑 13 年、10 年和 6 年，等待他们的将是漫长的刑期以及刑满释放后被驱逐出境。

服刑期间，《纽约时报》中文网对三位施虐者分别进行了采访，询问他们对该次事件的看法。施虐者杨某某表示："父母是出自好意，但留学生们应该醒醒了。孩子独身在几千英里之外而没有人管束，拥有太多的自由，这是造成灾难的原因。"施虐者翟某某则认为："太自由，容易孤独和迷失。我不能告诉父母是怕他们担心。"最具代表性的则是章某某的说法："我当时觉得，因为父母不在身边，想干什么都行。"纵观三位施虐者的回答，言外之意都表达了一个共同的观点：我犯罪，是因为没有人管我了。也就是说，他们已经习惯被管了，一旦没人管，他们就成了脱缰的野马。

其实，如果三位施虐者在施虐过程中能稍微换位思考一下问问自己：我希望被别人逼着吃沙子或者吃头发吗？同时想象一下自己如果被虐待的感受，估计后果绝不至于如此严重。就像俗话说的，"上帝让人有一个心脏却有两个心房，是为了告诉我们，做任何事，既要为自己着想，也要为他人着想。"

强定规矩的反作用

2016 年 10 月 27 日，在广东东莞市长安镇乌沙环南路路段，来自江西广丰县的男子黄某的生命定格在了 25 岁：他因数次用石头和砖块追砸一辆运钞车，被车内押运员多次劝阻无效后一枪毙命。

事后根据多家媒体采访几位目击证人证实：黄某之所以数次追砸运钞车，是因为他在人行道上行走时被运钞车蹭了一下。尽管当时路上车辆很多，黄某被剐蹭后身体也无大碍，但由于运钞车司机没有及时向黄某道歉，这直接导致了黄某接下来变得有点不可思议，甚至可以说是近乎疯狂，在短短 600 米的距离内，他数次追砸运钞车，直到悲剧的发生。

按常理来说，在路上人与人偶尔发生轻微碰触或者被车辆轻微剐蹭实在是再平常不过的一件事，但为什么这件在常人看起来没什么大不了，甚至可以说是微不足道的事，黄某的反应会如此过激呢？

人在面对一件事时往往是先有相关的情绪，然后才有相关的行动，情绪支配着行动。用心理学上的"情绪 ABC"理论解释就是，决定我们有什么样的情绪和采取何种行动的，不是发生了的事情，而是我们对所发生之事的看法。看法导致了情绪，情绪导致了行为。案例中的黄某之所以在被运钞车剐蹭后采取追砸车辆的行为，是因为他非常愤怒，而他之所以非常愤怒，就是因为他对这件事的看法是：我在人行道上靠右走，我没有错；你蹭了我，你错了。而你错了你就必须向我道歉，如果你没有道歉，我就会采取行动，即使是偏激的行动也在所不惜，直到满足我的要求为止。

这是一种典型的"非黑即白"的思维模式，具有这种思维模式的人都有个相同的特点：爱认死理，爱钻牛角尖。而黄某的父亲在事后接受记者采访的时候也证实：儿子性格确实有点"倔"，他若认为别人做错了事情，会坚持要对方向其道歉。这就是悲剧产生的根源。

那人们不禁要问了，这种性格是怎么来的？

这就不能不提及家庭教育了，因为家庭教育最大的任务就是教会孩子做人，培养孩子健全的人格，而人格中包含一个最重要的因素：规矩的制定。

规矩的执行靠武力做后盾。是强制要求孩子执行，还是告诉孩子，他们行为会给别人造成什么妨碍，从而让孩子通过移情变得自律，这两种方式对孩子造成的影响是完全不同的。

很显然，黄某的父亲属于第一种。他在接受记者采访的时候说过两句话，一句是："儿子脾气很好，很少与他人起争执。"也就是说，在父亲的眼里，黄某是个乖孩子。学校多位老师对黄某的评价也是"严守校规"。另一句是："儿子在十七八岁的时候，曾经顶撞过我一次，那一次，儿子理直气壮地说：'我没犯错，你没法打我。'"把这两句话上下联系起来，很容易就能得出一个结论：黄某的父亲喜欢采用暴力的方式制定规矩，以便达到教育黄某的目的，表面上似乎达到了，黄某变得很懂事，但强定规矩的方式给黄某带来的最大副作用被他父亲忽略了：强定的规矩被内化以后，也会直接投射到外部世界。也就是说，我自己能很守规矩，同时我要求别人也必须做到守规矩，否则，我会不依不饶。这种"强定的规矩"是一种"限制性信念"，就像木马程序一样，情况越危急，当事人就越执着于这个信念。

庄子说过一个寓言。春秋时，鲁国曲阜有个年轻人名叫尾生，与圣人孔子是同乡。家教严格，为人非常守信用，受到四邻八乡的普遍赞誉。有一次他认识了一位年轻漂亮的姑娘。两人一见钟情，君子淑女，私订终身。但是姑娘的父母嫌弃尾生家境贫寒，坚决反对这门亲事。为了追求爱情，姑娘决定背着父母和尾生私奔。那一天，两人约定在韩城外的一座木桥边会面，双双远走高飞。黄昏时分，尾生提前来到桥上等候。不料，突然乌云密布，狂风怒吼，雷鸣电闪，滂沱大雨倾盆而下。不久山洪暴发，滚滚江水裹挟泥沙席卷而来，淹没了桥面，没过了尾生的膝盖。城外桥面，不见不散。尾生想起了与姑娘的约定，四顾茫茫水世界，不见姑娘踪影。但他寸步不离，死死抱着桥柱，终于被活活淹死。

外界强定的规矩，像是一个"紧箍咒"，限制了人的灵活性。就拿此次事件来说，一般运钞车上都会明显标示出类似"武装押运，严禁靠近"的字样，"严禁"就意味着一旦靠近了就会受到严厉的惩罚，作为成人的黄某难道不明白他的行为会带来怎样的后果吗？显然不是，但在那个时候他已经被"你错了就必须道歉"这样的"限制性信念"控制了，他已经身不由己，完全失去了理智，因为他的脑海里只有一个声音：错了就必须道歉。

香港电台知名主持人梁继璋在《给儿子的一封信中》有一句话说得好：

"你可以要求自己守信，但不能要求别人守信；你可以要求自己对人好，但不能期待人家对你好。你怎么对人，并不代表人家就会怎么对你，如果看不透这一点，你只会徒添不必要的烦恼。"

培养移情能力，让孩子自己遵守规矩

一个孩子要学会发自内心地遵守规矩，而不是依靠外部约束，就必须做到自律。要做到自律，父母就需要在小时候培养孩子的移情能力。

首先，父母要允许孩子表达情绪，而不是批评孩子。

不少父母当孩子有负面情绪的时候，不是全然接纳，而是喜欢评判，因为父母认为负面情绪是不好的。其实情绪本身无所谓好坏，它只是当事人当下的真实感受。尤其是孩子，生气了就是生气了，愤怒了就是愤怒了，一旦这些情绪被父母贴上"不好"的标签，孩子就会惧怕负面情绪的出现，从而和自己的真实感受失去了连接，容易变得麻木。试想，如果一个人连表达自己真实的感受都惧怕，他又如何能体会他人的感受？如果体会不到他人的感受，他又如何能发自内心地规范自己的行为？

几个日本心理学家曾经做了一个试验。他们准备了一些图，图上有哭、笑、愤怒、惊讶等各种表情，然后拿到学校给孩子们辨别。结果发现，那些平时喜欢在学校里欺负人的"小霸王"，大部分都分辨不清图上的表情，一个看起来很愤怒的表情，在他们看来却是再正常不过了。

其次，对孩子的感受进行准确定位，以便加深孩子的印象。

未知的不舒适的东西总是会让人产生恐慌和不安，孩子的感受也同样。他们无法准确定义自己的负面感受，需要大人协助把感受进行准确定位，孩子才有可能对这种感受进行整理。比如，孩子看到弟弟玩了自己的玩具而大吼大叫时，我们应该对孩子的感受进行定位：看到弟弟没经过自己的同意就玩了自己的玩具，感觉很生气。还有一个很好的方法，也可以加强孩子的感受能力，就是父母在家里多和孩子玩"角色互换"游戏。比如，孩子在外面抢了别人的东西，我们事后可以通过游戏来还原当时的场景，由家长扮演自己的孩子，让孩子扮演玩具被抢的另一个孩子，引导孩子去体会玩具被抢了以后的内心感受。

再次，当孩子的行为妨碍到别人的时候，父母要就事论事，告诉孩子对别人造成的具体妨碍是什么，别人的感受是什么，父母的期望又是什么。比如，孩子吃完西瓜后把瓜皮直接丢在地上，父母就可以告诉孩子：看到你把西瓜皮直接扔在地上，我很担心待会谁踩到以后会滑倒受伤，希望你把西瓜皮扔到垃圾桶里去。

最后，尽量不要用惩罚或者奖励去规范孩子的"问题行为"。因为奖励等于告诉孩子"做这件事对我有好处"，惩罚等于告诉孩子"做这件事对我有坏处"。也就是说，奖励和惩罚本质上只会让孩子关注自己，容易成长为自私自利的人，因为孩子在奖励和惩罚的操控下，从来不会反思自己的行为给对方造成的妨碍是什么，也就不知道努力的方向在哪里。

在孩子成长的路上，无论父母职位有多高、财富有多少，都无法做到时刻陪伴，孩子总有离开父母独自生活的那一天。因此，所有的外部约束都只是"治标不治本"，唯有从移情能力中产生的自律精神，才是我们留给孩子最宝贵的"护身符"！

自私自利者

一个人夜里开车，他远远看见红灯亮了，但觉得半夜一点多路上根本没有人，就直接闯红灯开过去了。很快，一辆警车追了上来，警察拦下他后问他："你刚才没有看到红灯吗？"他说："看到了。"警察问："你不知道遇见红灯要停车吗？"他说："知道。"警察问："那你为什么不停车呢？"他说："因为我当时没有看到你。"言外之意就是：警察在的时候我肯定会遵守交通规则，因为有外部约束，我担心会受到惩罚；警察不在的时候，我就不用遵守交通规则，因为没有了外部约束，我考虑的是这样做会给我带来好处，可以帮我节省时间。这就是典型的自私自利行为，也就是说，一个人权衡是否做一件事的标准不是发自内心地思考这样的行为会不会给别人带来伤害和妨碍，而是这样的行为是不是对自己有利，或者是不是利大于弊。

其实，自私本身没有错，用进化心理学的观点解释，自私是一种遗传，可以让我们更好地生存下去。毕竟，在远古时代，我们的祖先常常面临食物匮乏的境况，此时，唯有"先己后人"才能存活下来，所以自私从本质上来说是一种本能。然而，自私有一个前提，就是我们的自私不能妨碍到别人，不能伤害到别人。就像人喜欢钱没错，但是你不能去抢劫，否则就是犯罪，因为你的行为伤害了别人。但这么简单的常识，为什么很多人就是无法做到呢？

就拿 2016 年被爆出的山东"假疫苗"事件来说，短短几年来罪犯庞某非法经营的不合格人用疫苗已波及国内 24 省市，涉案金额高达 5.7 亿元。

这起案件有两个细节值得思考：①当时的庞某还处于缓刑期间，也就是说她还是个罪犯，只不过是监外执行而已。庞某曾经是菏泽市某医院的药剂师，离职后因非法从事疫苗药品经营活动，于 2009 年被菏泽市中级人民法院判处三年有期徒刑，缓期五年执行。也就是说，即使在判决生效后，庞某依然置法律于不顾，继续从事疫苗药品非法经营活动。人们要问的是：庞某已经是罪犯了，为什么她对自己的行为不但不知悔改，反而变本加厉？②参与人数众多。给庞某供货的上线分布在国内十余个省市，有 100 余人给她供货，她分装后再发给约 300 名下线，其中不乏"监守自盗"的疾控中心工作人员。人们要问的是：这么多参与的人中，难道一个有良知的人都没有吗？他们做人的底线在哪里？

当然，导致此次事件发生的还有其他因素，一是政府监管不到位，法律上有漏洞；二是犯罪成本太低；三是利润驱使。就像马克思在《资本论》中所引用的话：如果有 10% 的利润，资本就会被到处使用；有 20% 的利润，资本就活跃起来；有 50% 的利润，资本就铤而走险；为了 100% 的利润，资本就敢践踏人间一切法律；有 300% 的利润，资本就敢犯任何罪行，甚至冒绞首的危险。尽管这三个因素在此次事件中起到重要的作用，但都不是最根本的。

庞某之所以在已经是犯人身份的情况下还如此丧心病狂，为数众多的参与者之所以在分明知道会造成什么样后果的情况下却依然没有丝毫的良知，一个最根本的原因就是：在他们看来，行动的出发点不是考虑会不会妨碍和伤害到别人，而是自己有没有好处。即使会带来危害，但只要利益足够丰厚，他们依然会去做。这也导致了目前很多无良商家制假售假却屡禁不止。

那么，这些无良商家"损人利己"的逻辑是怎么形成并在心里深深扎根的呢？我认为和传统教育中"奖励和惩罚"的教育方式大范围且高频次出现有关。

奖励和惩罚这两种教育手段，有时候确实能取得"立竿见影"的效果，但其带来的负面影响会更大。一个最大的副作用就是：受教育者对自己的行为不会主动进行反思和反省以便朝着更好的方向努力，而是会时刻在心里作"成本效益分析"，即"这样做给我带来的好处是什么？""这样做给我带来的坏处是什么？""是好处多还是坏处多？"也就是说，受教育者只会关心自己的利益，从而更容易成为一个彻头彻尾的自私自利者。

举个例子，家长带着孩子去医院探望病人，结果孩子在医院的走廊里大喊大叫。这时候有的家长会采用奖励的方式，告诉孩子：你别喊，我等下给你买变形金刚。如果变形金刚能对孩子产生足够的吸引力，这种诱惑就会促使孩子保持安静，但他只是为了得到变形金刚所以才强忍着不喊不闹，而不是自发自愿的选择。家长采取奖励的做法对孩子来说无疑像一种交易：家长用奖品换取孩子的好行为。而此时孩子也会接收到一个信息：你想让我有好的表现，就必须给我奖品，否则我就故意表现得很差。也就是说，一旦没有了奖品，孩子就失去了保持好行为的动力。

　　如果家长惩罚孩子又会怎么样呢？比如，把孩子骂一顿，或者打一顿，通过吃苦头的方式给孩子一个教训。这同样会带来一个很大的副作用：孩子下次犯错的时候会变得更加高明和隐蔽，察觉到没有监督的时候，他才会犯错。

　　更重要的是，惩罚和奖励很多时候对孩子来说之所以有效，一方面是因为家长手上掌握着孩子需要的"胡萝卜"，可以对孩子产生足够的诱惑；另一方面是因为家长体格相比孩子来说占有绝对的优势，手里有"大棒"，可以迫使孩子屈服。但总有一天，家长的资源会用尽或者对孩子来说已经不需要了，家长体格上的优势也会慢慢减弱。总而言之，奖励和惩罚其实就是大人用来控制孩子的一套工具，就像马戏团训练动物，表现得好就有食物吃，表现得不好就饿肚子，以此达到驯服动物的目的。

　　那对于上文中在医院吵闹的小孩，既然奖励不妥，惩罚也不妥，究竟该怎么做呢？

　　其实方法很简单：通过指出他的行为给别人带来的具体妨碍，引导孩子对自己的行为进行反思。比如，可以这样引导：你还记得上次你病了的事情吗？你让爸爸妈妈声音小点，说会吵到你休息；张阿姨病了，她和你一样，也需要一个安静的环境休息；妈妈相信你也希望张阿姨早点好起来，所以请你保持安静好吗？谢谢你。

　　类似这样的引导，给孩子传递了两个信息：①他的行为会影响到病人休息；②他改变的方向在哪里。

　　让孩子学会换位思考，体会自己的行为给他人带来的具体妨碍，他最终才能真正学会自律。发乎于心，显乎于行；发自内心的美德，才能最终体现在行为上。

乖的本质是压抑

相信大家都见过盆景，它们婀娜多姿，千姿百态，赏心悦目，满足了人们的审美需求。但是站在盆景的角度，它们的感觉却很可能是痛苦的，毕竟如果能按照自己的潜力发展的话，也许它们可以长成参天大树。"盆景"的生命状态，对植物来说是一种压抑，是非自然的。用卢梭在其名著《爱弥儿》中的第一句话来说，就是"出自造物主之手的东西，都是好的，而一到了人的手里，就全变坏了"。因为人喜欢控制，总是希望事物都能按照自己的要求和期望去发展。

就拿教育孩子来说，家长常常希望孩子能按照自己的要求成长。于是，很多孩子为了迎合成人，成长为成人口中的"乖孩子""听话的孩子"，就像"盆景"一样，表面看起来精美，其实内心痛苦扭曲。

"乖孩子"的痛

回顾近些年震惊社会的几起大学生杀人事件就会发现，当事人无一例外都是亲朋好友口中的"乖孩子"。

马加爵，云南大学生物系高材生，和同学打牌时因为一些口角，用铁锤残忍杀死了四名同窗。他父亲在事发后对他的评价是："在我们眼中，他一直是一个很听话的孩子，真的不敢相信他会干出这样残忍的事，他这样不仅毁了自己，给家里蒙上阴影，还毁了其他 4 个家庭的幸福，人家供出一个大学生多不容易。"邻居的评价是："平时老马家很和睦，和街坊的关系也很好，马加爵小时候也很听家里人的话，从来不在外面惹是生非，要不是公安部门的通缉令贴到离家不到 50 米的一堵墙上，我们还以为事情是别人胡编出来的。"马二村老老少少对他的评价是："他是村里唯一的高材生，怕不会干这种傻事吧？"

药家鑫，西安音乐学院钢琴系高材生，在开车将路人张妙撞倒后（左腿骨折、后脑磕伤，只是轻伤），为了阻止伤者记录自己的车牌号而找到自己家给家里添麻烦，丧心病狂的他用随身携带的尖刀捅了对方 8 刀后致其死亡。父亲对他的评价是："他是个从小到大几乎没犯过错的孩子。"母亲的评价是："他学习好，琴也弹得非常好。"邻居的评价是："药家鑫文气、随和、有礼貌，是家里的乖孩子。"孩子家长对这位钢琴老师的评价是："他是一个很安静、很干净、很客气的人。"辩护律师的评价是："他成长道路上没有污点，学习优秀，得过各种奖项。"

林森浩，上海复旦大学医学院研究生，因为琐事对同学黄洋投毒，致其死亡。父亲对他的评价是："想不通儿子为何这样做，他曾是我们心目中的'乖孩子'。"姐姐的评价是："他心地非常好，有同情心，在青春期一点叛逆都没有。"邻居的评价是："他一向都很乖巧懂事，也没有年轻人轻浮和狂妄的毛病，待人接物也很有礼貌，最近几年每次回家，在路上遇到我们这些长辈，他都很主动跟我们打招呼。"同学的评价是："他不是一个斤斤计较的人，也发生过与同学不愉快的事，吵吵架很正常，一两天就过了，然后又是有说有笑。"中学老师的评价是："最初听到这个消息（投毒）时，我们也感到惊讶，觉得不可思议。"

吴谢宇，北京大学经济学院高材生，因为考试经常第一，被同学称为"宇神"，GRE 成绩排名全球前 5% 。2015 年 7 月，与母亲发生口角后杀死母亲，然后出逃。半年以后其母亲的尸体才被发现。亲戚对他的评价是："懂得为人，很孝顺母亲。"老师对他的评价是："开朗、和善、热情。"同学对他的评价是："生活中接触过的人几乎没有不喜欢他的，我认识的吴谢宇是这个地球上我最后一个想到会犯罪的人。"

为什么这些表面看起来乖巧懂事，曾经让父母和亲戚朋友引以为豪的乖孩子，最后却沦为了心狠手辣杀人犯？

其实这些所谓的"乖孩子"早已经失去了自我，他们从来没有为自己活过，永远都活在别人的想法和期望下，活得太压抑。这种日积月累的压抑像一个"火药桶"，到了一定的程度时，任何一个外在诱因都可能引爆它，从而产生这种极具毁灭性的杀伤力。

乖是害怕，更是压抑

《黑天鹅》这部电影，让我对"乖的本质是压抑"的看法更加深信不疑。

电影的女主角妮娜是一名芭蕾舞演员，她非常热爱舞台，一直梦想有一天能成为知名剧目的首席芭蕾舞演员。机会终于来了，她所在的芭蕾舞团要重新排演《天鹅湖》，在这次排演中，导演为了给观众耳目一新的感觉，决定选出一名新人出演主角。但是要演好这个角色非常困难，因为剧情要求这位新人必须同时扮演两个角色：既要扮演纯洁、高尚、善良的白天鹅，也要扮演邪恶、凶残、狡诈的黑天鹅。妮娜在试演白天鹅角色的时候，技巧纯熟并且相当完美的表演打动了导演；但是在饰演黑天鹅时候，她却始终无法传递出黑天鹅身上的特质：诱惑性的、有力量的、自我的，甚至是邪恶的、凶残的。眼看着演出时间越来越接近了，但是妮娜仍然无法突破自己。有一次导演发怒了，他对妮娜说："是的，你很美，胆怯、脆弱……这四年来我总是看见你小心翼翼地跳着每一步，但我从来没有看见你释放激情，从不！告诉我，你这样训练是为了什么？"妮娜回答："我只是想做到完美。"导演最后告诉她："完美不仅仅是控制，它还要求释放。给自己一个突破，也给观众惊喜。"

这次对话，促使妮娜开始反思自己的完美。她渐渐发现完美是一种病态，正是这种完美，这种压抑，让自己无法释放出真实的感情，成为一个傀儡。而造成这一切的，是那个从小对她严格管教到几乎要让她窒息的母亲。于是，她开始激烈地甚至是歇斯底里地反抗母亲，慢慢找回了自我，挣脱了长期以来束缚自己的种种枷锁，成功让白天鹅和黑天鹅两种角色合二为一，在自己身上得到了最好诠释，然而，她也为此付出了宝贵的生命。

这部影片从头到尾给人最大的感受就是压抑。女主角妮娜从来没为自己活过，她背负着母亲的期望，只是母亲为实现自己理想的一个工具。妮娜的母亲也曾经是一名芭蕾舞演员，但始终只是个配角。于是，在生下妮娜后，她就辞去了工作，专门培养妮娜，希望妮娜有朝一日能在舞台上实现自己的梦想。就这样，她把妮娜的世界控制得密不透风。这位母亲是如何让自己的女儿一步一步成为"乖孩子"的呢？

第一，她经常会想办法让妮娜产生深深的内疚。比如，她告诉妮娜，我之所以辞职，就是因为生了你。言外之意就是，为了你，我付出了这么多，我现在这么惨，连工作都没有，你还不听我的话。沉重的内疚感，让妮娜从小对母亲言听计从，百依百顺，丝毫不敢反抗，完全符合一个"乖孩子"的完美形象。其实成人的处境都是自己选择的结果，孩子根本不必为此负责。成人应该有自己的追求，有了自己的追求，才会找到自己的价值，把所有的希望都寄托在孩子身上，这对孩子来说就是一种绑架。从这个角度来说，我不太赞成女人成为全职妈妈，因为全职妈妈更容易通过孩子的表现来确认自己的价值。在这种心理的支配下，孩子偶尔的不当表现可能会被无限放大，让全职妈妈感到一种挫败感，从而更在乎孩子的一举一动，更加喜欢控制孩子。

第二，她忽略妮娜的感受，喜欢强加自己的意志。当妮娜打电话告诉母亲，自己有可能成为主角时，她母亲非常高兴，买了一个蛋糕等妮娜回来准备一起庆祝。然而，当回到家后妮娜告诉母亲自己的胃不舒服不想吃时，母亲立刻拉长了脸，非常愤怒，马上表示要把蛋糕扔进垃圾桶，吓得妮娜赶快改口说"谢谢妈妈，我喜欢吃"，她的脸色才由阴转晴，并且夸妮娜是"乖女儿"。她妈妈没有发现，妮娜的笑容是强颜欢笑而不是内心的真实感受，妮娜的真实感受是害怕，害怕失去母亲的爱，因此才用假装高兴来讨好妈妈。这种害怕还夹杂着强烈的愤怒，这就是后来妮娜会采取极端的手段来反抗妈妈的根本原因。

每个人的感受都是"自我"构成的重要部分，并且感受没有对错。只有当感受被对方看见了、理解了，人才能接收到对方传递的爱。就好比孩子告诉家长：我想买那个玩具。家长回答：你再这样贪心，爸爸妈妈就不爱你了。孩子的需求没有错，这是他内心的声音，如果家长用"不爱孩子"来要挟他，孩子就会有罪恶感，甚至会厌恶自己；相反，如果家长接纳了孩子的感受，告诉孩子，你的需求没有错，但爸爸妈妈今天确实不想买，孩子也许会失落，但至少心理上不会受伤。

第三，妮娜的母亲会对属于妮娜的事全部包办。在发现妮娜背部有抓伤的时候，母亲强行扒掉妮娜的衣服来检查她的身体；帮 28 岁的妮娜剪指甲……在这种包办下，妮娜在心理上就像个小女孩一样，房间里放满了各种毛绒玩具，到处都是粉红色，睡衣上绘满了蝴蝶结。妮娜甚至连最起码的人际交往都不会，每次排练完了只能孤零零地坐在角落。亲子关系在本质上是一种人际关系，父母的包办，只会让孩子在与人交往的时候始终遵循与父母交往的模式，那就是：你必须迁就我，否则我就很恐慌，不知道怎么办。然而事实是，社会上的人不是你的父母，没有谁有义务去迁就你。

乖，不是生命的真实状态，尤其是孩子。每个正常的孩子都是不乖的，都是好动的，会犯错的。每当孩子的行为出现偏差时，大人需要在尊重他的基础上对孩子加以引导，而不是像训练动物一样希望孩子服服帖帖。

警惕身边的"乖孩子"，因为风平浪静的海面下，往往都伴随着暗流涌动。

回到家，做个纯粹的父母

社会角色对人的束缚

进入社会后，个体会被赋予一个角色——社会角色，有了这个固定的身份，个体所采取的行为就会尽可能地与之相匹配。1971年夏天，心理学教授菲利普·津巴多和同事通过著名的"斯坦福监狱实验"证明了这一点。科学家们在斯坦福大学的地下室搭建了一个临时监狱，然后通过媒体以每天15美元的报酬征集了24位身心健康的大学生志愿者，志愿者之间互相都不认识。科学家随机将这24位志愿者分成3组：9人扮演囚犯，9人扮演狱警，6人候补。实验非常逼真，为了让每个人在最短的时间内进入角色，扮演狱警的志愿者用警车把扮演囚犯的志愿者逮捕，并且押送至监狱。"囚犯"在经过了搜身、扒光衣服、清洗消毒、穿囚服、右脚戴脚镣等一系列程序后，被投放在同一所监狱。对于扮演狱警的志愿者，工作人员对他们再三叮嘱：要想办法维持监狱的法律和秩序，但绝不能暴力伤害囚犯。但令人震惊的是，仅仅在实验的第二天，扮演狱警的志愿者已经开始想方设法去虐待扮演囚犯的志愿者。在接下来的几天内，"狱警"虐待"囚犯"的方法不断升级，各种变态的处罚相继上演，实验被迫提前终止。实验的结果大大超出了菲利普和工作人员的预期，更引起了他们的沉思：仅仅是一个模拟实验，为什么这些扮演狱警的志愿者的表现和平时的表现大相径庭，甚至让人不可思议？事后，一名扮演狱警的志愿者这样说道："一旦我穿上代表'狱警'角色的制服，我感到自己的一切行为都要和这个角色相匹配。"

同样的现象还发生在影视界，不少演员都曾有过无法从角色中走出来的经历，有的甚至为此付出了生命的代价。刘若英在《人间四月天》中扮演徐志摩的原配夫人张幼仪，因入戏太深，有一场哭戏，她竟哭得难以自拔，差点为之休克；在影视界很有发展潜力的青年演员朱洁在电影《长大成人》中担任女主角，扮演一名吸毒女，不知是为了寻找角色的感觉，还是因为好奇，她竟真的吸起了毒品。结果电影还没上映，她已因吸毒过量死亡。

回到家，请成为父母

除了社会角色，人还需要扮演其他不同的角色。莎士比亚说："世界是一个舞台，所有的男男女女不过是一些演员，他们都有下场的时候，也都有上场的时候，一个人一生扮演了很多角色。"随着环境的变化，人要学会在不同角色间自由切换。比如，在家里，个体会脱离社会角色，切换成相应的家庭角色。对父母来说，他们是儿女；对另一半来说，他们是丈夫或妻子；对孩子来说，他们是爸爸或者妈妈。如果角色切换不成功，把社会角色尤其是一些社会功能性很强的角色带入家庭，就容易导致家庭失去平衡，家人之间无法和谐相处。这其中，受影响最大的是孩子，因为从某种程度上来说，孩子是环境的产物。因此社会存在一种说法：教师的孩子有问题，医生的孩子常得病，警察的孩子会变坏。尽管听起来有点不合常理，但事实证明，类似的现象不在少数。

身为教师的父母按理应该更懂得如何与孩子相处，把孩子培养得更出色，但现实恰恰相反，不少教师的子女比普通孩子更容易出现问题。最根本的原因就是不少教师回到家以后无法回归相应的家庭角色。一方面，身为教师的父母会更加希望孩子在学习上出人头地，也就是说，相对于普通家长，教师更不容易具有一颗平常心。就像一位职业是初中数学老师的家长咨询："为什么我越强调孩子的数学，孩子的数学反而越差，现在几乎每次考试都是排在倒数？"其实，问题就是出在这位家长的强调上。强调是一种变相的控制，这种控制会带来三个后遗症：①孩子的学习动机被改变了，他觉得学数学不是为了自己，而是为了家长；②孩子的状态变差了，精神时刻处于紧绷的状态而不是愉快和谐的状态，在这种情况下，孩子如何进行高效率的学习？就像一把小提琴要演奏出美妙的声音，琴弦太紧或者太松了都不行，更重要的是，太松了可以调整，而太紧了直接会导致琴弦崩断；③没有人喜欢被控制，人都愿意自己做主。越控制，对方就越容易反抗。这就好比牛顿第三定律所说的：相互作用的两个物体之间的作用力与反作用力总是大小相等，方向相反，作用在同一条直线上。在极端情况下，这种反抗会进一步演变成报复，而最痛快、最解气的报复方式无非就是：你越在意什么，我就越不在乎什么。你越让我学好数学，我偏在数学上给你考倒数。这就是孩子的心理。另一方面，教师看到的所谓"问题"孩子太多，这种焦虑会让教师对孩子偶尔的犯错行为作"放大化"处理，处理的方式无非是职业习惯带来的无意识行为：说教，讲道理。而事实已经证明这种教育方式是无效的，甚至会起反作用，因为讲道理给对方传递的信息是：我是对的，你是错的。就像法国著名教育家和思想家卢梭说的，"世上最没用的三种教育方法就是：讲道理、发脾气、刻意感动。"同时，大人的焦虑也会在不知不觉中传染给孩子。父母是孩子成长的一面镜子，孩子从这面镜子中看到自己是什么样的人，他就很容易成为什么样的人。孩子都是天生的观察家，当他从父母的言行和表情中看到自己是一个浑身都有毛病的人时，他会认同父母的看法，最后变成一个什么都不是的孩子。这种现象，心理学的说法叫"自我实现"，我们中国人的俗话叫"怕什么来什么"。

极端的教育最容易产生极端的孩子。前几年在南京发生过这样一起悲剧。南京市某中学特级教师黄某有个女儿远远，用黄老师的话来说，远远很能干，情商高，朋友多，性格开朗，处理事情冷静。但就是这样一个在她和亲戚朋友眼中几乎完美的孩子，在荷兰留学期间竟然用一种极端的方式结束了自己的生命：在宿舍自尽。在遗书中远远写道："亲爱的妈妈：我知道我没有资格鼓励你要坚强不要为我哭泣之类的……我真的太太太累了，八年来一次次平静崩塌的心灵，而当它再一次崩塌时我又无能为力，只有咬牙忍受再寻找调整的机会，而现实的事务又被耽搁着，现实的美好被破坏着，我真的厌倦了……"自杀现场，在一张给警察的纸条上，远远用英文写着：请不要救我。

至于远远为什么感觉活得这么累，从记者采访黄老师时，她所透露的一个细节可以大致判断出来。黄老师告诉记者："女儿学习成绩一直不错，我也没有对她有太高的要求，但是一旦考试没考好，我也会旁敲侧击地鞭策一下她，只要碰上大考，她就出不了好成绩，这就是心理压力过大造成的。"远远的这种压力来自于哪里？来自于黄老师回到家以后依然带着"教师角色"和女儿相处。表面上黄老师对女儿好像没有过高的要求，其实无形中传递的却是很高的要求，这个要求就是必须考出好成绩。就是这种高要求使女儿总是报喜不报忧，以至于默默承受了强迫症之扰长达8年，痛苦不堪，最终走上了一条不归路。

家不是学校，不是医院，更不是监狱；在家里，父母不是老师，不是医生，更不是警察。家就是家，是孩子心灵上最温馨的港湾。家长切记：进门前，请丢掉烦恼；回家时，请带着快乐。

控制型父母

人之所以经常说"大千世界，无奇不有"，最主要的原因就是，世间万物都把自身的独特性发挥到了极致，从而体现了其存在价值。人也一样，每个人都希望为自己活着，在不同的情形下尽最大可能自己做主，否则，人就会失去存在感和自我认同感，容易活得无力和迷茫，甚至出现严重的心理障碍。

全球著名的投资商、素有"股神"之称的沃伦·巴菲特每年都会举办一次慈善午宴，竞拍到这个资格的人，可以获得与巴菲特一同进餐的机会，由此聆听巴菲特在投资方面的经验和教诲。2006年，中国一个富翁以60多万美元的价格竞拍到这一资格，他从巴菲特那里获得了什么呢？在接受美国记者采访时，这个富翁说，巴菲特一再向他强调，他生命中最重要的教诲来自父亲，这个教诲是——尊重你自己的感受，成为你自己。犹太哲学家马丁·布伯也说过："你必须自己开始。不以积极的爱去深入生存，不以自己的方式去为自己揭示生存的意义，那么对你来说，生存就依然将是没有意义的。"

成人之间的控制

尽管"做自己"如此令人向往，每个人都在为这个巅峰体验勇往直前，然而为什么在现实生活中，这样的目标却常常令人可望而不可即？一个很重要的原因是各种控制者存在于我们的周围，这些控制者总是有意或者无意地阻碍着我们，让我们无法成为自己。设想一个场景：和朋友聚餐，你点了一个自己最喜欢吃的菜，结果旁边有位热心的朋友告诉你，那个菜很难吃，他帮你点一个，保证你喜欢，然后不由分说地就换掉了你的菜。也许碍于情面你一笑了之，但内心必然充满愤怒，因为那一刻，属于你自己的主宰权和幸福感被剥夺了，被控制了。我还听过一个发生在同学身上的极端案例。每逢节日全家聚餐的时候，父亲总是要求我这位同学必须坐在自己的左边，否则，父亲就会大发雷霆。他也曾问过父亲原因，父亲只说了一句话："你坐在我右边，我很难受，只有坐在我左边，我才会感到舒服。"父亲通过强加意志的做法满足了自己的需求，而我的同学的需求却被硬生生"阉割"，难以想象他内心的愤怒与无助。

控制型父母的逻辑

发生在成人身上的控制尚且如此常见，发生在孩子身上的控制，更是不胜枚举。毕竟成人不但具有体格上的优势，并且掌握着孩子需要的各种资源，冲突发生的时候，孩子更容易被迫就范。美国著名心理学家埃文斯在其著作《不要用爱控制我》中有一个非常经典的案例。一位母亲和女儿去买冰淇淋。妈妈问："你要哪种冰淇淋？"女儿回答："我想要香草味的。"妈妈："有巧克力味的。"女儿："不，我要香草味的。"妈妈："我觉得巧克力味的更好吃一点。"女儿："不，我就要香草味的。"妈妈："你怎么会想要香草味的？我知道你喜欢巧克力味的东西。"女儿："我现在就想吃香草味的。"妈妈："你怎么这么倔，真够怪的。"尽管案例中的妈妈最后没有对女儿控制成功，但是这个案例却准确到位地反映了控制者最普遍的心理状态。

控制者的逻辑一般由三个按照先后顺序排列的要件构成。

首先，控制者总是存在一个预设观念：我是对的，你是错的。有了这个先入为主的观念，控制者就可以正大光明、理直气壮地控制对方。否则，控制者在实施控制行为的时候，就会显得底气不足，无法说服自己。就拿案例中的妈妈来说，她之所以把自己的意志强加在女儿身上，就是因为她觉得女儿肯定喜欢巧克力味的而不是香草味的冰淇淋。

接下来，控制者的观念是：你不但错了，并且你意识不到你错了。于是，控制者常常喜欢用各种方式证明对方是错的，就像案例中的妈妈反问女儿："你怎么会想要香草味的？我知道你喜欢巧克力味的东西。"

最后一步，控制者会拿出撒手锏：如果你还不知道自己错了，那我只好想办法让你知道你错了。案例中的妈妈最后向女儿发出了一则主观评判的信息："你怎么这么倔，真够怪的。"常见的方法还有用语言暴力攻击对方，或者体罚对方，直到对方俯首称臣为止。总之，控制者处处在向被控制者传递一个信息：真理掌握在我的手上，你最好乖乖配合，否则，后果很严重。

为什么父母喜欢控制孩子

在不少父母的心目中，都有一个所谓的"好孩子"模板：乖，听话。乖，就是不反抗，对父母言听计从，没有自己的思想；听话，就是听父母的话，而不是听自己的话；相信父母，而不是相信自己。这样的孩子常常会给父母带来两个看得见的好处。一方面，父母在教育孩子的过程中会特别轻松，不用劳神费力，毕竟教育孩子需要智慧，而智慧则是来自不断的学习和反思，也就意味着父母需要付出大量的时间和精力，显然对于不少父母来说，这是个巨大的挑战。趋利避害是人的天性，所以最容易选择轻车熟路的方法。另一方面，"乖孩子"让父母在人前风光无限，为了所谓的"面子"，宁愿失去孩子的"里子"。

控制孩子多是来自原生家庭的影响。如果一个成年人从小生活在"控制型"的家庭中，那么长大后他很有可能会采用同样的方式对待孩子。他在小时候与父母互动的过程中，逐渐会明白"父母角色"这个概念，也就是作为父母究竟应该怎样对待孩子。如果父母喜欢控制他，他将来长大了喜欢控制孩子也就显得理所当然，因为他觉得这样做才符合父母的身份，并且是父母的职责所在。同时，他会通过认同父母的做法来保持与父母在感情上的连接。在这两种力量的左右下，控制的"接力棒"得到顺利而完美的交接，一个家族的命运，就这样开始了轮回。

还有"巨婴心理"导致的控制。所谓"巨婴"，是指生理上是成年人，心理上却像个婴儿。婴儿都是喜欢控制他人的，就像俗话说的："无论是从能力还是强度来说，婴儿都是最擅长控制人的，他随便一声哭，就可以让周围所有的人为他忙得团团转。"那为什么很多成人会有类似婴儿的控制心理呢？因为很多成年人在婴儿期的"全能自恋"没有得到满足。所谓"全能自恋"，是每个婴儿在一岁前都具备的心理，即觉得我是无所不能的，世界都是按照我的意愿来运转的。如果养育者在这个阶段能做到对婴儿的需求有求必应，那么婴儿的"全能自恋"就会得到满足，心理上也会获得极大的安全感，长大后他就不会去控制他人。因为从本质上来说，控制是内心缺乏安全感、时刻担心局面失控的表现。相反，如果养育者被一些错误的养育观点误导，经常对婴儿的需求视而不见，婴儿的"全能自恋"就无法得到满足，这会让婴儿产生极大的无助感，这种无助感不会消失，而是一直存在于潜意识中，因此长大后常常需要通过控制别人来弥补。

溺爱也是一种变相的控制。从表面上看，溺爱是无原则地纵容孩子，其实本质上是养育者希望通过类似方式让孩子依赖自己、需要自己，从而体现自己的价值。这种方式只是满足了家长的需求和私心，而不是满足了孩子的发展需要。

外人眼中的"老好人"家长，更容易控制孩子。所谓"老好人"，其实在很多情况下是不敢维护自己利益的人的代名词，他们在外面常常是逆来顺受，备受打压的，而这种被压抑的情绪并没有消失，只是在寻找一个安全的发泄口。显然，对孩子发火是最安全的。

所有喜欢控制孩子的家长本质上都有一个共同的特点：他们始终拒绝承认孩子是一个独立而有尊严的人。在他们的眼里，孩子只是自己的私有财产或者下属。然而，尽管孩子的个子比成人矮，知道的东西也没有成人多，但孩子作为一个人的人格及尊严和成人是平等的。捷克伟大的教育家夸美纽斯说："应当像尊敬上帝一样地尊敬孩子。"唯有意识到这一点，父母才能摆脱控制者的身份，成为合格的家长。

该管的事和不该管的事

不少父母之所以在养育孩子的过程中感到心力交瘁，一个最常见的原因是分不清孩子的哪些事该管，哪些事不该管。这里所说的"管"只是一种口头的说法，并不代表"控制"的意思。亲子相处一旦失去了界限，没有了标准，父母就很容易采取一刀切的做法：要么，父母会打着"爱"的旗号对孩子所有的事情大包大揽；要么，父母会打着"自由"的旗号对孩子放任不管。

其实这两种方式都会对孩子造成伤害，尤其不利于培养孩子的自律精神，因为极端的教育必定产生极端的孩子。"大包大揽"会带来两个潜在的问题：一是剥夺了孩子的自我认同感，让孩子觉得自己很无能，从而变得更加依赖大人；二是大人的情绪随时都有可能失控，从而对亲子关系造成破坏。毕竟一个人的精力有限，如果事事亲力亲为，天长日久难免会有压抑的愤怒。而"放任不管"也会带来两个潜在的问题：一是孩子容易变得自私自利，时常把自己的需求凌驾于他人之上，对他人的正当需求却熟视无睹。亲子关系本质上是一种人际关系，孩子带着这种以自我为中心的想法走入社会，必然会面临处处碰壁的尴尬境地。因为社会不是家庭，没有人有义务时刻迁就他，这就是古人说"惯子如杀子"的原因所在。二是这类孩子无法找到人际交往中的"度"，也就是无法把握人与人之间一个合适的距离，没有"边界意识"，以后走入社会很容易被周围的人孤立，变成一个处处不受欢迎甚至被人讨厌的人。

不该管的事

凡是属于孩子自己的并且孩子完全有能力做到，同时也没有妨碍到或者伤害到他人的事，在保证安全的前提下，父母都要放手，因为放手本身就意味着对孩子的信任。比如，孩子和同龄伙伴发生了冲突，只要没有造成伤害，家长尽量不要参与；但要在事后引导孩子，下次如何用更好的方式避免冲突。

再比如，孩子的作业如果经常是在父母甚至是责骂下完成的，就会从根本上改变孩子内在的学习动机，让孩子觉得学习不是为了自己而是为了家长。更可怕的是，当痛苦的心理体验伴随着学习的时候，孩子就会在无意识中产生一个认知模式：学习＝痛苦。这只会导致孩子越来越讨厌学习，因为趋乐避苦是人的天性。同样，奖励孩子，也会改变孩子的学习动机。比如，告诉孩子做完作业后带他去玩，或者考多少分奖励孩子什么东西。这种做法不但不会让孩子喜欢学习，反而会让孩子更加讨厌学习，因为这等于是在暗示孩子学习是不快乐的。孩子的心理是，我喜欢玩沙子，我很开心，为什么不奖励我？我喜欢玩游戏，我也很开心，为什么不奖励我？偏偏在学习上奖励我，由此可见学习肯定是不开心的，所以才需要用奖励来平衡一下。这种做法甚至会让孩子经常用"不学习"作为要挟家长的筹码，以便满足自己的需求。

不该管但需要协助的事

放手并不意味着家长可以做个"甩手掌柜"，必要的时候家长要搭把手，协助孩子渡过难关。比如，如果孩子确实在学习上遇到困难，这个时候就需要家长适当地协助一下孩子。在协助过程中，也应尽量采用"在关键环节进行稍微提醒"的方式去启发孩子主动思考；或者通过示弱告诉孩子自己也不会，鼓励孩子学会运用"外部资源"，比如查字典、问同学。而不是孩子一求助，家长就马上帮忙，这只会让孩子产生依赖心理。

另一类需要家长协助而不是代替的事，就是孩子能力还达不到但非常想做的事。比如，一个两岁的孩子要帮家人拖地，在这种情况下，家人需要扶着孩子的手让孩子体验这个过程。人际交往有两种方式，"你需要我"产生的是价值感，"我需要你"产生的则是无助和依赖。

还有一类事情需要家长的协助，就是尽管孩子能力可以达到但缺乏经验的事。比如，一个四五岁的孩子要洗干净自己的衣服。在这种情况下，家长需要本着"师傅带徒弟"的心态，先示范，再放手。如果孩子没做好，再稍微提醒一下。给孩子足够的时间，毕竟做任何一件事都需要一个过程：从一无所知，到认识不足，最后才可以熟能生巧。

该管的事

妨碍别人的事。比如，孩子在看电影的时候大喊大叫。所有的法律法规包括道德规范的设立，都基于一个前提：人可以有自己的自由，但不能妨碍别人的自由；人可以有自己的需求，但不可以妨碍别人的需求。因此，当孩子的行为影响到别人的时候，家长必须要干预。家人可以告诉孩子他的行为给别人造成的具体妨碍是什么，别人的感受是什么，然后说出对孩子的期望。这样可以培养孩子的移情能力，也就是说，当孩子明白了自己的行为给他人造成的妨碍和他人的感受后，他就会学着自律。如果孩子的行为仍然不收敛，家人可以让孩子选择：要么安静地看电影，要么回家，你选择。

危险的事。比如，孩子要在马路上玩球。这个时候家人要说出自己的担心：妈妈看到你在马路上玩球，很担心会发生意外，因为马路上的车很多。然后说出期望：妈妈希望你能在旁边的游乐场里玩。如果孩子不配合，同样，家人给出两个选项：要么回家，要么在游乐场玩，你自己决定。

两根柱子距离太近，它们共同支撑的房屋会倒塌；距离太远，房屋同样会倒塌。亲子关系也如此，太近了，分不清你我；太远了，感受不到对方。所以，界限的真正定义就是：既各自独立，又彼此守望；我不会干涉你，但你需要我的时候我一直在这里。

四 爱和陪伴

生命中的 "阴阳平衡"

> **家长咨询：**
>
> 儿子三岁半了，一直是我自己带，老公几乎没有陪过孩子，即使周末也只是躺在家里玩手机。所以现在孩子变得特别黏我，可以说离开半步都不行，即使到楼下买个菜，孩子都会哭得死去活来。有时候老公心血来潮，想陪孩子玩，孩子就会表现得很排斥，根本不和爸爸玩。我很烦恼，这种情况该怎么办？

其实孩子之所以"黏人"，是因为过去的经历告诉孩子，只有妈妈是可以依赖的，只有妈妈是值得信任的，其他人都不行，即使是爸爸。这就是典型的"父教缺失"。

和谐的生命需要"阴阳平衡"

中国传统文化有个观点，我非常认同——一个生命要想达到和谐统一，必须要"阴阳平衡"。

所谓"阴"，就是生命中"柔"的部分，来自母亲，比如爱心、善良；所谓"阳"，就是生命中"刚"的部分，来自于父亲，比如勇敢、坚韧，不怕困难。一个生命缺少了"刚"的部分，会变得逆来顺受，怯懦犹疑；一个生命缺少了"柔"的部分，会变得冷酷无情，让人无法靠近。所以，最好的生命状态应该是"侠骨柔情"或者"侠骨柔肠"。从这个角度来说，心理学上有种说法很有道理：一个人和母亲的关系，会决定其未来的婚姻是否幸福；和父亲的关系，会决定其未来的事业是否有成就。

美国新泽西州罗杰斯州立大学的一项研究结果也表明：美国60%的强奸犯来自没有父亲的家庭，72%的未成年杀人犯是在父亲缺席的环境中长大的，70%的长期服刑犯人没有父亲来探视过。

陪伴是孩子的需求

然而，由于当前社会发展迅速，生活压力大，本应在孩子教育过程中不可或缺的父亲，常常只能选择在外打拼，赚钱养家，希望能为孩子的将来奠定一个良好的物质基础。其实，这样的做法是大人的需求，孩子最大的需求却是陪伴，这会让孩子的内心安定而强大。

相信大家都看过一个视频：年轻的父亲开着名车送女儿去学校，父亲对孩子说："爸爸赚更多的钱，是为了将来送你到更好的学校学习，没时间陪你，你恨爸爸吗？"女儿说不恨。接着女儿又对爸爸说："等我长大了，也要赚很多的钱，送你去最好的养老院。"这种爱不是爱，更像是一种交易。

心理学上有句话：有没有时间取决于是不是优先选择。也就是说，你觉得孩子重要，你就有时间；你觉得孩子不重要，你就没有时间。美国总统奥巴马不出国的时候也会天天陪伴孩子，并经常陪孩子读书。

多陪伴家人和孩子的男人，身体更健康

曾经听过全国著名的心血管专家洪韶光老师讲的一堂课，感触特别深。他说脑、心、血管三方面的疾病已经成为成年男性的三大杀手。据《南方周末》调查得出的数据：中国每年约有350万人死于心脑血管病，每10秒钟就有1人死于心脑血管病，每5个成年人中就有1个患心脑血管病。为什么男人最容易得这些病？他举了冠心病这个例子。心脏是负责给全身输送血液的最重要器官，但心脏本身也需要血液给自己提供氧气。给心脏供血的血管叫冠状动脉，如果冠状动脉硬化了，扩张就没了弹性，无法及时给心脏供血。并且，如果冠状动脉硬化时间长了，就很容易破裂而导致猝死。那么哪些人的冠状动脉最容易硬化呢？他说是那些事业心非常强，跟家人和孩子缺少交流、缺少温情的男人。这样的男人性格往往会比较强硬，不柔软，性格硬就会导

致心硬，心硬就会导致冠状动脉硬化。

父亲可能没有意识到，当你总是忙于工作而忽略家人的时候，其实你在用实际行动给孩子传递一个信息：工作是可怕的。这很容易导致孩子对未来的工作产生恐惧感。

多个人陪伴，孩子就多一种人际交往模式

如果孩子只是黏着妈妈一个人，他只会建立一种固定的人际交往模式，而社会上的人都是不一样的，需要不同的交往模式去应对。多一个人参与亲子互动，孩子就多一种交往模式。

孩子的人际关系就像一个圆，慢慢向外扩展，这个圆的圆心是孩子和母亲的依恋关系，接下来是和父亲的关系。唯有这两种关系发展好了，孩子才有足够的安全感去迎接未来的风雨和挑战。

爱分为几个层次：最差的"爱"是不说也不做；比较差的"爱"是只说不做；好的"爱"是不说但做；质量最高的"爱"是怎么说，也怎么做。

希望天下所有的父亲，从今天开始，每天都能抽出一点时间去陪陪孩子，哪怕是十分钟也好。陪伴不在于时间的长短，而在于质量的优劣。在这段时间里，请放下你的手机，放下你的工作，一心一意陪着孩子，可以给孩子读书，可以和孩子玩沙子，还可以和孩子搭积木。若干年后，你将庆幸今天做出的这个决定！

就像台湾认知神经科学研究所所长洪兰教授所说的：孩子大脑发展最适合的地方是温馨的家庭，最佳的营养是安全感，最好的刺激是父母的陪伴，最好的教育是玩。有了这些条件，不必送孩子去上补习班或者才艺班，他的大脑也会健全地发展。

"乖乖女" 怎么了

《她是华裔乖乖女，聪明、刻苦、听话，却雇了 3 个人杀害自己的父母……》一文曾经在微信朋友圈广泛传播。在人们眼中"对父母言听计从"及"为人友善"的加拿大华裔"乖乖女"詹妮弗·潘，雇佣男友在家中将母亲残忍杀害，父亲因子弹射偏侥幸未死。该案件经过四年的调查，十个月的审理，直到最后才发现策划这一切的幕后元凶，竟然是当时在案发现场挣脱捆绑报警的詹妮弗本人。得知此消息后，周围熟悉詹妮弗的人和媒体一片哗然。

其实，只要简单梳理一下詹妮弗的成长经历，就会发现一个真相：她表面上的"乖"只是假象，本质上，她活得很压抑。

在很多中国家庭，包括不少华裔家庭中，父母都希望自己的孩子表现得乖巧、听话、顺从。一方面，"乖孩子"会让父母很省心；另一方面，"乖孩子"可以显得父母懂教育，能给足父母"面子"。然而"乖"并不符合人的天性，因为人都愿意活出真实的自己，除非环境不允许，尤其是掌握着自己需要的资源和具有体能优势的父母不允许。在这种情况下，孩子只能被迫通过表现"乖"来迎合父母，否则，后果会很严重。尽管在行为上孩子符合了父母的要求，但是这种因为"做自己"的需求被压抑而产生的愤怒情绪并没有消失，一直在积压，就像一个被堵住排气孔的高压锅，压力越来越大，总有一天会爆炸。这就是导致本次惨剧发生的最根本原因。

詹妮弗 4 岁开始学钢琴、花样滑冰，从小获奖无数。我们不禁要问的是：在这么小的年龄就能获奖无数，那么她的所谓"爱好"是自愿的，还是被逼的？结合前后文父母对她的严格要求来推理，极有可能是被逼的。毕竟，对于这个年龄段的孩子来说，根本无法长时间专注一件事，更不用说刻苦练习了。"儿童"一词在拉丁语中的意思是"自由者"，如果让孩子自愿选择，相信每个孩子都会选择自由玩耍而不是参加什么兴趣班。当一个孩子玩的天性被剥夺，被迫去参加比赛获得奖项以满足家长虚荣心的时候，难以想象，这个孩子的心灵会被撕裂到何等程度。

更重要的是，孩子的年龄小，心理上无法承受过多荣誉带来的压力，这些压力只会让孩子变得更加脆弱而不是坚强，对所谓的"成功"产生变态式的痴迷，从而不敢面对未来的任何挫折。这就是初中毕业时，由于未获得优秀奖章、没有被选中作为学生代表发言，詹妮弗开始厌倦学习的一个根本原因。另一个表现是她一直对成绩单造假，因为她和她的父母都习惯了"成功"而不习惯"失败"。

台湾著名艺人高凌风接受中央电视台采访的时候曾经说过一句话："少年得志大不幸。"高凌风很早就红遍宝岛台湾，后来因为投资失利，他倾家荡产，流落街头。也就是说，当成功来得太早的时候，如果当事人判断力不够，很容易就会对成功形成一种错觉，认为成功是一件很简单的事情。一旦遭遇失败，当事人心理上往往无法承受，和常人相比，更容易变得一蹶不振。

除了训练，詹妮弗的学习压力也相当大，晚上十点多才睡觉，并且节假日无休。于是，她选择了自残的方式来释放压力，经常割伤自己的前臂。

人在压抑的时候会通过攻击来释放压力，一种是向外攻击，一种是向内攻击。很明显，压力是来自父母严厉的教育方式，但她不敢向外攻击父母，因为后果太恐怖；唯有攻击自己才是安全的，给自己制造生理上的痛苦，精神上的部分痛苦就会得以转移。相对于身体来说，精神上的痛苦更让人窒息。

这告诉父母，对于孩子的学习，他们唯一能做的就是想办法培养孩子的学习兴趣，而不是靠简单粗暴的方法来逼迫孩子。任何外力的强制介入，都会改变孩子学习的内在动机。就像英国教育学家 A. S. 尼尔所说的："如果我知道不会背诵《古兰经》要挨打，我想我会学习背诵。当然，这么做可能导致的一个结果是：我永远讨厌《古兰经》，讨厌鞭打我的人，甚至讨厌我自己。"

初中毕业后，詹妮弗开始厌倦学习。为了不让父母担心，她学会了假装高兴。

人做一件事的最大动力是喜欢，而不是外部评价。就像爱因斯坦所说的："兴趣是最好的老师。"一旦被奖励或者惩罚等外部因素所左右，人的行为就会远离初衷，甚至和初衷背道而驰。

詹妮弗假装高兴是因为她的父母需要。在她的父母以及其他中国父母看来，负面情绪都是不好的，是不被接受的。一个最明显的例子就是，当孩子哭的时候，很多父母都会告诉孩子：你知不知羞，都这么大了还哭，真丢人。于是孩子试图压抑负面情绪，结果越压抑越容易被负面情绪困住。负面情绪也是孩子的一部分，让孩子压抑负面情绪，其实是让孩子自己和自己作对，导致孩子的人格分裂。同时，詹妮弗需要用假装高兴来讨好父母和迎合父母，毕竟，自己独立性太差，凡事都要依赖父母。

因为怕父母责骂，高中她一直假造成绩单。谁知 12 年级时微积分考试不及格，她连高中都没能毕业，原本录取她的大学也撤回了录取通知书。还是因为怕父母失望、被责难，詹妮弗继续撒谎，她每天去公共图书馆伪造笔记，做些零工，晚上"放学"回家。直到她谎称去上班，才被父母揭穿。

没有人天生愿意说谎，因为说谎会让人变得紧张和焦虑，并且需要用更多的谎言掩盖之前的谎言。显然，她的父母习惯了孩子"成功"，孩子学习成绩退步对于她的父母来说根本无法接受，所以，她才被迫选择说谎作为保护自己的手段。

发现真相后，父母对她严厉制裁，没收电脑、手机，让她和男友断绝来往，计算她汽车的里程数以控制她的活动路径。

喜欢控制孩子的父母一般都有两个特点。首先，这些父母喜欢把责任都推给孩子，认为都是孩子的问题，需要改变；这样，不但父母不用改变，更重要的是还可以为接下来惩罚孩子找到足够的理由和借口。其次，一旦孩子的行为没有改变，思维上的惯性会让父母认为是因为惩罚的力度不够，于是变本加厉地对待孩子，而不会反思自己的教育方式有没有问题。

教育是心灵影响心灵的工作，多数情况下需要"润物细无声"的温和方式，所有的控制都将遭到受教育者在心理上的强烈对抗。法国作家拉封丹曾写过一则寓言，讲的是北风和南风比威力，看谁能把行人身上的大衣脱掉。北风出场后冷风凛凛，寒冷刺骨，结果行人为了抵御北风的侵袭，便把大衣裹得紧紧的。南风则徐徐吹动，顿时风和日丽，行人因为觉得很暖和，所以开始解开纽扣，继而脱掉大衣，结果很明显，南风获得了胜利。

加拿大允许未成年人 16 岁开始工作，18 岁可以独立生活。很难想象 22 岁的詹妮弗竟然不敢也不愿意离开家，不能像其他同龄人那样独立生活，宁愿默默承受父母的管制，偷偷地和男友联系。

一味强调学习而忽视了孩子其他能力的发展，其结果得不偿失，只会让孩子成为生活中的"低能儿"。更重要的是，严格管制会让孩子的心理变得扭曲：既想通过反抗来获得独立，又享受着被管制的舒适。

男友在劝其独立生活无果后，主动提出分手。这就更加深了詹妮弗对父母的恨。最后，詹妮弗动了杀心。

　　和男友分手成为压垮詹妮弗的最后一根稻草，也可以说是整个悲剧的导火索。分手后，她不但在家里活得压抑且担惊受怕，学业上也一塌糊涂，前途无望。她长久以来积压的负面情绪终于彻底爆发了，在她看来，造成这一切的罪魁祸首就是自己的父母，新仇旧恨一起涌上心头，于是，她孤注一掷，对父母痛下杀手。

　　佛家有句话说得好："菩萨畏因，众生畏果。"有智慧的人知道有因必有果，所以在开始做一件事情的时候就会采取正确的方法；而愚昧的人则不计后果，只有到了事态不可控制的时候才后悔莫及。为了孩子健康成长，大人一定要抛弃变态的教育方式，变态的方式培养出变态的人格，变态的人格导致悲剧的人生。

慎用 "口号式" 表扬

说到"中国特色"，我认为"喊口号"应该算一个。"喊口号"其实是一种懒人思维，这样导致的结果往往是人们很在乎表面功夫，而忽略了实际行动。就拿过节来说，比如国庆节，除了喊几句"国庆快乐"和悬挂各种各样的标语，真正用行动为祖国祝福的人并不是很多。我参加过几次美国朋友举办的国庆派对，发现他们是真正把对国家的祝福落实到具体行动上了。当然，他们也会喊口号，但更多的是行动。比如，一起观看国家独立的影片，一起唱国歌，有条件的话还会一起放烟花。当然，我这么说不是崇洋媚外，只是觉得大到一个国家的发展，小到教育孩子，凡是别人好的东西我们都要借鉴。

懒人思维除了体现在日常，还体现在教育孩子方面。比如，家长夸奖孩子时无非用"你真棒""你真乖""你真聪明""你太厉害了"之类的话，至于棒在哪里，乖在哪里，很多家长并没有告诉孩子。希望孩子好是人之常情，希望孩子表现出色再接再厉也无可厚非，但这种"口号式"的表扬，往往会对孩子造成伤害，至少是弊大于利。

弊在何处

类似的话会让孩子看不到真实的自己，本质上是不尊重孩子。《请为你的夸奖道歉》是作家毕淑敏写的一篇随笔。文中说她的一位朋友到北欧某国当访问学者，周末到当地教授家中做客。一进屋，看到了教授5岁的小女儿。这孩子满头金发，眼珠如同纯蓝的宝石顾盼生辉，美丽之极。朋友带去了中国礼物，小女孩有礼貌地微笑道谢。朋友抚摸着女孩的头发说："你长得这么漂亮，真是可爱极了！"教授等女儿走后，很严肃地对朋友说："你伤害了我的女儿，你要向她道歉。"朋友大惊，心想我一番好意，送了她礼物，还夸奖她，便问道伤害从何谈起？教授说："你是因为她的漂亮而夸奖她，而漂亮这件事，不是她的功劳，这取决于我和她父亲的基因遗传，与她个人基本上没有关系。你夸奖了她，孩子很小，不会分辨，她就会认为这是她的本领。而她一旦认为天生的美丽是值得骄傲的资本，她就会看不起长相平平甚至丑陋的孩子，这就成了误区。而且，你未经她的允许，就抚摸她的头，这使她以为一个陌生人可以不经她的同意随意抚摸她的身体，这也是不良引导。不过你还有机会弥补。有一点，你是可以夸奖她的，这就是她的微笑和礼貌，这是她自己努力的结果。"请你为你刚才的夸奖道歉。"教授这样结束了她的话。后来，这位访问学者很正式地向教授的小女儿道了歉，同样表扬了她的礼貌。

类似的夸奖只会给孩子造成压力和紧张。比如，孩子无意中用积木搭了一个模型，家长来句：你真棒，一看就是未来的建筑设计师。孩子也许还不能用语言清楚地描述内心的真实感受，但他听了这样的话可能会很有压力，因为他无法保证下次他还能搭好。

但人都喜欢听好话，为了防止听到对自己不利的话，下次他碰到困难就不会轻易尝试，除非他胜券在握。而实际情况却是，人一辈子有把握的事情很少，唯有不断尝试，不断克服困难，才能把一件件没把握的事做好，就像爱迪生发明灯泡，前后失败了 1 600 多次。

类似的话有时候会让孩子有防御甚至是逆反心理。一个孩子在和弟弟玩，本来他就不怎么喜欢弟弟，如果此时你对孩子说：宝宝真乖，相信你一定会爱小弟弟的。没过多久，家长可能就会发现弟弟被他打哭了。因为这句话不符合孩子内心的想法，他其实是讨厌弟弟的，而从家长的话中他听到的是一种控制和绑架，所以孩子才会故意和家长唱反调。

类似的话对孩子最大的危害是，孩子以后会严重依赖外部评价系统。对于孩子来说，我的感受不重要，别人的感受才重要。然而，不同的人对同一件事的看法有可能不同，如果只是为了处处迎合别人，活着也会很累。有一则笑话叫《抬驴进城》，说的是父子俩有一天赶着一头驴进城，刚开始儿子让父亲骑在驴上，自己牵着驴步行。出门不远，碰见了几个人对父亲说："你这老头子真狠心，自己骑驴却叫儿子走路，一点都不懂得疼爱自己的孩子。"父亲听后连忙下驴，让儿子骑上。走了一段，又碰到几个人对儿子说："你这做儿子的也太没有孝心了，让老父亲走路，自己却舒服地骑着驴。"儿子一听赶忙下了驴，于是父子俩一起赶着驴往前走。不多久，又碰到几个人，讥笑地说："这父子二人可真笨，闲着驴不骑，两个人都走路。"父子俩听后，便一同骑上驴往前走。不多远，又碰到几个人，指着两人骂道："你们可真没良心，两个人骑在驴上，想把驴压死呀！"父子俩只得又从驴背上下来，左思右想，这不行，那也不行，于是便把驴捆住，两人一前一后抬着往城里走。没到半路，父子俩就累垮倒下了。

成人喜欢"口号式"表扬的原因

因为这样的话不用动脑子，张嘴就来，这是社会上急功近利心态在教育上的具体表现。不少父母常常希望有一个所谓的"灵丹妙药"，可以一劳永逸地解决孩子的所有问题。其实所谓立竿见影的"灵丹妙药"，大多都是害人不浅的"糖衣炮弹"。因为教育最讲究慢养，如果方法不当却急于求成，往往会给孩子的发展埋下巨大的隐患，就像是得了小病使用抗生素，病确实很快好了，但同时也会对身体造成很大的副作用。所以，教育孩子要像2010年北京卷高考作文题目所说的："要抬头仰望星空，更要脚踏实地。"也就是说，家长要有梦想，更要把握生活中的每一个教育细节，过程好了，才能保证效果。

有些人喜欢跟风，别人怎么做我就怎么做，这样即使错了也不会太内疚，反而有借口推卸责任。就像一个笑话所说的，一群人正在排队，排在第一位的人突然仰起头，后面的人也都跟着仰起头。众人看了很久，发现天空什么都没有，于是有人忍不住跑过去问第一个人："你刚才抬头在看什么？"第一个人回答："我刚才流鼻血了。"

一些专家的推波助澜也是原因之一。某些所谓的专家常常把从个案中得出的结论在社会上广泛宣传，这种结论因为附加了名人效应，更容易对很多辨别能力不强的家长造成误导。确实，这种夸奖的方式对于一些特殊群体是有效的，甚至是必需的，很自卑或者身体有缺陷的孩子就需要这种方式。但即使是这样，也要因人而异，毕竟每个孩子都不一样，在参考类似做法的同时要灵活运用，不能盲目照搬。而对于普通正常的孩子，这样的做法明显是弊大于利的。我在国内给家长讲过1 000多堂课，真正被夸出来的好孩子，至今我还没碰到过，被类似的话耽误的孩子倒是不少，因为"口号式"表扬几乎都是在扭曲事实，让孩子找不到努力的方向。

真正的赞赏

如果孩子完成了一件对于他这个年龄段来说有点难的任务，可以用惊讶传递大人内心的喜悦。比如，孩子和爸爸比赛吃饭，结果孩子赢了，家长应该带着惊讶的语气说："哇,像你这么大的宝宝一般吃得都是有点慢的,你竟然吃饭比爸爸还快,太让人想不到了。"或者也可以说:"哇,真想不到你比爸爸吃饭还快。"或直接来一句"哇"也行。总之,大人的惊讶本身就代表一种对孩子的认可。

如果孩子完成一件事后问你的感受,家长要引导孩子进行自我评价,同时把欣赏落实到细节。比如,孩子画了一幅画,过来问家长:"妈妈,你觉得我画得好吗?"家长要用类似"你认为呢?""你说呢?""你觉得呢?""你的想法呢?"等来引导他。如果孩子说:"我觉得很好。"那接下来家长就应该跟随孩子的意思:"嗯,妈妈也是这么认为的,妈妈最喜欢你画的太阳公公,看到它翘起的胡须,就知道它一定很开心。"

如果想主动去称赞孩子,家长应该先描述事实,然后加上自己的感受,同时谢谢孩子。比如,家长在厨房忙着做饭没办法脱身,孩子的外婆突然来了,孩子不但下楼帮外婆开了门,上来的时候还帮外婆提了一包东西。家长就可以这样说:妈妈看到你下楼给外婆开了门,还帮外婆拿了东西,你帮了妈妈的大忙,妈妈心里很开心,谢谢宝宝。听到家长这句话的同时,孩子还会在心里对自己说一句话:我能帮妈妈的忙,看来我是有价值的。

凡是发自内心表达真实感受的话,都会对孩子产生潜移默化的影响,从而更加容易引导孩子与家长合作;凡是敷衍了事的口头应付,都会招致孩子内心的抵触或反抗,因为孩子都是天生的观察家,家长的一举一动都逃不过他们的眼睛。

高情商的孩子

情商，指的是一个人的情绪处理能力，简称 EQ，是由哈佛大学心理学家丹尼尔·戈尔曼首先提出的。1995 年，他在自己的著作《情商》中明确表示：一个人的成功，只有 20% 取决于智商，另外 80% 则取决于情商，情商是决定人生成功与否的关键。

情商的重要性

人都处在一定的社会关系中，要实现自己的人生价值，势必要与他人进行良好的合作，如此才能被群体接纳从而获得归属感。而情绪处理能力，则是人与人之间合作的前提和保证。如果一个人时常无法管理自己的情绪，处处表现出敌意、孤僻、自负，或者急躁、易怒，在情绪上无法与他人友好地"连接"，估计智商再高也很难有所作为，毕竟谁都不是在荒岛上孤军奋战的鲁滨孙。就像习主席在天津考察的时候说过的一句话："做实际工作，情商很重要。"华人首富李嘉诚先生在香港理工大学的亿元捐赠仪式上也提到，自己能从一个钟表店的学徒工做起，直到今天取得辉煌成就，为自己保驾护航的就是两个字：情商；而自己之所以拥有高情商，则是来源于家庭的熏陶，尤其是父亲的言传身教。

情绪处理能力属于人格范畴，而人格的培养，主要来自家庭，尤其是孩子小时候所处的环境，用中国的俗语说就是"三岁看大，七岁看老"。也就是说，一个孩子将来能否拥有高情商，取决于他在幼儿时期父母能否用高情商的处事方式引导孩子应对情绪，管理情绪。父母会引导，孩子将来的情绪处理能力就强；父母不会引导，将来孩子的情绪就很容易出问题，甚至会导致悲剧的发生。据统计，中国平均每年有 28.7 万人死于自杀，200 万人自杀未遂，相当于每两分钟就有一人自杀身亡。其中青少年占有相当大的比例，自杀已成为青少年人群的首要死因。为什么这些风华正茂的青少年动辄会采取极端的方式结束自己宝贵的生命呢？一个最主要的原因就是他们没有学会处理情绪，当负面情绪迎面袭来的时候，他们往往不知如何应对，直到彻底绝望。

培养孩子正确表达情绪

首先，父母要允许孩子表达情绪，尤其是负面情绪。孩子天性率真，心里想什么嘴上就说什么，这是一种真实感受的直接表达，无所谓对错。比如，去亲戚朋友家吃饭，面对自己不喜欢吃的菜，孩子会直接说："真难吃。"这个时候，家长往往就会显得很尴尬，马上制止孩子："不准这么说，真没礼貌。"为什么很多家长会禁止或者否定孩子的感受呢？因为这些家长小时候被父母禁止表达负面情绪，所以他们觉得负面的情绪都是不好的。比如，一个人小时候经常因为哭而被父母训斥，那么他长大后同样会很难容忍自己的孩子哭。同时，孩子的负面情绪会让家长产生挫败感，觉得自己在教育上是失职的，甚至是不合格的。

其实在一段亲密关系里，要让对方感受到爱，先要理解对方的感受，而不是拼命否定或者打压对方的感受，否则只会让关系恶化。关系一旦恶化，教育的可能性也就不存在了，因为没有关系就没有教育，如果孩子在心理上始终处于对抗状态，成人是无法向孩子施加任何影响的。

其次，父母要帮孩子进行"情绪定位"。由于心智发展的限制，孩子往往无法用准确的语言表达自己的情绪，这个时候，家长要帮助孩子对情绪进行定位，让孩子明白使他不舒服的究竟是什么情绪，这样才有可能引导孩子去正确应对这种情绪。就好比在黑暗中，人知道有威胁，但如果不知道具体威胁是什么，人就无法采取有效的防御手段。有位妈妈咨询，说有一次她抱了一下两岁多的小女儿，结果六岁的大女儿马上就说了一句话："我多想在马路上被车撞死。"其实这个小女孩可能连"死"是什么意思都不知道，她只是从妈妈当下的表现感觉到，妈妈似乎更爱妹妹而不是自己，但又不知道如何用准确的语言描述，所以才用"我多想在马路上被车撞死"这种极端的话表达自己内心的强烈感受，希望引起妈妈的重视。在这种情况下，妈妈要善于发现孩子话语背后的情绪，并且帮孩子把这种情绪用语言表达出来，让孩子明白自己的感受到底是什么。比如，可以告诉孩子：看到妈妈抱着妹妹，你有点担心妈妈不爱你了，对吗？孩子就会明白刚才让自己不舒服的感受叫"担心"，当下次再遇到类似的情况，她才有可能走过去告诉妈妈自己的感受。

再次，父母不能评价孩子的感受。要想取得孩子的信任，先要让孩子觉得家长和他是一伙的，这其中一个最主要的方法就是不能评价孩子的感受，而要认同他，在此基础上引导孩子的行为。比如，孩子回家告诉家长：今天老师冤枉我，说是我把黑板擦踩坏了，其实是另一个同学。家长此时说的第一句话应该是"这样对你确实有点不公平"或者"被冤枉确实让人感觉挺委屈的"。类似的话向孩子传递了两个信息：①我理解你；②你的负面情绪是正常的。很多时候困住孩子的负面情绪其实就像一个鼓起来的气球，而理解的语言就是那根针，可以帮助孩子释放负面情绪。当孩子走出负面情绪的时候，他才有可能把注意力转移到如何解决问题上，也就是心理学上说的：先处理情绪，再处理问题。如果孩子此时依然带着负面情绪的"余波"，那就留出足够的时间让他自己处理，而不是安慰孩子。

当然，理解孩子的情绪，并不代表家长要对孩子的无理要求让步或者妥协，而是要温柔地坚持原则。比如，家里同类玩具太多了孩子却还想买，家长没有买，结果孩子就开始哭闹甚至打滚。这时候，家长要对孩子的心情表示理解，毕竟孩子的需求没有得到满足，他有不开心的权利，只是表达的方式不合理而已。家长可以这样引导孩子：妈妈没有给你买玩具，你很难过，所以就哭了，那你哭一会儿吧，妈妈陪着你。只要家长多坚持几次，孩子自然就会放弃不合理的行为，因为行为都是有目的的，如果达不到目的，行为也就失去了意义。相反，如果家长妥协了，那就等于变相鼓励孩子：想满足需求，你就必须要哭闹，没达到目的只能说明哭闹的力度还不够。打骂的方式更不可取，需求没有得到满足，孩子本来就够难受了，如果还要因此挨打，就会对孩子造成双重伤害。

最后，找回孩子的移情能力。所谓移情，就是能站在对方的角度考虑问题，设身处地地为对方着想。人际关系中之所以会出现种种隔阂和矛盾，大多是因为人往往不会换位思考，总是带着自己的成见。其实每个孩子天生都具有移情能力，就像在微信朋友圈看到的一个很感人的小视频，视频中的小朋友用图画书在做"连连看"，他先把"羊"和"草"连起来，接下来又把"狼"和"草"连起来，妈妈就在旁边告诉小朋友："狼"不能和"草"连起来，"狼"要和"羊"连起来，因为狼不吃草，狼只吃羊。小朋友就哭了，一边哭一边说：狼不能吃羊，羊会疼的。无论妈妈怎么劝，小朋友还是坚持"狼"吃"草"。对于这个小朋友来说，尽管狼吃羊的时候他自己不会感到疼，但是他可以想象到羊的疼，这就是移情。而这种天生的移情能力之所以在孩子成长过程中会变弱甚至消失，就是因为家长经常忽略甚至是否定孩子的感受，使孩子和自己的感受失去了连接。

如何找回孩子失去的移情能力呢？一方面，当孩子的需求妨碍到大人的时候，家长要说感受和期望，而不是攻击孩子；另一方面，通过玩"角色互换"游戏让孩子体会对方的感受。比如，孩子把其他的小朋友打哭了。事后，父母可以和孩子玩这种游戏，先把当时的情景还原，然后家长扮演自己的孩子，让自己的孩子扮演挨打的小朋友，接着家长用同样的方式打孩子一下，问孩子疼不疼。最后再和孩子一起探讨：除了打对方，还有没有其他更好的方式表达自己的需求。孩子能想到当然更好，如果实在想不出来，家长可以引导孩子：如果是妈妈的话，碰到这种情况会选择怎么做。给孩子选择的范围尽量多一点，最后把决定权交给孩子，而不是强迫孩子。这样，每次犯错对于孩子来说就会成为一次宝贵的学习机会，孩子的移情能力也会进一步增强。

智商不好，情商可以弥补；情商不好，智商却无法弥补。

有条件的爱

不少人的骨子里是喜欢欺负和压迫别人的，尤其当手里掌握一定权力的时候。比如，有的警察用非人道的方式对待犯人，有的医生向患者索要红包，通过这种强权的方式，他们找到了自己的优越感和权威感，以此证明自己的存在价值。

这种封建等级制度遗留下来的糟粕，还体现在父母教育孩子的过程中。毕竟，和父母相比，孩子力量弱、个子小、经历少，还要依赖父母才能生存下去，这也就导致了生活中很多父母喜欢用奖励和惩罚去操纵孩子的行为。孩子听话，当然有好处；孩子不听话，后果很严重。

在微博上看过一个视频，某著名运动员的太太教育儿子轩轩。通过这个视频明显能感觉到轩轩面对妈妈的指责和训斥，内心非常害怕以至于一再地讨好妈妈，而妈妈却依然不依不饶。这样的教育与其说是教育，倒不如说是一种报复。然而就是这么一个从头到尾充满指责、威胁的育儿视频，竟然得到粉丝们上万次的点赞。点赞的动机无非有两种可能性：①感觉挺有趣的；②自己平常也是这么教育孩子的，看了视频后对自己的教育方式更是底气十足了：因为名人也是这么做的，这种方式没错，让那些"尊重孩子"的理论见鬼去吧。

当然，名人也是人，是人就有情绪，也都有情绪失控的时候。只要没有对孩子的心灵和身体造成巨大伤害，偶尔发生一两次类似的事情也情有可原，毕竟父母都是凡人，都有自己的需求。但结合轩轩在某个电视节目录制中曾经透露"自己最害怕的是被关小黑屋"的信息，可以推断出类似的事情应该是经常发生的，因为"被关小黑屋"和此次事件在本质上都是一样的：家长喜欢采取强权的方式对待孩子。强权，本质上是一种控制，是一种强加意志，没有人喜欢被强迫，因此，强权会极大地伤害父母与孩子之间的关系。

好的教育离不开好的亲子关系，没有良好的亲子关系作前提和保证，父母无法对孩子施加积极的影响，因为孩子在心理上和父母是对抗的。而良好的亲子关系要靠父母与孩子长时间的点滴相处才能建立起来，过程做好了，才能保证最终的教育效果不会偏离大方向，所以美国的哲学家杜威才提出"生活即是教育"。生活和相处，都离不开沟通，所以在某种程度上来说，沟通的好坏直接决定了亲子关系的好坏。那么，这位妈妈和儿子轩轩的沟通有没有问题？（注：事情的起因是她发现轩轩把蛋糕和水混在一起了）

第一次沟通

轩轩一边喊"妈妈"，一边试图靠近她；妈妈用训斥的语气回答"没想到这么调皮，走开点"，一边说一边往旁边躲，拒绝儿子靠近。

妈妈通过说话的语气、故意和儿子保持距离向儿子传递了一个信息：你做了我认为不应该的事，我不喜欢你了。这是一种"有条件的爱"。这种"爱"最大的特点就是有附加条件，比如，你成绩好了我才会爱你，你听话我才会爱你。我爱不爱你，不是因为"你是谁"，而是取决于"你做了什么"。这种"爱"对孩子造成的最大影响是：孩子长大成人后不会无条件接纳自己，而是有条件地爱自己。能达到某种条件时，孩子会爱自己，一旦没达到，则会否定甚至攻击自己，一个最常见的例子是，很多人在遭遇失败后选择自杀。而"无条件的爱"则看重"你是谁"，也就是说，我爱你，因为你是我的孩子，因为你可爱，值得被爱，即使做错了事，我对你的爱依然不变。家长无条件地接纳孩子，孩子才会无条件地接纳自己。

第二次沟通

轩轩被拒绝后没有放弃，但很明显感觉到他开始害怕了，于是第二次又带着恳求的口气喊"妈妈"，妈妈再次大声说："妈妈不生气，妈妈不生气才怪。"轩轩更害怕了，用几乎是乞求的语气说："妈妈，求求你原谅我嘛。"妈妈故意装作没听懂："什么啊？"轩轩重复："求求你原谅我。"妈妈反问道："原谅你？哪里没做对？你告诉我你哪里做错了。"轩轩："蛋糕，弄那个，弄那个蛋糕。"

仅仅是从轩轩的说话语气就已经能感受到他的情绪了，他非常害怕。也许刚开始他还不知道自己错了，毕竟孩子的认知能力有限，但妈妈的强烈反应让他感觉到自己确实错了，否则他不会求妈妈原谅自己。此时，妈妈不但没有看到孩子的恐惧，反而变本加厉，被自己的情绪主导，拒绝和孩子好好沟通。其实，当孩子已经知道错的时候，家长不应该步步紧逼，而应该留给孩子情绪上的缓冲时间，等孩子心情平静之后再引导孩子认识行为为什么不妥以及下次如何改进，而不是步步紧逼，加深孩子的恐惧。所以，古人"育子七不责"中有一条"孩子愧疚的时候不责备孩子"。

更重要的是，因为强烈情绪的介入，轩轩会通过这件事建立起一个牢固的认知模式：犯错＝可怕。这种牢固的认知模式将深深地进入他的潜意识。潜意识支配着人大部分的行动，同时会提醒和避免人再次受到类似的伤害。因此，当下次碰到困难的时候，除非轩轩有十足的把握，否则他一定会选择逃避或者退缩，因为对于他来说，犯错的后果实在是太可怕了。而事实上，没有任何人可以一帆风顺，人生总是会遇到各种各样的困难和挫折，不犯错就意味着停止成长。因此，在德国有一个说法：不犯错的孩子就不是真正的孩子。

第三次沟通

妈妈："那个水是拿来做什么的？要不要用钱买？蛋糕是用来做什么的？"轩轩："用来吃东西的。"妈妈："要不要用钱买？"轩轩："要。"妈妈："蛋糕和水放在一起怎么弄？"轩轩摇了摇头表示不知道。妈妈："你把它吃掉，看看人家那些农民多么辛苦不容易，你食物都拿来浪费，滚开点。"轩轩："妈妈。"妈妈："别吃别喝你今天。爸爸晚上要干嘛，爸爸晚上要干嘛，你告诉我！"轩轩："打拳。"妈妈："打拳做什么？"轩轩："赚钱。"妈妈："那你把这些粮食都浪费了，这是不是钱买的？"轩轩勉强地笑了一下没说话。妈妈："我一点都不觉得好笑，我觉得可恶。浪费粮食！"

很多家长常常从自己的角度去揣测孩子做事的动机。一个5岁多的孩子把蛋糕和水混在一起，我相信他是觉得好玩，而不是所谓的"浪费粮食"。这种行为一旦被上纲上线，很容易会造成"物极必反"的结果。一位网友说过小时候发生在他身上的一件事。他4岁时，有一次在路上碰到同班的一个小女孩。他看对方实在是太可爱了，所以趁妈妈和对方妈妈聊天的时候，亲了小女孩一口，结果被自己妈妈抽了两个耳光，骂他是"小流氓"，并且逼着他向小女孩连续道歉十次。那次经历给他带来了意想不到的伤害，以至于现在已经30多岁了还没有女朋友，原因是一看到女孩就紧张得说不出话来，脑海里不断出现三个字：小流氓。同样的道理，一旦"浪费"的概念被轩轩内化，将来很有可能成长为一个内心十分匮乏的人，即使很有钱，仍会活得像个守财奴。

妈妈觉得丈夫赚钱不容易没有错，或许妈妈小时候日子过得很苦所以现在很讨厌浪费也没有错，但这都是妈妈的感觉，与孩子无关。不能把这种感觉强加到孩子身上，否则，就是在用使孩子内疚的方式控制孩子，让孩子为家长的辛苦买单，这对孩子是不公平的。

第四次沟通

轩轩："妈妈。"妈妈："别喊我，我不配当你妈，你也不配当我儿子。你喜欢谁当你妈谁当去。"

这对孩子来说是一种赤裸裸的威胁。长期处在威胁下的孩子，也许表面上确实变乖了，但这种乖和懂事几乎都是一种假象，其本质还是压抑和害怕。这种负面情绪并没有消失，而是在积累着，当积累到一定程度时，要么直接把人压垮，让人永远活在痛苦中；要么会集中爆发，形成令人无法想象的杀伤力。马加爵案、药家鑫案、林森浩案、吴谢宇案等都证明了这一点。

正确的做法

那面对轩轩的这种行为，妈妈应该怎么做呢？首先要问问孩子，把蛋糕和水混在一起想做什么，听听孩子的想法，而不是先入为主地给孩子的行为定性，毕竟孩子的心理和成人不一样。如果孩子是因为不知道蛋糕是怎么做出来的，所以想亲自尝试一下，妈妈应该给孩子示范正确的做法，然后放手让孩子去做，期间只要注意电器的安全使用就可以了；如果孩子只是好玩，而妈妈感觉有点浪费，那妈妈可以告诉孩子：妈妈明白你是觉得好玩，但这样有点浪费，上次我们看到还有很多山区的小朋友没东西吃，过得很辛苦；要不，你用泥土和水或者你能想到的其他东西混在一起玩，你觉得怎么样？这就是孩子出现不妥行为后家长最应该做的：先认同，再引导。把孩子打一顿或者骂一顿，孩子除了愤怒和害怕以外，什么也学不到。

错误和成长就像一个硬币的正反面，密不可分。要求孩子成长却不许其犯错，就像一句西藏谚语说的：只要肉不要骨，只要茶不要茶叶，这是过分的要求。

爱需要学习

如果问任何一位父母"你爱孩子吗?"相信每个父母都会用不容置疑的态度斩钉截铁地告诉你:非常爱!如果接着再问第二个问题:你觉得什么才是真正的爱?估计就没多少人能回答出来。美国心理学家弗洛姆曾经说过:"爱同我们掌握的其他艺术一样,它是需要学习才能掌握的。"只有明白了什么是真正的爱,才不会打着"爱"的名义去伤害孩子。"真正的爱"这个概念至少应该包括以下几个方面。

父母要先学会爱自己

人无法给予对方自己没有的东西,能给予别人的都是我们自己拥有的东西,这就好比我们不会向乞丐借钱一样。同样的道理,如果不会爱自己,说明父母没有爱的能力,也就做不到真正爱孩子。

一方面,不要企图做"完美的父母",没有必要,事实上也做不到;更重要的是,孩子并不需要这样的父母。英国著名的儿童医生温尼科特曾经说过:"孩子的健康成长,并不需要最好的母亲,只要足够好的母亲就可以了。"什么是足够好的母亲呢?温尼科特在其著作《父母——婴儿关系的理论》中这样定义:"足够好的母亲……起初几乎完全能适应婴儿的需要,随着时间的推移,她逐渐难以适应,婴儿的能力不断增长,她开始面对自己的失败。"也就是说,在孩子的成长过程中,父母要在心理上适应孩子不断和自己产生分离,并且愿意承认自己本身是有局限的自然人,也会犯错,是不完美的。

显然,"完美父母"不符合这个标准,因为父母一旦用"完美"这个标准衡量自己的一言一行,每一次发生亲子冲突都会让父母自责或者产生挫败感。这些日积月累的负面情绪,总有集中爆发的那一刻,到时候造成的杀伤力,甚至可以同时摧毁父母和孩子;而"完美"带来的一个副作用是,父母也会无意识地用"完美"去要求孩子,否则父母内心会失去平衡:凭什么我是完美的，你却是不完美的？这会让孩子感到窒息和痛苦。

瑞士著名心理学家荣格曾经提出一个概念——阴影，指的是人格中遭受刻意压抑的那个部分，比如，自卑、恐惧、羞耻心、无知。通俗一点说，阴影就是人们所不愿意具有的那些人格，或者不敢面对的那些不足。这些不足如果不能被人们全然接纳，就会一直藏在潜意识中，从而更容易投射到孩子身上。比如，有的父母感到自卑，就会时时刻刻感到孩子也自卑。父母必须学会原谅自己的不足，因为不完美是人性的本来面目。要做到这一点，父母要直面内心的阴影，承认它是人格的一部分，除此之外，没有其他的办法。就像心理学上所说的一句话：要追逐光明，先要学会拥抱黑暗。父母学会原谅、接纳自己不足的时候，自然会更容易接纳和原谅孩子。

另一方面，孩子侵犯了父母的正当权益的时候，父母要学会勇敢地维护自己的正当权益，而不是选择妥协退让或者用简单粗暴的方式对待孩子。妥协退让只会让孩子变得自私自利，这无助于孩子将来在社会上与人相处。而简单粗暴的方式，则更像是在报复孩子，发泄不满。这种方式，在无形中向孩子传递一个信息：当问题无法解决的时候，暴力是最好的方法。事实上，父母勇敢维护自己权益不被侵犯的行为，就是让孩子明白人际交往之间要有明确的界限——你可以有自己的需求，但你不可以妨碍别人的需求。更重要的是，这个行为本身就是在给孩子树立一个很好的榜样，也就是任何人都应该勇敢维护自己的利益。

爱，需要陪伴

陪伴需要父母全身心参与，和孩子互动。即使是平时工作忙，父母也应该在周末或者休息的时候陪伴孩子。这会让孩子感觉自己在父母心目中是受到重视的，是被爱的，因此获得极大的安全感。有首歌唱得好："爱要说，爱要做。"口头上的爱常常需要以实际行动作保证，否则，爱就会显得很苍白无力。

有一则令人心酸又感动的小故事。父亲下班回家已经很晚了，身体疲倦、心情也不太好。这时，他发现5岁的儿子正靠在门边等他。

"我可以问你一个问题吗？"儿子说。"什么问题？"父亲有些不耐烦。"爸，你1小时能挣多少钱？""这与你无关。为什么要问这样的问题？"父亲生气地说。"我只是想知道，"儿子望着父亲，恳求道，"请告诉我，你1小挣多少钱？""假如你一定要知道的话，那我就告诉你吧。我1小时挣20美元。"父亲有点按捺不住了。"喔。"儿子沮丧地低下头。过了一会儿，他又抬起头，犹犹豫豫地说："爸爸，可以借给我10美元吗？"父亲终于发怒了："如果问这种问题就是想要向我借钱去买毫无意义的玩具，那你还是回房间去，躺到床上好好想想为什么你会那么自私。我每天长时间辛苦工作，现在需要休息，没时间和你玩小孩子的游戏。"儿子一声不吭地走回自己的房间，轻轻关上了门。儿子走后，父亲还在生气。过了一阵儿，他渐渐平静下来。想到自己刚才有些粗暴，于是走进孩子的房间，轻声问："你睡了吗？""爸，还没呢，我还醒着。"儿子回答道。"爸爸今天心情不太好，所以刚才可能对你太凶了，"父亲说，"这是你要的10美元。"

"爸，谢谢你。"儿子欣喜地接过钱，然后又从枕头下拿出一些皱巴巴的钞票，仔细地数起来。"你已经有钱了为什么还要？"父亲又开始生气了。"因为只有那些还不够，不过现在足够了。"儿子回答道。然后他将数好的钱全部放在父亲手里，认真地说："爸，我现在有20美元了，我可以向你买一个小时的时间吗？明天请早一点回家，我想和你一起吃晚餐。"

爱是尊重

任何一段亲密关系，包括亲子关系，要想长久维持下去，必须有个前提——尊重，也就是心理学上所说的人和人之间应当存在"精神边界"。所有越界的行为，其本质都是变相的控制，毕竟每个人都是不同的、独立的生命个体。

然而在现实生活中，很多父母会自以为是地给"爱"下一个定义，然后固执地传递这种所谓的"爱"，结果孩子收到的却是"恨"，是"碍"。比如，孩子犯错后责骂孩子，体罚孩子，给孩子贴负面"标签"等。

父母给孩子的是不是爱，是由孩子决定的。错误给予就像有人说他想要一颗苹果，你却送给他一车香蕉，他虽然收下了，但却每天闷闷不乐。你质问他，为什么收了一车香蕉，还不高兴？他说，我想要的是一颗苹果，而你却给了我一车香蕉。

爱是无条件的接纳

爱一个人，包括爱孩子，仅仅是因为对方值得爱，而不是因为对方做了什么或者达到了什么要求。爱一旦被附加条件，就变成了一场赤裸裸的交易。而现实中，很多父母对孩子的爱就往往存在很多附加条件。比如，我爱你，因为你长得漂亮；我爱你，因为你学习成绩好；或者我爱你，因为你懂礼貌。

中国人有句话说得好，"种瓜得瓜，种豆得豆"。用在教育上就是，播种爱才能收获爱，播种恨则收获恨。因此，父母需要时常反思自己的教育方式。采用某种方式对待孩子之前，先问自己：如果别人用同样的方式对待我，我会开心吗？唯其如此，父母才有可能把握爱的真谛！

母亲的味道

　　有个国王有三个儿子，他很疼爱他们，每一个儿子看起来都很优秀，他实在不知道该传位给谁。有一天，他问三个儿子："你们说，如果我传位给你们，你们将如何对待我呢？"大儿子说："我要把父王的功德制成帽子，让全国的百姓天天把您戴在头上歌颂您。"二儿子说："我要把父亲的功德制成鞋子，让普天之下的百姓离不开您。让他们明白，是您在带领着他们，您就是他们的精神领袖。"三儿子说："我只想把您当作普通的父亲那样，永远放在心里，然后我要用自己的努力和行动回报您对我的爱。"最后，国王把王位传给了三儿子。这则故事告诉我们，爱的位置不在嘴里，不在头上，不在脚下，而往往体现在点滴行动中。就像诺贝尔和平奖获得者、国际著名的慈善家特蕾莎修女所说，"爱不能单独存在——爱本身毫无意义；爱是要付诸行动的，行动才能让爱发挥出功能"。也就是说，你爱不爱对方由对方说了算，而对方能否感受到你的爱，则取决于你是否采取了爱的行动，把爱落到实处。关于这一点，我觉得有空给孩子做顿饭是一个很好的方式，因为你的爱，将通过可口的饭菜传递给孩子。

母亲的味道

　　日本心理学家通过研究发现，有一种记忆叫"母亲的味道"。如果在心灵或者事业上遭受严重打击后，能回家吃一顿母亲做的饭，很多烦恼就会烟消云散，比找心理医生还管用。母亲的这顿饭，让当事人退回到被关爱呵护的童年，在那里，他重新获得了力量。因此，日本的家庭教育中特意强调要全家人一起吃饭，言下之意就是家长一定要给孩子做饭吃。

　　英国历史上第一位女首相撒切尔夫人，可以说是历史上权利最大的女人之一，在长达 11 年的首相任职期间，她用铁腕手段进行大刀阔斧的改革，使这个几乎日落西山的老牌资本主义国家，重新跻身于世界前四强。因此，她被誉为英国政坛的"铁娘子"。可是，出乎很多人意料的是，只要有空，这个"铁娘子"晚上都会回家给家人做饭，即使是在参加大选的前一天，她依然雷打不动地回家给家人和孩子做饭。

给孩子做饭有助于孩子的身体健康

饭店的厨师做出来的饭像是生产线上制作出来的产品，味道大同小异，不会顾及吃饭人的偏好。而父母不一样，他们了解孩子的喜好，做出来的饭是独特的，更适合孩子的口味，再加上他们会选择最好的食材，为全家人提供最好的营养，所以父母做的饭永远不会和厨师一样。很多成人会发现，无论吃过多少美食，心中最难忘的味道，还是小时候父母为你做的饭。这种滋味，你百吃不厌，因为它对你而言有世上独一无二的亲切感觉。

美国哥伦比亚大学曾经对18万名儿童和青少年做过一次调查，研究的题目是"孩子和家人一起吃饭的频率与健康状况的关系"。研究表明：如果每周能有三次以上的机会和父母一起吃饭，孩子肥胖的风险会明显降低，吃不健康食物的数量减少，会吃更多的蔬菜水果等健康食物，而且患上厌食症、暴食症等进食紊乱症的概率也会减小。哈佛大学的一项研究中，调查者也得出了类似结论：跟家人一起吃饭的孩子，营养摄入更加均衡，维生素与矿物质等营养物质摄入也较高，对孩子的健康成长更加有益。

经常做饭并且全家人一起吃饭，孩子很少会出现情绪问题。之所以说家是世界上最温馨的港湾，是因为它是人类疗伤的重要场所，一句问候，一顿可口的饭，足以让受伤的心灵恢复元气。严歌苓在《一个女人的史诗》里写到田芳菲幼时生活清苦，时常心情沉闷。但每天一睁开眼，闻到妈妈精心准备的早饭的香气，看着妈妈从香气中走来，然后帮她把一头油亮黑发扎成辫子这种日复一日的温情，让田芳菲走出了贫瘠不堪的生活给自己带来的匮乏感和沉重感。

更重要的是，人在吃饭的时候心情是最放松的，尤其是全家人一起吃饭。在这种氛围中，沟通的效果最好。孩子愿意在这种氛围中把在成长中遇到的各种烦恼和家人一起分享，这样就便于家长进行及时引导，把问题扼杀在摇篮里。

英国每日邮报报道，加拿大麦吉尔大学一项基于2.5万名11~15岁少儿的研究显示，孩子与家人一起吃饭更容易养成自信、乐于助人的品格和稳定的情绪。研究称，一起吃饭可以让孩子与家人交谈并分享内心体验，减少焦虑和孤独感；一起吃饭的时间越多，积极影响就越明显。2015 年广州大学广州发展研究院发布的一项调查报告也表明，多与父母一起吃饭，孩子不容易学坏。

给孩子做饭有助于孩子提高学习成绩

美国教育学家莎莉·路易斯在她的作品《唤醒孩子的才华》中写道："两年前，有人研究哪些因素促使孩子在学习能力倾向测试上得高分。其中，智商、社会条件、经济地位都不及一个更微妙的因素重要，那就是，得高分的孩子经常与父母一起吃晚饭。父母每多与孩子吃一顿饭，平均分会净增一分。"这就是外国人一般都很注重对孩子的陪伴，甚至不惜一切代价，也要好好陪伴孩子的原因所在。

一个学习上出问题的孩子，大多是害怕困难的孩子。全家人一起吃饭，这种充满爱意的行为本身就是一种力量的传递。而这种力量，将会使孩子获得面对困难的勇气，学习上的问题也将迎刃而解。有一个很感人的视频，内容是十几个不同肤色的家庭在接受同一个采访。采访的问题是：如果你可以和世界上任何一个人共进晚餐，你会选谁？成人选择的几乎都是明星，而孩子们选择的无一例外都是家人和父母。在孩子的眼里，父母就是天，是高于一切的存在。

林语堂先生在回答"幸福是什么"时说："幸福很简单，一是睡在自家床上，二是吃父母做的饭菜，三是听爱人给你说情话，四是跟孩子做游戏。"所以爱孩子，有空就给孩子做顿饭吧。

家有两宝， 父母别当法官和裁判

国外有份调查显示：诺贝尔奖获得者大部分都是家中的老二或者老三，老大则很少。造成这个现象的原因我觉得有两方面。

第一，父母在养育老大的时候，育儿经验较少，所以采取的教育方式一般以保守为主，管教也很严格。等有了老二以后，父母的育儿经验相对来说会丰富些，并且也有了一定程度的改进，因此教育环境和教育方式也相对轻松。第二，也是最主要的原因，当老大和老二发生冲突和矛盾的时候，父母常常会要求老大让着老二，理由不外乎是：你是哥哥姐姐，你就应该让着弟弟妹妹。有的家长甚至还会搬出"孔融让梨"的故事对老大强加意志：人家孔融才4岁都会把最大的梨让给弟弟吃，你怎么就这么自私呢？且不论这个故事的真实性，至少故事中孔融的做法不符合普通孩子的心理，也不符合人性。一个4岁的孩子，看到自己最喜欢的东西，不是冲上去挑一个最大的，而是把最大的让给弟弟，怎么斟酌都觉得有点不合常理。其实按照进化心理学的说法，人都是自私者的后代。人要先学会自私，先满足自己的需要，等有了"所有权"的概念后，再在此基础上慢慢学会分享。

即使"孔融让梨"这个故事是真的，也仅仅是个案，不具有普适性。对于孩子的问题，父母一定要具体问题具体分析，而不是不加选择地盲目照搬他人的做法，否则，很容易适得其反。就像对于一个身体有残疾而极度自卑的孩子，成人可以采用"把这个孩子往死里夸"的方式，毕竟这样的孩子内心缺少力量和勇气，非常需要外界的肯定；但是对一般的孩子，如果还是采用"往死里夸"的方式，最终会害了孩子。因为长期被夸奖包围，孩子会产生严重的依赖，这种依赖将导致他不敢尝试，不敢犯错，从而阻碍了他的成长。

其实，经常要老大让着老二的做法，在不少父母看来也许是一件小事，在中国文化的语境里也是天经地义的事，但这样的做法会对老大的心理产生严重的影响。

孩子都是天生的观察家，其观察问题的敏锐程度，常常超出了家长的想象。催眠大师艾瑞克森曾经讲过一个案例："我曾邀请一位魔术师到家中表演魔术，他要求我的孩子尽可能坐得愈远愈好，却并不介意我留在近处观察把戏。他向我展示放置在另一房间中厚纸箱内的兔子，并要我仔细留意他的一举一动。这一点也不困难，我只需盯住他的一双手就行了。当他离开那房间时，我确定他并未带走兔子，而在稍后的表演中，他竟从一顶帽子中拿出了兔子。我曾仔细留意他的双手，确实不曾打开纸箱拿出兔子，表演进行半小时后，那只兔子竟突然出现在他的帽子里。稍后我才恍然大悟，他曾经一度分散我的注意力，趁机从纸箱中取出兔子塞入魔术师长袍的口袋之中。我从未注意到兔子在长袍中扭动的情形。他随后向我展示帽子，里面就出现了那只兔子。我的一个孩子坐在屋内远远的角落里，见状立即指出：'你是从长袍中拿出来的。'"尽管孩子的观察能力无与伦比，但受发展的限制，孩子常常会对观察到的现象做出错误的解释。并且孩子的思维还处于"全有或全无"的阶段，也就是说，孩子解释一个现象的时候只有两个选择：要么是好的，要么是坏的。当他观察到父母照料老二的时间比自己多时，他会把这种现象解释成是父母不爱自己了，之所以不爱自己，就是因为老二的出生。本来老大这时就对老二怀有某种敌意，如果父母还要他一味地让着老二，可以想象他会对老二积压多少愤怒。负面情绪不会积压太久，一旦有机会，老大势必会通过各种各样的手段和方式去报复老二，有时候甚至会酿成无法挽回的悲剧。

2014年6月30日在东莞市东坑镇发生了一起惨剧。14岁的姐姐小媛找了个借口说要和9岁的妹妹小春玩捉迷藏的游戏，然后让小春把眼睛闭上。当小春照做后，小媛突然从后面勒住妹妹的脖子直到妹妹断气。接着，小媛还不解恨，拿出水果刀又连捅了妹妹两刀，最后一刀竟然穿过妹妹身体直接刺到床板上。在派出所里，小媛平静地承认是自己杀死了妹妹。而原因是："我恨我爸妈，他们偏心。他们不是最心疼妹妹吗？我就挖他们的心头肉。"这也许就是孔子说的"不患寡而患不均"，不担心少，就担心不公平。这就是惨剧中姐姐小媛的心理。

更重要的是，如果父母经常要老大让着老二，以后老大走入社会后，很容易成为一个不敢维护自己正当权益、逆来顺受的老好人，因为之前的经历告诉老大：自己的需求不重要，别人的需求才重要。同时，老大还很容易产生内疚和自责的心理，因为父母的做法向他传递了一个信息：弟弟妹妹不开心、不高兴，都是你的错，你需要为弟弟妹妹的情绪负责。等老大长大后，这种"为弟弟妹妹的心情负责"的观念就会发生泛化，以至于把外界所有的错误都揽在自己身上。

当然，世界上没有绝对的公平，公平就不合理，合理就不公平，就像莎士比亚说的："两个人骑一匹马，总有一个在后面。"关键是父母在处理老大和老二之间的冲突时所持的态度。父母应当如何处理老大和老二之间的冲突呢？

当冲突发生的时候，父母尽量不要介入，让孩子们自己想办法，如已造成了伤害，或者有造成伤害的可能性，就需要把两个孩子分开，在他们找到更好的相处方式前，只能各玩各的。冲突是一种宝贵的学习机会，在冲突中，孩子会尝试找到更多解决问题的方法，同时也会逐渐找到人与人之间合适的边界，因为这本身就是一种人际交往的"实弹演习"。多子女家庭的孩子走入社会后之所以比独生子女更善于处理复杂的人际关系，就是因为他们已经提前在人与人的冲突中进行过充分的演练了。

父母不要充当法官或者裁判，偏袒一方，指责另一方，尤其不能要老大让着老二，一旦父母在这个时候帮助了老二，老二以后就会觉得有了后台和靠山，对老大更加有恃无恐。弗洛伊德说，不是每个小孩都爱自己的兄弟姐妹，通常情况下，他并不会在心里对他们产生爱意，因为兄弟姐妹是自己的竞争者，所以他反而会心生怨恨。这种态度常常持续很多年而不间断，直至成年，甚至更久。当然，老二这个时候肯定会有情绪，比如哭，毕竟和老大相比，老二没有个头上的优势，父母要对老二此刻的心情表示理解和接纳：哥哥姐姐没让你玩他的玩具，你很伤心，你想哭就哭一会儿吧，爸妈陪着你。等老二心情好转的时候，父母可以引导他：除了哭，还有没有其他的办法呀？如果孩子实在想不出办法，父母再适当提醒一下：你觉得用你最喜欢的玩具去和哥哥姐姐交换怎么样？老二心情不好，父母可以表示理解，但理解归理解，不合理的要求坚决不能满足。事后，父母还需要找个机会心平气和地与老大聊聊：你看到弟弟妹妹哭的时候肯定心里也不好受，下次再遇到类似的问题，你觉得采取什么方法会比较好一点？

总之，把属于孩子的问题还给孩子，只要大人善于引导，那么每次冲突对于孩子来说就都是一次发展的契机，这就是成长！

第二部分

读懂孩子

一　问题行为

基因携带的害怕

生活中，孩子胆小怕事的情形随时会出现，尤其是在幼儿时期。面对此情形，父母的心理往往是这样的：如果孩子现在都表现得这么不尽人意，那以后岂不是更糟？于是，带着这样的焦虑，父母对孩子的胆小怕事不但不接纳，还进行说教、批评，甚至是训斥。结果让本来不是问题的问题，变成了真正的问题。比如，碰见熟人了，父母告诉孩子：宝宝，给阿姨打个招呼。如果孩子按照这个要求做了，父母自然笑逐颜开，不但觉得很有面子，同时还能换来对方一句"这孩子真乖"或者"真懂礼貌"的称赞，认为这是对自己教育的一种认可。如果孩子没有照做，父母必然会有某种程度的挫败感，至少会有些心理不适，于是不忘补充一句：我家孩子什么都好，就是有点胆小。这种"负面标签"其实是一种强大的暗示，说多了，孩子就会表现得越来越胆小怕事，这就是心理学上所说的"自我实现"。再比如，孩子说怕黑，很多父母会否定孩子的感受，告诉孩子"黑有什么好怕的"；或者鼓励孩子"宝宝不怕，宝宝很勇敢的"。听了父母的话后，孩子会在心里想："既然没什么可怕的，那我为什么就是害怕呢？看来是我的问题，我很胆小，以后要跟紧妈妈。"于是，孩子变得比以前更加黏人和退缩了。

其实孩子不和人打招呼也好，怕黑也好，这些表现几乎都是遗传的，用瑞士心理学大师荣格的话说，这种表现是一种"集体无意识"，是由遗传保留的无数同类型经验在心理最深层积淀下来的人类普遍性精神，通俗点来说，就是与生俱来的。

基因的力量

基因的力量是强大的，在很多情况下，基因左右着人的行为，倾向于更好地保护其携带者。举个例子，男人买东西时的做法和女人是不同的，男人买东西一般都是看好了马上行动，而女人则会货比三家，最后才做决定。同样是买东西，为什么行为表现得如此大相径庭？因为在远古时期，男人负责狩猎，如果看到猎物的第一时间没有立刻出手，猎物就会逃走，而下次猎物出现的时间还是个未知数。没有食物，意味着全家人的生存都将受到极大的威胁。因此，和女人相比，男人的行动力往往会更强。而远古时期女人除了养育后代，更多的时候负责采摘，看到一个果实，她不会马上摘下来，因为她知道果实跑不掉，而全部摘下来又会对运送回家构成挑战，所以女人会四处对比，直到确认某个果实是最大的，她才采取行动。这就是基因对人的影响。同样的道理，孩子的胆小，本质上也是一种基因携带的自我保护机制，不熟悉的人和黑暗的环境，会对孩子的安全感形成威胁，毕竟，孩子还不具备应对威胁的能力。也就是说，这种表现，仅仅是因为孩子的生理和心理上还没有做好充分的准备造成的，而不是孩子本身有什么问题。

应对之道

第一个方法，当孩子的能力还达不到做好某件事时，告诉孩子：你只是暂时没有准备好而已。这句话向孩子传递了三个信息：①你表现很正常，没什么问题；②做好这件事需要一个过程；③总有一天你会准备好的。用爱和接纳给孩子一条退路，孩子在面对困难时就会获得勇气和力量。比如，孩子没和陌生人打招呼，家长可以告诉孩子：没关系，宝宝只是暂时没有准备好，等你准备好的时候你一定会向阿姨打招呼的。

第二个方法，就是对孩子的害怕和胆小表示感同身受。比如，孩子怕鬼，家长可以告诉孩子：其实以前妈妈小的时候也怕鬼，后来妈妈长大了就不怕了。通过这句话，孩子会接收到两个信息：①原来妈妈小的时候也怕鬼，看来怕鬼不是什么大不了的事情，让孩子感觉自己是个正常人，他正在经历的无非是每个正常人都会经历的事；②原来长大了就不会怕鬼了，我要快点长大。

第三个方法，当孩子没做好一件事的时候，告诉孩子：这确实有点难。那么，当孩子有挫败感的时候，他至少不会攻击自己，认为自己没用，毕竟"这确实有点难"；如果做好了，孩子会更容易获得成就感，因为尽管"这确实有点难"，但他还是完成了。

重点强调一下，当孩子感到害怕的时候，尽量不要使用提倡的"现实冲击疗法"，尤其是有过"创伤性经历"的孩子，这样只会让孩子的问题雪上加霜。现实冲击疗法，就是反其道而行之，加强刺激，让孩子直面他恐惧和害怕的事物。比如，孩子很怕狗，就故意让孩子去接近狗，想通过此法让孩子发现原来狗并不可怕。其实这种方法只适用于成人，而不适用于孩子，因为孩子的心智还不成熟，无法承受这种直面恐惧带来的巨大压力。

后天因素导致的恐惧

除了基因携带的胆小以外，孩子还有不少恐惧是后天因素造成的。

溺爱带来的恐惧

西方著名的哲人柏拉图曾经说过一句话："对一个小孩最残酷的待遇，就是让他'心想事成'。"家长爱孩子本来无可厚非，然而一旦方式或者方法错了，所造成的后果往往与家长的初衷背道而驰。一方面，溺爱的环境对孩子来说是真空的，也就是说这种环境在现实中根本不存在，当他有一天走入社会后，遇见形形色色的人和事，可以想象那时他的心理落差有多大，内心又会多么恐惧。另一方面，亲子关系从本质上来说就是一种人际关系，如果孩子长期处于这种"我说了算"的环境，他将建立起一种错误的人际关系交往模式："交往 = 你必须听我的"。而现实中，正常的人际交往即使是亲密关系，也都是建立在互相尊重的基础上。错误的交往模式只会让孩子四处碰壁甚至被孤立，毕竟每个人都是独立的个体，没有人有义务处处迁就你。

对于这类恐惧，解决的方法只有一个：家长要着眼于未来，对孩子尽量放手培养，而不是事事包办。孩子能做的事情让孩子做，孩子想做但做不了的事情家长帮一把，让孩子在做事情中体会到自己存在的价值。有了成就感，孩子的自信心才会慢慢地建立起来，独立性也随之增强。同时，和孩子划清界限，当孩子的行为妨碍到他人的时候，家长要坚决说不，而不是一味妥协。比如，家长做了一盘大家都喜欢吃的菜，分量不多，孩子却想独自占有，这个时候家长就要拒绝孩子的无理要求。当然，他如果哭了家长要表示理解：看得出来你很喜欢吃这个菜，没让你一个人吃你很难过，但我们也喜欢吃这个菜，要不，你来负责分吧。类似的事情多了，孩子就会明白：每个人都有需求，每个人的需求都很重要。那么他将来在与人交往的时候就会注意把握好一个度，既不会自私自利，也不会做个逆来顺受的老好人。

父母离异造成的恐惧

心理学上有句话："离婚对孩子造成的伤害仅次于亲人死亡。"无论是司法界人士，还是从事青少年犯罪研究的专家，他们都有这样一个共识：大多数单亲家庭的孩子在心理上和人格上都更容易出现缺陷，而这些缺陷最容易诱发孩子犯罪。为什么会这样？因为父母是孩子在世界上最亲最信任的人，也是孩子坚强的后盾。而孩子心智还不成熟，无法理性地看待问题，所以当父母离婚的时候，孩子会处于极强烈的不安全感中，认为父母不要自己了。同时孩子会以为都是自己的原因才导致父母离婚，从而对此产生深深的自责和内疚。更重要的是，孩子会觉得连最亲的人都会离开自己，都这么不值得信任，那么这个世界上还有谁值得信任？这种不安自责的心理程度严重时甚至会导致孩子仇恨社会。

为了把离婚对孩子的影响降低到最小，父母离婚时应向孩子明确说明：爸爸妈妈的离婚绝不是因为你，与你无关。同时，离婚后家长不要在孩子面前贬低另一方，尤其是不能用类似"坏"的字眼，因为这样只会让孩子心理上受到更大的伤害。美国总统奥巴马也是个单亲家庭的孩子，尽管奥巴马的父亲几乎一无是处，但奥巴马的母亲在奥巴马面前提起他的父亲时，总是赞赏对方的优点。最后，父母应向孩子保证：尽管爸爸与妈妈分开了，但我们仍会像从前那样爱你。也许在最初的一段时间里，孩子对自己成为单亲家庭的孩子非常不适应，这时候，父母应多与孩子接触，并倾心交谈，慢慢孩子会比同龄人获得更多锻炼的机会，变得更加独立和善解人意。当然，一个鸡犬不宁的所谓的完整家庭，和一个和谐的单亲家庭相比，前者对孩子造成的伤害会更大。在这种情况下，与其为了孩子委曲求全，倒不如好聚好散。

身体缺陷带来的恐惧

有身体缺陷的孩子往往比较自卑，害怕面对自己的缺陷。然而，事物都具有两面性，有其弊必然有其利。其实对于这类孩子，只要家长善于引导，他们会更容易取得常人无法达到的成就。个体心理学对此现象的解释是，人人都渴望追求卓越，而这类孩子和常人相比，显得更加没有退路，因而会通过加倍的努力去寻求补偿。"补偿"现象很常见，比如，如果一个人的一个肾脏没办法工作了，那么他的另一个肾脏就会变得更加发达，发达到可以弥补因为缺失一个肾脏给身体造成的损害。个体心理学的创始人阿德勒小时候也是一位残疾人，因为患有佝偻病，他小时候看上去又矮又丑；3 岁时，睡在他身旁的弟弟因病去世；不久，他又遭遇了两次车祸；5 岁时，他得了肺炎险些丧命。这些经历，让他从小就对生活充满了深深的恐惧。然而，他的父亲从小鼓励他：阿德勒，你必须不相信任何事，不能让困境束缚自己。正是这样的信念，成就了阿德勒辉煌的一生。类似这样身残志坚的例子还有很多，比如，著名的文学家米尔顿是盲人，大音乐家贝多芬是聋人，天才的小提琴演奏家帕格尼尼是哑巴等。也就是说，最终影响这类孩子的，不是缺陷本身，而是他对缺陷的看法。如果觉得身体缺陷是上天的惩罚或者命运的不公，这类孩子就有可能从此自暴自弃，一蹶不振。

那么如何引导这类孩子走出恐惧的阴影？首先，把孩子当成一个正常人，不要可怜他。家长越可怜这类孩子，他们就会越觉得自己可怜，越觉得生活不公。其次，不要逼迫孩子看一些残疾人的励志故事。这种做法是一种暗示，时时在提醒孩子不同于常人，他是有问题的。但是，大人可以有意识地看这方面的书，比如海伦·凯勒的《假如给我三天光明》或者《我的人生故事》。家长可以轻描淡写地评价一句：这本书看了让人很感动。相信在这种好奇心的驱使下，孩子终有一天会打开书本，从中获得面对生活的力量和勇气。最后，当孩子面对别人的嘲笑时，家长要引导孩子：你越敏感，越在意别人的嘲笑，就越是在告诉对方他的打击对你是有效的，这只会鼓励对方继续嘲笑你，如果想让对方的行动失效，最好的方法是置之不理或者自嘲。比如，孩子一只眼睛失明，家长就可以引导孩子大大方方地自我解嘲：我一眼就能看懂这道习题。孩子脸上有块胎记，也可以引导孩子自我解嘲：我妈担心在人多的时候找不到我，所以就给我留了个标记。让孩子学会面对问题，而不是逃避。

暴力压迫导致的恐惧

这类家长控制欲望特别强，并且行为失常，是最无能、最愚蠢、最脆弱的一种人，他们表面上打的是孩子，其实恨的却是自己，用著名作家王小波的话说就是："人的一切痛苦，本质上都是对自己无能的愤怒。"在这种环境下长大的孩子，成年后也时常处在一种随时准备攻击的自我防御和焦虑敏感的状态，因为他害怕被别人再次伤害。

面对这类孩子的恐惧，家长要改变教育方式，要从内心把孩子当成一个独立的人。家长伤害了孩子，终有一天，这些伤害会回到家长身上。2015 年 1 月 1 日，梅州少年黄某因纵火烧母被公安机关抓获。虽然起因是家庭琐事，但通过几个细节可以发现，事情并没有人们想象的那么简单。第一个细节是，在事情发生的前一天，2014 年 12 月 31 日上午，黄某让母亲廖某把厨房的垃圾倒掉，廖某称要去看病搁置了，而后黄某却对母亲大声吼道："出了这个大门就不要再回来，要是回来就会被我打。"这样的对话让人感觉这两个人不是亲生母子，而是势不两立的仇人。按常理来说，倒垃圾这样的小事对于将近18 岁、身体无任何残缺的黄某来说，是完全可以胜任的，更何况母亲的身体还不舒服，要去看病。但为什么这么一件小事会让黄某反应这么强烈，甚至以打骂来威胁母亲呢？其实黄某明显是在找机会向母亲发难，而倒不倒垃圾只是一个导火索而已。如果不能找到黄某看母亲不顺眼的深层次原因，即使今天母亲把垃圾倒了，估计明天黄某还会因为母亲不擦桌子、母亲做的饭少放了盐等小事而发火。第二个细节是，黄某总共放了两次火，第一次火势不大被父亲扑灭后，黄某的母亲说了一句话："生了这样的儿子真倒霉，早知道还在肚子里时就弄死好了。"而正是这句话让黄某完全失去了理智，新仇旧恨一起涌上心头，他第二次点燃了房间里所有的可燃物，还不解恨，又从柜子里拿了一床棉被点着，同时把母亲关在房间里不让她出来。任凭母亲如何呼救都置之不理。当邻居来救火时，黄某竟然说了一句让所有人都大跌眼镜的话："不是她死就是我亡，我要报仇！"第三个细节才是重点，被捕后的黄某说出了放火烧母的原因："从小到大，不管我做对还是做错她都经常打我。我知道我错了，我不应该烧她，但是我妈以前也想弄死我！"

世界上几乎所有行业都有岗前培训，唯独父母没有。很多父母教育孩子靠的是本能，而不是智慧。高尔基说过："爱孩子，这是母鸡也会的事。可是，要善于教育他们，这就是一桩大事了，这需要有才能和渊博的知识。"所以，为人父母要多学习，多反思自己的教育方式，如此，才有可能走上一条家庭教育的"康庄大道"。

行为背后的真相

家长咨询：

小孩今年9岁了，四年级，在学校调皮捣蛋，打骂同学，拿同学的东西，三个老师都拿他没办法。孩子的学习成绩很差，经常被老师投诉，为此我老公经常动手打他，说孩子太笨了，如果是他教孩子做作业，就打到作业做完为止。我的做法也差不多，前天他作业没按时完成我很生气，就让他做到凌晨。尽管他对学习不感兴趣，但即使生病他也一定要去学校。

孩子做什么事都很懒。比如早上起床穿衣服，他一定要家长给他穿，连吃个早餐都要我们逼着，从来不会帮家长的忙。

孩子小时候是奶奶带大的，直到四岁才回到我身边。我发现孩子对我的感情很淡，但和奶奶的感情很好，奶奶喜欢宠孩子。只要奶奶在，我和爱人的话他是听不进去的。奇怪的是：尽管我老公喜欢打骂他，但孩子和爸爸的关系看起来却很好，很喜欢爸爸。

我很喜欢一个比喻：在每一个孩子的身体里面，都有个"情绪的箱子"等着被填满爱，当一个孩子真正感觉到被爱时，他才会正常地成长。但是，当箱子空了的时候，这孩子就会有问题行为。孩子的问题行为多半都是由对"填满箱子"的渴求激发的。

我想起了几年前处理过的一个所谓"问题女孩"的案例。这个女孩上初中，5岁的时候父母离异，妈妈外嫁到另一个不远的城市，女孩跟着爸爸一起生活。女孩长得很漂亮，看起来也很文静，并且家庭富裕。但令人大跌眼镜的是，这个女孩不但喜欢偷东西，而且要命的是——她喜欢和比自己大十几岁甚至比她父亲还要大的男人谈恋爱，父母和老师为此头痛不已，想过种种方法阻止都以失败而告终。有一次在和女孩的班主任闲聊时，对方无意间的一句话引起了我的注意。班主任告诉我，每次父母一起来看望女孩后相当长的一段时间内，女孩就像变了一个人，不但学习认真，并且那些"问题行为"都会全部消失，但过不了多久，又会重蹈覆辙。也就是说，其实她的"问题行为"都是表面现象，最终目的是借"问题行为"引起父母的关注。后来我建议女孩的父母把两人一起看孩子的时间从两个月一次调整为半个月一次，女孩身上的"问题行为"就慢慢消失了。

其实，这个 9 岁男孩的"问题行为"同样是因为缺爱导致的。一方面，这位妈妈说"孩子小时候是奶奶带大的，直到三四岁才回到我身边"。在孩子需要通过和妈妈建立依恋关系获得安全感的最重要的生命中的头三年，妈妈选择了把孩子扔给奶奶。也许这个行为在成人看起来是小事，却会让孩子感觉被父母遗弃了。至于为什么会被遗弃，孩子的认知还不成熟，唯一能想到的理由就是：自己是不可爱的，是没有价值的。另一方面，父母的做法会让孩子对外部世界产生信任危机，认为连父母都是不可靠、不值得信任的，这个世界上就更没有人值得信任。这两个原因会让孩子积压很多负面情绪，成为孩子所有问题行为的原始伤口。而父母的教育方式简单粗暴，非打即骂，这让孩子认为"父母不爱自己"的想法进一步得到了印证和强化，因此负面情绪也会进一步升级。情绪都是不能长时间压抑的，尤其是负面情绪，所以，接下来看看孩子是如何通过问题行为来宣泄自己的负面情绪的。

孩子在学校调皮捣蛋，三个老师都拿他没办法

在家里他是压抑的，是被打骂的，是不能做自己的。然而每个人的内心深处都有一个强烈的愿望：做自己，体现自己的存在价值。既然这个愿望在家里无法实现，只好换个地方——学校。通过在学校捣乱，他感受到了自己的价值，哪怕是不好的价值也行，至少有人因此注意他。孩子的这种极端想法是怎么来的？正是长期在家里受到打压导致的，不自由的孩子往往都带有某种破坏性。

孩子学习成绩很差

学习成绩很差也在情理之中。父亲经常骂孩子"太笨了"，类似说法都是

通过贴标签的方式对孩子进行"盖棺定论"。受发展的限制，孩子还不具备客观的自我评价能力，他对自己的评价往往依赖于其他人对自己的评价，尤其是父母的评价。孩子会感觉"如果连父母都觉得我是个笨蛋，那我估计确实是个笨蛋"。这就是心理学上所说的"自我实现"。

更重要的是，当父亲教孩子做作业的时候，一般是"打到作业做完为止"，妈妈对待孩子作业问题的手段也差不多，时间长了，孩子的心中会自动建立一个认知模式："作业＝打骂＝痛苦"。人都是追求快乐逃避痛苦的，在这种情况下，孩子如何会喜欢学习？

还有，人被打了以后是会愤怒的，是想报复的，孩子认为虽然自己打不过父母，但父母很看重自己的学习和作业，那他就在这些事上故意刺激父母，至少可以带来一点复仇的快感。

尽管孩子对学习不感兴趣，但即使生病他也一定要去学校

心理学上有个概念叫"认知偏差"，说的是在有比较的情况下，人对事物的认识就不会客观，而更多体现出主观性。就好比人把手指放入温水中，一会儿后再拿出来放入热水中，会感觉热水的温度并不是很高；相反，如果刚开始把手指先放入冷水中，然后再放入热水中，这时候就会感觉热水的温度非常高。热水的温度是同样的，因为前后的对比物不同，才造成了对热水感知的偏差。

孩子的表现也同理，他尽管在学校表现很糟糕，但是依然喜欢上学，毕竟和家里那种令人窒息的环境相比，学校的环境显得宽松点，舒服些。

孩子喜欢打骂同学

情绪都有个惯性，它是怎么来的，通常会选择同样的方式离开。父母打孩子，孩子也会打别人，是父母用"身教"的方式告诉孩子：动手可以解决问题。而且，孩子每次犯错以后也受了惩罚，既然付出了代价，下次再犯就显得合情合理，因此，他不但打人，还屡教不改。

孩子和爸爸的关系看起来却很好，很喜欢爸爸

孩子的行为是为了更好地适应环境，至少在孩子看来如此。就拿本案例

来说，表面上看孩子好像很喜欢爸爸，和爸爸关系好，其实这是一种假象，真相是：孩子害怕被打骂，所以故意讨好爸爸。趋利避害是人的天性，孩子也不例外。父母采用让孩子痛苦的方式，从来不会让孩子体会被爱的感觉，无论父母的出发点有多么高尚和伟大，相反，只会让孩子感到愤怒。因为力量悬殊，孩子的这种负面情绪当下不会流露出来，但负面情绪并没有消失，而是积累着，直到父母失去优势的时候才爆发，也就是通常所说的"青春期叛逆"。

孩子做什么事都很懒，比如早上起床穿衣服，一定要家长帮他穿，连吃早餐都要我们逼着，并且从来不会帮家长的忙

孩子本来心理上就是在和父母对抗，再加上老人带孩子一般都喜欢包办，这更让孩子觉得"你帮我"才是正常的，"我帮你"不正常。

其实，当问题背后的原因被找到后，问题的解决方案也就浮出水面了。成人要放弃粗暴的教育方式，无条件地去爱孩子，去尊重孩子，没有这个观念做支撑，任何方法都是隔靴搔痒，无法从根本上赢得孩子的配合。

有退路， 孩子才会大胆前行

家长咨询：

我儿子今年 8 岁，从幼儿园大班起，他喜欢玩一种游戏，就是用纸捏两个纸团，然后让两个纸团对话。对话内容一般就是动画片中的人物对话。我说过他好多次，好像没什么效果。他有时甚至会把纸团带到学校玩，上学期还在上学校公开课的时候把纸团拿出来玩。孩子学习成绩还可以，属于中上。就是有一点，做什么事都有点慢，并且平时比较怕黑。孩子性格还可以，上学期午托后，他的朋友也慢慢多了。3 岁前儿子在老家由外婆带，3 岁后才接回我身边。外婆平常会带孩子去公园玩，但他大部分时间都是自己一个人玩。爸爸平时在部队工作，很少陪孩子。接回身边的时候，孩子在幼儿园只会讲家乡话，不会讲普通话。

我国著名的幼儿教育专家陈鹤琴先生曾经说过："养花、养草、养鸟、养鱼，都要先懂得专门的方法，才可以养得好；难道养孩子，不懂得方法，就可以养得好吗？"而现实情况却是，不要说了解孩子，不少家长甚至不具备基本的育儿常识，他们往往会站在成人的角度来解读孩子的行为。比如，孩子见人不打招呼，很多情况下是源于"自我保护"的本能，对不熟悉的人，孩子天然地有一种"防御心理"，而成人则认为孩子是胆小；再比如，每个孩子都要先经历一个"自私"的阶段，等到有了"物权所有"的概念后，孩子才会懂得"分享"，而成人则经常会逼着孩子分享。这就是典型的"以家长之心度孩子之腹"。

拿本案例来说，妈妈明显不了解孩子，她先把孩子"玩纸团对话"的行为界定为"问题"，有了问题，接下来自然就要采取措施，通过说教去制止。

然而，在不了解孩子行为背后原因的情况下，一味说教只会强化孩子的行为，毕竟行为都有其存在的合理性，所以孩子不但没有收敛，反而变本加厉。其实，孩子喜欢玩"纸团对话"的行为，在心理学上被称为"独白"，苏联儿童心理学家维果茨基把这种现象叫作"私人言语"。这是孩子发展过程中必然经历的一个阶段，多发生在 2~7 岁的孩子身上。这种行为可以让孩子对经历过的事情加以再现和重复，从而达到巩固的目的，还可以让孩子在缺乏玩伴的时候排解孤独和寂寞；此外，语言分为外部语言和内部语言，自言自语的行为只是一个桥梁，通过这种行为，孩子会把学到的外部语言逐渐转换成自己的内部语言，从而形成自己的思维。

当然，和一般孩子相比，这个孩子的行为持续时间相对过长，这是由两方面原因造成的。

首先，孩子从小是老人带大的。老人带孩子有个特点，喜欢限制和包办。一方面，老人担心孩子出现意外，无法向子女交代，因此常常会过分强调安全。比如：不让孩子玩水，担心感冒；不让孩子玩沙子，担心不卫生。这会让孩子产生一个困惑：为什么别的孩子可以玩，而我却不可以玩？看来是我不行。这个自我设限，会让孩子在行为上表现出胆小怕事的特点，案例中的孩子"平时比较怕黑"就很好地证明了这一点。另一方面，老人的存在感普遍不足，而带孩子给了老人一个实现自我价值的机会，于是在和孩子相处的时候，老人常常会通过"包办代替"的方法让孩子依赖自己，从而找到存在的价值感。一旦孩子适应了这种先入为主的人际交往模式，他就会用这样的模式去和同伴交往，结果发现同伴并不会像外婆一样处处迁就他、让着他，这种心理落差会让孩子产生挫败和恐慌，这就是孩子从小朋友比较少的原因。缺少了朋友，孩子正常的"自言自语"行为就会持续而无法实现自然过渡。

其次，孩子的安全感不足。孩子 3 岁之前的一个最重要的任务就是和母亲建立牢固的依恋关系，依恋关系越牢固，孩子的安全感就越充足，从而之后更有勇气向外探索。而妈妈在最关键的时期选择把孩子交给老人带，这会让孩子感觉自己被妈妈"遗弃"了，显然孩子的发展还不成熟，他对此能找到的唯一解释就是：之所以被遗弃，是因为自己不可爱。既然没人爱自己，那就自己和自己玩。这也会让孩子的行为进一步固化。

那么这个问题如何解决？妈妈先要就"3 岁前没有带孩子"这个事实向孩子说明原因，向孩子道个歉。很多人以为 3 岁前的孩子没有记忆，其实这是误解。孩子 3 岁前的所有经历，尤其是有强烈情绪介入的经历，尽管孩子无法用语言表达，但都会以"感觉记忆"的方式进入他的潜意识，对人产生巨大的影响。而通过家长的道歉，则会释放孩子以往积压的负面情绪，打开孩子的心结，便于家长对孩子施加积极的影响。

接下来家长要更注意自己的教育方式，尽量避免用简单粗暴的方式和孩子相处，否则只会强化孩子"自己是不可爱的"这一错误观念。即使一个问题行为被压下去了，但"按下葫芦浮起瓢"，不用多久，其他的问题又会冒出来，因为家长错误的教育方式几乎是孩子一切问题行为的源头，这个源头一天不消失，孩子的问题行为就会"野火烧不尽，春风吹又生"。

最后，接纳孩子的行为而不是紧盯孩子的行为。紧盯着孩子的行为，只会放大孩子的问题，让孩子产生更大的压力，从而更容易依赖所谓的"问题行为"。家长甚至可以让孩子教自己如何玩这种游戏，一旦孩子感到自己的行为是正常的而不是问题，孩子的问题行为自然会慢慢消失。同时，家长要制造各种机会让孩子与同龄人交往互动。

至于孩子怕黑，家长同样要表示理解，并且向孩子传递一个信息：你只是暂时没有准备好而已，等你准备好了，自然就不会怕黑了。这等于告诉孩子：你的表现很正常；你不是胆小，而仅仅是因为你没准备好；爸爸妈妈相信你并且愿意等待，总有一天你会准备好的。

给孩子在成长时留有退路是一种智慧，没有后顾之忧的时候，孩子自然会义无反顾地前行。

换种角度看撒谎

在面对孩子所谓的"问题行为"时，不少成人的做法很简单，先假设孩子的行为是恶意的或者故意的，忽略孩子行为背后的需求；接着，给孩子的行为来个"盖棺定论"，这样就可以为接下来惩罚孩子找到一个合理完美的借口，而不用感到丝毫内疚。类似的简单粗暴的做法常常只会导致孩子的问题行为变本加厉，因为形成问题的根源还存在，就是家长所营造的家庭环境。

撒谎的积极意义

撒谎本身是孩子成长的一部分，也可以说是生命发展过程中必然出现的行为。1989 年，加拿大麦基尔大学儿童心理学副教授维多利亚·塔尔瓦和他的团队曾经进行了一项名为"偷看游戏"的实验，参与的对象是 2 ~ 17 岁的孩子。研究者在实验的房间里事先安装了隐秘的摄像机，然后告诉孩子们桌子上的红布下面有一个神奇的玩具，要求孩子们不能偷看。最后的实验证明，尽管大部分孩子都偷看了，但他们都会撒谎，否认偷看的事实。最新的研究也发现，4 岁的孩子平均每两小时会撒谎一次，6 岁的孩子平均每小时撒谎一次。

重要的是，一个孩子一旦开始了撒谎，象征着他的心理能力已经有了质的飞跃。国际儿童心理学期刊《实验儿童心理学杂志》刊登的一项研究结果表明：相比那些不会撒谎的孩子或者撒谎能力差的孩子，撒谎撒得好的孩子，学习成绩会更优秀。因为撒谎者要把一个谎言说得天衣无缝，至少要满足三个前提：第一，撒谎者要事先做一个假设：我知道的东西，对方肯定不知道。这种能力本身是心理成熟和自我意识发达的一个标志；第二，撒谎者要运用丰富的想象力，开始虚构一个不存在的故事；第三，撒谎者还要在整个撒谎的过程中控制好自己的动作和面部表情，以防露出破绽被对方识破。

换位思考，多点宽容

这么说并不是要家长鼓励孩子去撒谎，而是说当碰到孩子撒谎时，家长需要多点宽容，而不是上纲上线，把孩子的行为和成人世界的道德标准挂钩。毕竟，家长也曾经是孩子，也曾经撒过无数次谎。还记得小时候写的作文中那些千篇一律的语句吗："我的同桌有一双水汪汪的大眼睛"，尽管对方的眼睛小的眯成了一条线；"同学们看着清洁的教室，擦着额头上的汗水笑了"，尽管有的同学已经累得爬不起来；"每当遇到困难想退缩时，脑海中忽然闪过张海迪大姐姐的身影，和她比起来，我的这点困难算什么"，尽管当时根本不知道张海迪姐姐是谁；"今天天气晴朗，万里无云"，尽管刚刚被大雨淋成了落汤鸡；"扶老奶奶过马路后奶奶问我'小朋友，谢谢你，你叫什么名字'我拍着胸脯回答'我叫红领巾'"，尽管老奶奶可能只是说了一句"谢谢"。

即使长大了，我们依然会不断撒谎。比如，有时候明明很生气，别人问起的时候也会若无其事地回答：我没事，挺好的；有时候对方的厨艺实在不敢恭维，但我们还是会说：味道确实挺不错的；看到同事刚出生皮肤还皱巴巴的宝宝，尽管长得不太可爱，我们却言不由衷地来一句：宝宝长得太可爱了。可能有的人会说这是善意的谎言，没错，确实是善意的谎言，但毕竟也是谎言而不是事实。所以，当成人善待、宽容自己的时候，也别忘了善待、宽容孩子。

正常的撒谎

孩子正常的撒谎有两种情况，一是语言表达不准确导致的"撒谎"假象。比如，一个两三岁的孩子告诉家长他被其他小朋友打了或者被老师打了，但其实对方只是轻轻地拍了他一下，而孩子因为语言能力的限制，往往分不清什么是打，什么是拍。这种情况下家长要询问当时的具体情况，看对方打了哪里，怎么打的，然后再用孩子听得懂的语言引导孩子区分两者。二是分不清幻想或者想象和现实有什么不同而撒谎。比如，一个四五岁的孩子看到其他小朋友的变形金刚玩具很羡慕，于是告诉对方：我家里也有一个变形金刚玩具，比你的更大更漂亮。其实自己家里根本没有，这是他自己想象出来的。对此，家长要表示理解：爸爸妈妈知道你也很想要一个变形金刚。

不正常的撒谎

孩子拒绝做某件事的时候会撒谎。比如，他不想吃饭时会告诉家长：妈妈，我肚子疼。在这个时候家长要引导孩子面对真相：你不想吃了可以直接告诉妈妈。类似的话向孩子传递了一个信息："不想吃"的想法我可以接受，你没必要撒谎。如果说出真相没有任何风险，那相信没有哪个孩子愿意撒谎，毕竟撒谎是一种让人心里感觉不舒服的行为。

孩子害怕惩罚的时候会撒谎。避苦趋乐是人的天性，如果以往的经历告诉孩子说实话的后果很严重，孩子在撒谎的路上就会越走越远，并且撒谎技巧会越来越高明。对于这类撒谎，家长首先要向孩子保证说真话的环境是安全的，同时告诉孩子家长听了谎话后的真实感受。比如，孩子明明和同学出去玩了，回来却告诉家长是和同学做作业去了。这时候家长要引导孩子：你担心妈妈会批评你，所以你不敢说实话，妈妈理解你的心情；不过你放心，妈妈不会批评你，因为作业是你自己的事情；不过妈妈希望你下次有话直接说，这样妈妈就知道你去了哪里，也不用担心了。

孩子在被家长设圈套的时候会撒谎。很多家长有时会在明明知道真相的情况下明知故问，这事实上是在引诱甚至可以说是鼓励孩子撒谎。有位妈妈非常反感儿子吃零食。有一次她去兴趣班找儿子没找到，其他小朋友说她儿子和另一个小朋友出去买零食了。等儿子回来的时候妈妈问：你刚才去哪里了？这就是典型的"设陷阱提问"，给孩子设了个圈套让孩子往里面钻。他儿子果然来了一句：没有去哪里呀。这个孩子为什么要撒谎？因为他从妈妈的语气里已经明显感觉到不妙了，在这种情况下如果说了实话，纯粹是自讨苦吃。其实妈妈只需要直接告诉孩子：刚才听其他小朋友说你和朋友出去买零食了，就可以避免孩子用撒谎来搪塞自己。

经常被表扬的孩子会撒谎。表扬的一个最大后遗症就是会让孩子产生依赖，使孩子行动不是为了事情本身，而是为了获得表扬。一旦遇到困难，为了保住过往的荣誉，孩子就会选择撒谎。面对这类谎言，家长要尽可能少表扬孩子，多描述事实。同时，也要多引导孩子进行自我评价。

孩子可能模仿家长的撒谎行为。家长教育孩子的时候，总希望孩子按照自己所说的去做，而不是按照自己所做的去做，而孩子则相反，家长怎么做他就怎么做，这就是"言传不如身教"的道理所在。孩子都是环境的产物，生活在一个"家长撒谎从来不脸红"的家庭中的孩子长大后必然也是谎话连篇。对此，家长除了规范自己的言行，给孩子做个好的榜样和示范外，别无他法。

犯错是为了更好地成长

其实当孩子犯错的时候，只要家长引导得法，会成为孩子成长的宝贵契机。有一个法国的育儿故事很好地说明了这一点：一天，孩子放学后在客厅里玩篮球，忽然篮球打落书架上一个花瓶，"咚"的一声，花瓶重重地摔到地板上，瓶口摔掉了一大块。这个花瓶可不是装饰品，而是祖上传下的波旁王朝时期的古董。孩子慌忙把碎片用胶水粘起来，胆战心惊地把花瓶放回原位。当天晚上，母亲发现花瓶有些异样，于是吃晚餐时她问孩子："是不是你打碎了花瓶？"孩子灵机一动，说："一只野猫从窗外跳进来，怎么也赶不走，它在客厅里上蹿下跳，最后碰倒了架子上的花瓶。"母亲很清楚孩子在撒谎，因为每天上班前，她都把窗户一扇扇关好，下班回来再打开。但母亲不动声色地说："是我疏忽了，没有关好窗户。"就寝前，孩子在床上发现一张便条，母亲让他马上到书房去。看到孩子忐忑不安地推门进来，母亲从抽屉里拿出一个盒子，把其中一块巧克力递给孩子："这块巧克力奖给你，因为你运用神奇的想象力杜撰出一只会开窗户的猫，以后，你一定可以写出好看的侦探小说。"接着，她又在孩子手里放了一块巧克力："这块巧克力奖给你。因为你有杰出的修复能力，虽然用的是胶水，但是，裂缝黏合得几乎完美无缺。不过，这是修复纸质物品的胶水，修复花瓶不仅需要黏合力更强的胶水，也需要更高的专业技术。明天，我们把花瓶拿到艺术家那里，看看他们是怎样使一件工艺品完好如初的。"母亲又拿起第三块巧克力，说："最后一块巧克力，代表我对你深深的歉意，作为母亲，我不应该把花瓶放在容易摔落的地方，尤其当家里有一个热衷体育的男孩子时。希望你没有被砸到或者吓到。"以后，孩子再也没有撒过一次谎。每当他想撒谎时，那三块巧克力就会浮现在眼前。

妈妈用包容和信任给了孩子退路，让孩子发自内心地反思自己的行为，最终，孩子学会了自律。

丢三落四的孩子

孩子经常出现丢三落四的行为，确实是令家长非常头疼的一件事。到了学校，忘了带校卡无法进入学校；老师检查作业的时候，突然发现作业落在家里了，甚至有的孩子连老师布置了什么作业都会直接忘掉；想要喝水的时候，才想起出门时杯子放在门口的柜子上等。难怪有的家长如此形容：如果我孩子的脑袋不是长在脖子上，估计他都能把脑袋弄丢了。

个体心理学创始人阿德勒有个观点：人类的一切行为都是为了更加适应环境。人之所以选择某种行为，是因为这种行为能给自己带来好处，至少没有坏处。就好比一个人之所以脾气暴躁，是因为他发现用发脾气的方式常常可以解决不少难以解决的问题，尤其在维护自己利益的时候。如果有一天他发现除了发脾气，其实还有更好的并且是让自己更舒服的选择或者办法，估计他发脾气的行为就会慢慢消失，这就是人性：两利相权取其重。那丢三落四的行为能给孩子带来什么好处呢？

不用自己操心

对有的孩子来说，丢三落四的行为可以让自己很轻松，什么都不用操心，就像有句俗话所说的：每个记性不好的孩子背后，都有一个记忆力特别好的家长。这类孩子的家长都有个特点，喜欢对本来属于孩子的事情时刻提醒和代劳，时间长了，孩子的依赖性自然会变得很强。既然有人时刻跟在身后帮忙收拾"烂摊子"，自己有什么理由不好好享受这种待遇呢？于是该记住的事情自然也就不需要记住了。这类家长既是"消防员"，又是"纵火犯"，因为他们企图解决的问题，其实都是他们一手制造的。这种方式除了让孩子变得丢三落四以外，还让孩子学会推卸责任，只要遇到问题都认为是别人的错，与自己无关。

要纠正这种丢三落四的行为，最常用的办法就是，父母对属于孩子自己的、孩子有能力做到的、同时也不会有安全隐患的事情，彻底放手。这给孩子传递了一个信息：这是你自己的事，爸妈相信你可以做好。比如，孩子经常忘记拿水杯，父母提醒了几次都无济于事，那此时父母就可以选择放手，让孩子为自己的行为付出一定的代价，相信吃过亏后"记得带水杯"这件事就会引起孩子的重视，这也就是常言所说的"吃一堑长一智"。

发泄不满情绪

对于有的孩子来说，丢三落四的行为可以发泄心中的负面情绪。孩子一旦对父母的教育方式产生了不满甚至是对抗的意识，那父母越强调什么，孩子就会越固执地忽视什么，因为孩子的出发点就是要借此来刺激父母——父母对孩子的行为越在意，孩子就越有复仇的快感。

对于此类丢三落四的行为，父母要改变的是自己的教育观念，从根本上把孩子当成一个具有独立人格的人去尊重，而不是经常强加自己的意志给孩子。

自我实现

如果父母经常对孩子丢三落四的行为进行人身攻击或者冷嘲热讽，时间一长，孩子就会"破罐子破摔"，索性把丢三落四的行为进行到底。

对此，父母要学会表达自己的感受，而不是给孩子贴标签。如果孩子忘记带水杯，可以这样对他说：看到你两次都没带水杯，妈妈担心你喝不上水，影响你的健康。担心表达的是一种关心，对于这种天然的情感，孩子表面不动声色，其实内心早已被感动得一塌糊涂，从而更容易在以后的生活中规范自己的行为。

引起关注

有的孩子则是用丢三落四的行为来获得父母的关注。这种情况通常会发生在缺爱的孩子身上，孩子觉得被冷落了，感受不到父母的爱，于是采用实施问题行为的方式来引起家长的关注。如果意识不到这一点，即使把孩子当下的问题行为强行纠正了，但用不了多久就会发现孩子其他的问题行为冒了出来。

爱的力量是超乎想象的。在俄罗斯大文豪陀思妥耶夫斯基的《罪与罚》中，有一段描述感人至深。当梭娜知道自己的好友是因为拉斯科纳夫而死时，尽管非常痛苦，但她却温柔地凝视拉斯科纳夫，然后紧紧抱住他。拉斯科纳夫问梭娜："你为何不骂我，却拥抱我呢?"梭娜回答："因为全世界没有比你更不快乐的人了!"这个回答唤起了拉斯科纳夫内心的善与人性，使他愧疚落泪。其实孩子更是如此，很多孩子所谓的"问题行为"都是"始于爱，终于爱"，因为感到自己不被爱了，所以才用问题行为获得父母的关注。一旦孩子感到安全了，很多问题行为自然就消失了。

对此，父母要把爱落实到行动上，比如，多陪伴孩子，多拥抱孩子，多看孩子的长处，多理解孩子。总而言之，全然接纳孩子。

保护自尊

对于有的孩子来说，之所以出现丢三落四的行为，是因为孩子对某方面不感兴趣或者遇到困难了，这种情况尤其体现在孩子的学习上。比如：经常忘记写作业；去学校总是忘记拿书包或者学习用品；书本经常找不到等。对于不喜欢做或者是做不到的事，人的潜意识都会采用"故意忘记"来处理，防止伤害自尊。因为学习不好时，"丢三落四"相对于"笨"来说是一个更好、更易于接受的借口。

如果是缺乏学习兴趣，父母需要找到背后的真正原因。到底是学习方法不对，还是父母的期望过高，抑或是学习的动力不足，然后有的放矢地对症下药；如果是孩子遇到困难了，父母需要协助孩子找到具体的问题，再和孩子商量有效的补救措施，让孩子正视困难。

问题行为通常都意味着某种需求没有得到满足，越顽固的行为越是如此。满足了需求后，孩子的问题行为自然会消失。

重建自卑孩子的信念

自卑，按照字面上的意思理解，就是低估自己的能力，觉得自己各方面都不如人。这是当事人对自己的一种主观的、消极的评价，类似于自我设限。它在情绪上表现为：害羞、不安、内疚、忧郁、失望。在行为上表现为：面对困难与挫折时常常退缩，易放弃，不能努力解决，并且害怕尝试新事物。

其实，按照个体心理学的说法，人人都会自卑，自卑和追求卓越就像一个硬币的正反面。正是因为自卑的存在，人才会不断地努力去发展自己，获得优越感，以此消除或者减轻自卑对人造成的负面影响。美国前总统林肯不仅出身卑微，而且相貌丑陋，言谈举止缺乏风度。他对自己的这些缺陷十分敏感，补偿的心理使他不断努力，克服了自卑，最终成为美国人民爱戴的总统。由此可见，自卑既可以让人一蹶不振，也可以让人获得成功，关键取决于当事人的选择。自卑就像一把刀，用对了，它可以披荆斩棘；用错了，它也可以成为杀人的凶器。

自卑，在某种程度上来说是一种人格缺陷。人格培养的关键期就是在幼儿时期，通常所说的"三岁看大，七岁看老"表达的就是这个意思。在这个年龄段，孩子人格的主体框架会逐步形成，就像房子的主体结构。一旦形成了，以后个体想要进行脱胎换骨的改变就会非常困难。而在搭建人格框架的过程中，孩子需要的材料都来自于外部，尤其是父母，因为这个年龄段的孩子还无法进行自我认识，他对自己的认识都建立在父母的看法上。如果父母给孩子的原材料是负面的，这个人格框架就是"豆腐渣"工程，会为孩子的未来埋下隐患；如果父母给的原材料是正面的，这个人格框架就会相对比较完整和健康。

自卑的来源

"贴标签"和人身攻击会让孩子自卑。心理学上有句话：你之所以成为什么，是因为你感觉自己是什么。如父母因为孩子的行为不符合自己的期望而长期传达这样的话："真笨""你怎么这么蠢""你怎么连这么简单的事都做不好"时，孩子就会想：连父母都觉得我很笨，看来我确实是这样的。最终，孩子真的如家长所愿，成为很笨的人。就像人们常说的："如果你总是对一个孩子说他很坏，他就会真的变得很坏，孩子常常会成为父母口中的那种人。"除了贴负面标签外，语言暴力也可以让孩子变得自卑。在知乎上，有位匿名的网友分享了自己小时候的经历：

上幼儿园的时候，爸爸和单位的同事、领导在饭店吃饭，我和领导的孩子小亮听到这个消息之后立马撒欢跑去饭店，希望借此机会大快朵颐。到现在我还清楚地记得当时的画面，小亮的爸爸看到他之后，把他抱到大腿上，关爱之情溢于言表。我爸看到我之后，立马骂道："滚回家，找你妈去。"后面的情节我不记得了，只记得小伙伴的眼神是自豪的，爸爸的眼神却是恼羞成怒的，而周围家长的眼神是古怪的，被赶出来的我一个人跑到没人的地方哭了好久。从这时候开始，我心里总有个念头：我不如别人，我的爸爸不爱我。从小到大，爸爸很少教我怎么做人做事，但是却对我期望很高，每次我做得不好，迎来的不是辱骂就是冷嘲热讽，那些恶毒的话语，刻在了我的心里……在这种反向刺激下，我偶尔会奋发，但更多的却是迷茫、自卑。

包办和限制会让孩子自卑。自卑者一个最大的特点就是感觉自己没能力。其实能力都是在做事的过程中获得的，有了能力，人才会有自信。而包办，则是对孩子能力和成就感的彻底剥夺。家长通过这种方式无形中向孩子传递了一个信息：你是不行的。而孩子也会在心里发出类似的疑问：为什么别的孩子能做的事，我的爹妈偏偏不让我做？为什么别的孩子可以玩的东西，我的爹妈偏偏不让我玩？看来只有一种可能，就是自己确实无能。

对孩子的要求过高过严会让孩子自卑。性格太要强或者太无能的家长，更容易对孩子高期望、高要求，这其实是一种补偿心理在作怪。在他们看来，"高期望才能高产出"，"严师才能出高徒"，这样的家庭氛围只会让孩子感到紧张和压抑。更重要的是，这会让孩子背负着过大的压力，不断追求完美，不敢有一丝一毫的松懈，神经时刻处于紧绷状态。在这种情况下，孩子一旦达不到父母的要求，自然而然就会认为是自己不行，这个时候，自卑感就出现了。

拿孩子与别人横向比较会让孩子自卑。这类家长有个特点，最喜欢拿孩子的不足和别人的优点比。自己孩子钢琴弹得好他看不到，只看到别人家孩子足球踢得好；自己孩子唱歌唱得好他看不到，只看到别人家孩子的口才好。总之，自己孩子的优点他都会忽略，不足之处他却用"放大镜"看，这样比来比去，最终让孩子觉得自己什么也不是。这种情况下，孩子感觉不到爱，进而也觉得自己不可爱，从而产生深深的自卑感。严重的横向比较，甚至会导致孩子发展出病态的嫉妒心理，见不得别人比自己好，恨不得天下人都比自己差，否则心里就会很难受。

给孩子传递匮乏感会让孩子自卑。当孩子说出自己正常的需求时，很多父母会趁机告诉孩子生活的艰难，赚钱的辛苦。其实这会让孩子觉得自己不配拥有美好的东西，自己就是不如别人，因此产生深深的罪恶感，甚至会厌恶自己，从而变得自卑。

还有一种情况会导致自卑，就是孩子身体上有某些先天缺陷。能力不足导致的缺陷，可以通过努力来改变，至少有改变的可能性，而身体的缺陷却不同，几乎没什么可能去改变，因此很容易导致当事人无法摆脱自卑。

重建信念系统

其实，自卑并不可怕，可怕的是自卑者的信念系统、看问题的角度和方式无法改变，这会让自卑者进入恶性循环。人的记忆都是有选择性的，否则大脑会无法承受信息过量所导致的超负荷运作。一个人一旦感觉自己不如别人，往往就会选择自己不如人的方方面面来证实自己的想法，也就是人们常说的：你看到的，都是你想看到的。于是，"我不如人"的观念就会越来越牢固，这是自卑者很难走出自卑的根本原因。想要瓦解这个强大的信念系统，需要不断在其中加入正面的东西，就像在长满荒草的田地里不断种上粮食一样，粮食多了，荒草自然就消失了。

第一，让自卑者正视"我有点自卑"这一现实，并且与自卑和谐相处。感受都是自己的，自卑也不例外。不敢正视这个现实，就是在和自己较劲，给自己制造分裂。相反，一旦敢于承认"我有点自卑"，这种感觉就能得到很好的释放。情绪不能被压抑和控制，否则时间一长，很容易由于反弹而形成极大的杀伤力。

第二，为了防止自卑者过分敏感，要引导自卑者认识到其实没有多少人会关注他，人们都忙着在自我关注。有这么一个案例：一个小学生某天在学校里因为拉肚子弄脏了长裤，觉得非常丢人，以为全校包括外校的人肯定都知道了，于是，第二个学期因为自卑转学了，和所有的同学都失去了联系。若干年后，他经过努力奋斗，事业有成。有一次他宴请小学同学，大家问他：为什么这么多年都不和我们联系？这个人回答：那次拉到裤子里的事情发生后，我觉得没脸见人，就转学了。说完后，大家面面相觑地问道：有这样的事，怎么我们都不记得了？

第三，引导自卑者找出自己的闪光点，越多越好，这就是心理学上强调的"优点轰炸"。每个人都有优点，关键看当事人是否善于发现。就像著名笑星潘长江所说的："在所有会表演小品的演员中，我是歌唱得最好的；在所有会唱歌的歌手中，我是小品演得最好的。"

第四，多给自卑者提供机会，从力所能及的小事做起，让他觉得自己是有能力、有价值的。

第五，当孩子因为一件事没做好而否定自己的时候，家长要引导孩子回归问题本身，防止孩子以偏概全地进行自我否定。比如，孩子一道题没有做对，感觉自己很笨。家长要这样引导他：哦，你觉得这道数学题有点难？甚至可以更具体：哦，你觉得加法有点难。接下来再协助孩子解决所面对的问题。

鲁迅先生说："真的猛士，敢于直面惨淡的人生，敢于正视淋漓的鲜血。"只要家长能引导孩子正视问题本身，同时拿出切实的解决方案，终有一天，孩子将从自卑的淤泥中走出来，坚定前行！

"玻璃心" 是怎么来的

脆弱，在字典中的意思是：易碎易折；对事物敏感，患得患失。前者用来形容东西不结实，后者用来形容人的内心不坚强或者不够强大。

其实，对于生活在成人世界中的孩子来说，内心多少都会带有某些脆弱的成分，这很正常。一方面，在孩子眼里很难的事，成人由于具有体能上的优势或者丰富的经验，可以轻而易举地做到。就像一件重 100 斤的东西，孩子无法挪动，成人则可以拎起来；成人心情不好的时候会选择不同的方法如看电影、听音乐、找人聊天来宣泄情绪，而孩子更多的时候只能选择哭。和成人相比，这种体力或者智力上的悬殊，都会让孩子感觉到自己的渺小和脆弱。正因为如此，孩子才有动力去不断发展自己，超越自己，以便找到对生活的掌控感。另一方面，由于受发展的限制，孩子看问题时常常采用的是"非此即彼"的极端思维：要不我就是好的，要不我就是不好的，几乎没有中间地带。这种思维模式导致孩子经常会用一件事结果的好坏来衡量自己的价值，一旦事情没做好，孩子就会觉得自己不行。随着时间的推移，孩子才会逐渐学会用客观的眼光去评判事物，而不再用非黑即白的思维。就好比小时候看电影，往往会用"好人"和"坏蛋"去区分电影中的角色，慢慢长大后才发现，其实所谓的"坏蛋"也有善良的一面，比如，他可能很爱自己的家人和孩子。也就是说，孩子正常的脆弱，只要在成长的过程中没有受到外在力量的横加干涉，在多数情况下是可以自然而然消失的，至少不会对孩子造成伤害，毕竟，事物发展的总趋势都是勇往直前的。

然而，正常的现象一旦被家长错误对待，就会变成真正的问题。比如，一个两三岁的孩子无法用有限的词语准确表达自己的内心想法，从而出现了类似结巴的情况。这时如果家长因为不了解而对此反应过激，甚至采取种种强制手段进行纠正，孩子最后就很有可能会变成真正意义上的结巴。那么，家长的哪些不恰当的做法会导致孩子的正常脆弱变成不正常的脆弱呢？

大人的包办

高尔基说："爱孩子，那是连母鸡都会做的事，但是教育他们却是另外一件大事了。"天下没有不爱孩子的父母，但有不少却是打着爱的名义"碍"孩子的父母。这些父母的出发点是好的，但由于采用了错误的方式，结果阻碍了孩子的发展，比如，在孩子的独立能力已经发展到一定程度的时候，父母依然对属于孩子的事情大包大揽。父母在此过程中找到了自己的价值和存在感，满足了自己的需求，然而对于孩子的发展来说，则是一种自私的做法，甚至可以说是一种十足的侵犯。就好比我们在单位上班，每个人都有自己分内的工作，但如果有一个所谓的好心人总是喜欢不由分说地代替别人，导致我们无所事事，相信我们也会非常愤怒，同时有一种无力感，因为好心人的做法等于是在告诉我们：①你没能力；②你不值得信任。同理，当父母对孩子事无巨细地包办代替时，也是在告诉孩子：你不行，你不值得信任。在这种强大的暗示下，孩子最终会变得非常脆弱。

能力是内心强大的前提，所谓"艺高人胆大"说的就是这个意思。而能力都是通过做事获得的，有了能力，孩子才有了存在的价值；有了价值，孩子在面对外部挑战的时候才能底气十足。因此，对于孩子力所能及的事情，只要不会妨碍或者伤害到他人，也没有安全隐患，父母都应该尽量放手，给孩子提供机会去做、去尝试，除非孩子需要你的协助。

在任何一段亲密关系中，都需要界限，这个界限就是：你是你，我是我；你不是我，我也不是你；你不需要我的时候我不刻意干扰你，你需要我的时候我会及时出现。我和你最好的存在状态就是，即各自独立，又彼此守望。

给孩子贴负面标签

孩子没有做好一件事，本来就已经很有挫败感了，很多家长此时不但不理解，反而还对孩子进行人格上的攻击，这种落井下石的做法，只会雪上加霜，让孩子变得更加胆怯和脆弱。相对于打孩子来说，其实这种精神上的虐待对孩子伤害更大。打孩子，孩子痛的是肉体，用不了多久这种不适感就会消失，也许孩子还会有怨气，但人的心理具有自我复原机制，只要精神上没垮，人依然有机会走出阴影。而贴标签则不同，这种"盖棺定论"的做法完全有可能在精神上把孩子彻底摧毁。

毕竟孩子受年龄限制，还无法像成人一样客观评价和认识自己。他需要借助父母这面镜子来给自己"画像"，他在镜子里看到什么，就觉得自己是什么；他觉得自己是什么，最终就会成为什么。

因此，当孩子因为没做好一件事而感到挫败的时候，父母不但不应该给孩子贴负面标签，相反，还要把孩子从消极的自我评价中拉出来，让孩子学会就事论事，而不是否定自己。比如，孩子看到老鼠很害怕，觉得自己是个胆小鬼，父母就要引导孩子：其实爸爸妈妈小的时候也和你一样，有点害怕小老鼠，后来长大了就慢慢地不害怕了。类似的话给孩子传递了两个很重要的信息：①你的害怕是正常的；②你的害怕是暂时的。唯有接纳了孩子的胆小，孩子最终才能变得勇敢和坚强，因为父母给孩子留了退路。好比两个孩子要去外面闯荡，一位父亲对孩子说：混不出个样子你就别进家门。另一位父亲对孩子说：不行了就回来，大不了吃饭的时候多双筷子而已。想想哪个孩子留在外面的概率更大？当然是第二个，因为他父亲的爱是无条件的，无条件的爱可以让一个人心态平和，从而更容易发挥出潜能；而第一位父亲的爱是有条件的，这会让孩子背负巨大的压力，毕竟出了差错的后果很严重，所以他容易在紧要关头发挥失常。压力会让人紧张，而在紧张状态下机体的功能会发生紊乱，大脑功能也会发生误判的现象。比如，人在饥饿状态下，常常会高估自己的饭量。

不接纳孩子的负面情绪

很多家长潜意识中会排斥负面情绪，认为负面情绪都是不好的、可怕的，这种排斥最终会投射给孩子。一个最常见的现象就是，孩子放学回来很多家长问的第一句话往往都是：你今天开心吗？这其实无形中给孩子传递了一个信息：只有开心的情绪才是好的，其他的情绪都是不好的。而事实上，孩子在学校可能会遇到不懂的知识点，让他有挫败感；还可能会和同学发生摩擦，让他有点难受。也就是说，除了开心，他还会有各种各样的感受。如果他通过家长的态度收到的信息是，只有开心才是正常的，不开心就不正常，那么以后每当他遇到负面情绪时就会感到莫名的恐慌且对家长只报喜不报忧，导致家长根本无法了解孩子内心的真实感受。凡是家长不了解的地方，都容易成为亲子之间相处的盲区，这些盲区最容易出现问题。尤其是很多家长发现孩子有负面情绪的时候，不但不接纳，反而还拼命压抑孩子的感受：这有什么好哭的；都这么大了还哭，也不怕别人笑话。时间长了，连孩子都会讨厌自己的负面情绪，而这会让孩子和自己失去连接，毕竟感受没有对错，感受也是自己的一部分。一旦和自己的真实感受失去了连接，人就会变得内心脆弱。

因此，当孩子产生负面情绪的时候，父母要表示理解和接纳，然后留出足够的时间让孩子和自己的负面情绪共处，而不是急于安慰孩子。安慰孩子只会让孩子觉得自己更可怜，从而进一步放大负面情绪对孩子的影响。比如，心爱的小宠物死了，孩子哭了，父母要对孩子的心情表示理解：小宠物死了，看得出来你很伤心，所以你哭了，那你哭吧，爸妈在这里陪着你。哭泣在心理学上被称为"结束的能量"，就是指通过哭可以释放积压的负面情绪。科学研究也发现，人在悲伤的时候体内会产生一种有毒的黏性蛋白，而要把这种黏性蛋白排出体外，唯有通过哭的方式。同时，父母还应该教会孩子辨别这种难受的情绪叫"伤心"，只有孩子对情绪有了更好的认识和体验，以后碰到类似的情况时才有可能想到应对的办法。

让孩子依赖外部评价

庄子说过一句话："举世而誉之而不加劝，举世而非之而不加沮"。意思是说，我不会轻易受外界的干扰，天下人都称赞我，但不会让我更振奋；天下人都批评我，但不会让我更沮丧。这就是真正地做自己。

而现实生活中，很多家长会通过表扬的方式去干扰孩子做事的动机，尤其喜欢简单空洞的表扬，比如你真棒、你真聪明。这至少会给孩子带来两个最明显的副作用：①孩子面对困难的时候不会轻易尝试，容易退缩，因为谁都无法保证做每件事都可以表现良好，所以，"躺在过去的功劳簿上"是最明智的选择；②改变了孩子做事的动机，让事情本身对孩子失去了应有的吸引力。越依赖表扬，孩子的心理就越脆弱。更重要的是，这种表扬的方式会让孩子在自我认同的时候常常附加条件，认为只有达到了某种程度才行，否则我就是没有价值的。这就是很多人遭遇失败后选择自杀的一个重要原因：他们像中了毒一样地需要外部的认可，一旦失去了外在的认可，活着也就失去了意义。因此，家长要引导孩子多进行自我评价，而不是让孩子依赖外部评价。比如，孩子完成一件事，跑过来问你：我棒吗？家长应该反问孩子：你觉得呢？孩子回答：我觉得自己很棒。家长再回应孩子：嗯，我也觉得是这样。当一个孩子自己认为自己棒的时候，这种评价才会内化成真正的自我认可。

喜欢拿自己孩子和别人比较

父母的出发点都是为了孩子好，但常常是"好心帮倒忙"。比如，很多父母为了激发孩子的上进心，经常拿孩子和其他孩子进行比较，尤其是拿孩子的不足和别人的长处去比。越比孩子越没有安全感，而为了得到安全感，孩子必然会发展出一种近乎病态的竞争意识，处处盯着对手的一举一动，以至于耗费了太多的精力在别人身上，唯独忘了发展自己。同时，这种做法会让孩子变得嫉妒心极强，这种嫉妒心背后，是一颗脆弱的心。因为在孩子看来，他好不好不重要，关键是要比别人好；自己幸不幸福不重要，关键要比别人幸福。而现实情况却是，有很多人没有你好，也有很多人比你好，如果只是盯着没有的东西，却不会享受拥有的东西，人就是自寻烦恼，自己和自己过不去。因此，父母要做的是引导孩子自己和自己比，外在的一切都是"障眼法"和"假想敌"，把自己做好了，其余的一切自然都好。

家庭氛围不和谐或者父母本身很脆弱

一个鸡飞狗跳、鸡犬不宁的家庭氛围，会让孩子时刻处于一种紧张害怕的状态，从而变得心事重重。孩子的认识不足，他往往会以为这都是自己造成的。尤其是父母争吵完后迁怒于孩子：都是你害的。孩子会带着深深的负罪感，痛恨自己，变得越来越脆弱。因此，当家庭中发生了不好的事情时，父母要记得提醒孩子：这不是你的错。电影《心灵捕手》中有一幕非常感人，当主角威尔说出养父虐待自己的事实后，心理咨询师桑恩对着威尔连续说了十遍"这不是你的错"，最终成功帮助威尔摆脱了过去的羁绊，让威尔重获新生。

还有的家长内心本身很脆弱，但不敢面对这样的事实，于是选择了压抑自己的脆弱，但在无形中却把这种感受转移到孩子身上，认为孩子很脆弱。就这样，孩子的表现一旦和脆弱沾上点边，父母就会把这种表现无限放大。在这种潜移默化的影响下，孩子自然会变得越来越脆弱。要解决这类孩子的脆弱，大人需要时常反省，比如感觉孩子脆弱的时候问自己：这是我的感受，还是事实的真相？

孩子都是环境的产物，当环境改变的时候，孩子自然就会改变，中国人常说的"家和万事兴"就是这个道理。

二 换位思考

黏人源于缺乏安全感

行为是为了更好地适应当下的环境而形成的，至少在当事人看起来如此。它有两个特点：一是有效，即这样做有用；二是有益，即这样做可以带来好处。就拿黏人的孩子来说，他之所以选择黏人这种方式和家长建立关系，是因为在他看来，这样做是有用的，可以保证家长时刻都在自己的视线范围内；同时，这样做还可以给自己带来好处，让自己更有安全感。因此，从本质上来说，黏人是一种缺乏安全感的表现。

如果这种现象发生在两岁以前的孩子身上，可以说是再正常不过了。一方面，这个年龄段的孩子在心理上处于"既想独立又担心分离"的矛盾状态，他和母亲的关系就像连体人，思想上有独立意识，但又需要在生理上依附母亲，母亲走到哪里，他就要跟到哪里，也就是俗话说的"跟屁虫"；另一方面，这个年龄段的孩子对"客观存在"的概念还没完全建立起来，他往往以为看不到的东西就意味着消失了，所以妈妈离开一会儿他都会大哭，以为被遗弃了，这种感觉会让孩子非常恐慌，因为没有了妈妈，他连生存都是个问题。所以，对于这个年龄段孩子的"黏人"，父母一定要理解和包容，即使再生气也不能对孩子说出类似"你再这样我就不要你了""你再这样我就不爱你了"的话，这会对孩子的心理产生巨大的副作用；同时，这个年龄段的孩子也不适合上幼儿园，因为他在心理上还没有完全做好和母亲分离的准备。随着孩子的发展和安全感的建立，这种黏人现象自然而然就会消失。

家长包办行为导致的黏人

如果孩子的年龄已经四五岁甚至更大了，但依然表现得很黏人，甚至不能离开家长半步，这就需要引起家长的注意了。这种黏人现象的产生有两种可能：家长的包办行为，或者孩子长期是由一个家长带的。

家长包办的行为，表面上看是爱孩子，为了孩子好，其实这是家长的一厢情愿，它满足了家长的需要而不是孩子的需要。家长希望通过让孩子处处依赖自己，来找到存在的价值，这是一种非常自私的行为，与其说是养孩子，倒不如说是养宠物。更重要的是，家长的包办行为在无形中向孩子传递了一个信息：没有我，你是不行的。尤其是孩子没有做好一件事的时候，有的家长会告诉孩子：看吧，都说了你不行，还是让我来吧。在这种长期的负面暗示下，孩子会变得越来越依赖和离不开家长，否则孩子就会感觉不安全，因为外界对于孩子来说是危险的，自己无法应对。家长喜欢包办还有一个原因，就是无法容忍孩子做事达不到他的期望。孩子的发展都是按部就班的，家长需要拿出足够的耐心，尊重孩子内在的发展规律。就好比一个孩子刚学会拉着家长的手到冰箱旁，要家长给他拿东西吃，这么一件看似毫不起眼的小事，对于孩子来说，却是一件在他成长的路上具有里程碑意义的大事。孩子要建立起"手是自己身体的一部分"这个概念，需要时间；然后学会控制自己的手，也需要时间；接下来他需要建立"冰箱里有吃的"这个概念，还需要时间；最后他需要确认"家长知道冰箱里有吃的"这个信息，仍然需要时间。由此可见，一个简单的动作背后，是孩子付出了长时间的努力和不断尝试的艰辛过程。因此，家长没有理由对孩子要求过高。

要解决这个问题只有一个办法：放手培养。凡是孩子力所能及的事情，只要没有妨碍到他人，同时不存在安全隐患的，家长尽量不要干涉。黏人是因为感觉自己没有能力，而能力都是通过做事慢慢获得的，有能力才会有价值，才敢迈开大步向外探索，而不是通过黏人获得家长的帮助。

成人长期陪伴导致的黏人

孩子长期由同一个人养育也会导致黏人，通常情况下这个固定的养育者是母亲，孩子的父亲则很少参与。亲子关系本质上是一种人际关系，如果长期由同一个人带孩子，孩子只能学会一种固定的人际交往模式，并且随着时间的推移，这种模式会越来越牢固，而社会上的人都是不同的，需要不同的人际交往模式去应对。因此，对每个人都运用相同的交往模式，就很有可能让孩子产生挫败感。比如，他和妈妈长期相处学到的交往模式是：你必须听我的。但到了外面，他发现别人并不会总是按照他的意愿来行动，甚至不会听他的，这时，孩子就会感到恐慌而手足无措。于是，他只能退回到熟悉的环境中变得更加黏人。

要解决这种黏人现象，就要保证至少多一个成人经常陪伴孩子，最好是孩子的爸爸，这样可以让孩子学到多一种人际交往模式。然而，在孩子还不习惯的情况下，妈妈不能马上把孩子完全交给爸爸然后抽身离开，这会让孩子恐慌加剧。孩子需要"小步前进"，也就是说妈妈要让孩子在心理上先有个缓冲。爸爸一开始陪伴孩子的时候，妈妈需要让孩子随时看到自己，听到自己的声音；逐渐过渡到过一会儿才去看他，和他说说话；最后过渡到足够长的时间才让孩子看到妈妈。这样几次以后，孩子就不会频繁地需要妈妈了。

当然，爸爸想和孩子建立好关系有个前提，就是要会陪孩子玩。有一个简单的方法是，让爸爸跟随孩子，孩子做什么爸爸也跟着做什么，孩子让爸爸做什么爸爸就做什么，除此之外，不要动不动就对孩子说教、批评，这只会让孩子反感、讨厌甚至是抗拒。人类的审美都遵循相似性法则，都喜欢像自己的人。因此，要让孩子喜欢你，先把自己变成孩子吧。

心理学上的 "投射"

"投射"一词是由精神分析学派创始人弗洛伊德提出来的，是人用来保护自己的一种心理防御机制，指当个体感觉到自己内心的情绪或者想法、观念是不被现实或者道德所接受，或者自己不愿面对时，就会把类似的东西压抑到潜意识里去，一旦有了合适的机会，就会影射到别人身上，通俗点来讲就是"以己度人"。比如，一个人心中充满了不安和焦虑，他就会把这些不安投射到外界，觉得外面的环境危机四伏；一个喜欢撒谎的人，会感到周围的人都是不诚实的。这样做，既可以缓解自己内心的不适，又可以保护自己。有两个经典的故事可以形象地解释这个概念。

开夏利的老王被一辆奔驰超车，奔驰司机还冲他喊："兄弟，开过大奔吗？"老王很愤怒地踩足了油门超过去；过一会儿又被奔驰超车，同样被喊："兄弟，开过奔驰吗？"老王同样很愤怒地踩足了油门超过去；过一会儿再被奔驰超车，同样被喊："兄弟，开过大奔吗？"话音未落奔驰撞在了路边。老王幸灾乐祸地走过去，那人爬出来奄奄一息地说："兄弟，开过大奔吗？我其实是想问你一下，大奔的刹车怎么踩？"老王之所以愤怒，很可能是有过因为自己的车是夏利所以被嘲讽的经历，所以当听到对方问"开过大奔吗"时，他的第一反应是对方在通过显摆嘲笑自己，于是，老王将一个"嘲讽者"的角色投射给了奔驰司机。

北宋著名学者苏东坡与僧人佛印是好朋友，一天，苏东坡去拜访佛印，两人相对而坐。苏东坡问佛印："以大师的慧眼看来，我是什么？"佛印说："你是一尊金佛。"听朋友说自己是佛，苏东坡自然很高兴。佛印又问苏东坡："那在你的眼中，我是什么？"苏东坡回答："你是一堆牛粪。"听到苏东坡这么说，佛印并没有不开心，而是微笑着说："佛由心生，心中有佛，所见万物皆是佛；心中有牛粪，所见万物皆为牛粪。"苏东坡之所以觉得佛印"是一堆牛粪"，是因为他"胸怀牛粪"；佛印之所以觉得苏东坡"是一尊金佛"，是因为佛印"胸怀金佛"。通常所谓的"有一种冷，叫妈妈觉得你冷"或者

"有一种饿，叫奶奶觉得你饿"之类的说法，也是妈妈和奶奶把自己的感觉投射到了孩子身上。

其实在成人和孩子相处的过程中，很多冲突都是由"投射"造成的。只不过这种行为属于潜意识支配，常常无法被觉察，具体来说有三种表现。

第一种，成人自己内心有伤痛但不愿意面对，于是就投射给孩子。有一位妈妈说自己从来不带孩子出去玩，原因是总感觉孩子不如别人。在她看来，孩子浑身都是缺点，说话没有别人流利，在游戏中也总是充当配角，就连孩子不小心摔跤，她都觉得孩子笨手笨脚。按理来说，孩子都是不同的个体，由于受各种因素影响，他们的发展无论是在程度上还是速度上，都不可能齐头并进，必然存在差异。有的孩子发展得快，有的孩子发展得慢，有的孩子在一方面发展好，而在其他方面的发展就不如别人，这应该是每位家长都知道的常识。但这位妈妈为什么会有"总感觉自己的孩子不如别人"的念头呢？是因为这位妈妈本身就是一个自卑的人，总感觉自己不如别人，而直面这个问题会让人无法承受，于是，她采取了逃避的方式，把这个问题投射到了孩子身上。事后和这位妈妈通过进一步沟通也证明了这一点，她小时候经常被父母拿来和其他人比，尤其是父母会拿她的不足和别人的优点比，这种打击彻底摧毁了她的自信，使她变得非常自卑，一度严重到整整几个月窝在家里不敢面对任何外人。所以，与其说是孩子"有问题"，不如说是她自己"有问题"，就像心理学上所说的，在孩子身上，我们常常看到了真实的自己。

如何解决这位妈妈的问题？只有一个方法，就是接纳自己的自卑，甚至可以大大方方承认自己很自卑。潜意识就像一所房子的地下室，而意识则像房子的客厅，一旦接纳了自己的自卑，就等于把负面情绪从地下室邀请到了客厅，从而与负面情绪当面达成和解。和解了，负面情绪才不会困扰当事人。相反，如果一味排斥负面情绪，压抑负面情绪，就好比怀里藏着一个东西却时刻害怕别人看到，只会让当事人背上更沉重的心理负担。

第二种，我喜欢的，孩子也应该喜欢。有家长在给孩子报兴趣班时，明明孩子选择了二胡，却非逼着他选择钢琴，因为在他们的眼里，钢琴是高雅的，可以称为艺术，而二胡则是老土的玩意儿。这种逼迫最后导致的结果必然是两败俱伤，孩子对钢琴的学习敷衍了事，甚至是百般反抗；家长则气急败坏，感觉出力不讨好。其实这也是一种投射，家长把自己的喜好投射到了孩子身上。

其实发生类似冲突的时候，父母只要问自己一个问题：这个选择是我的，还是孩子的？一旦想明白了这个问题，相信父母就会尊重孩子的选择，而不是对孩子强加意志，毕竟孩子是一个独立的生命个体，他比父母更清楚自己喜欢什么。

第三种，假设孩子都是"性本恶"的。不少亲子之间的冲突，都与成人觉得孩子到底"性本善"还是"性本恶"的念头有关。如果相信孩子天性是善良的，那么在孩子犯错或者行为出现偏差时，成人就会表现出更多的接纳和包容；如果觉得孩子是天性丑恶的，成人就会对孩子的行为上纲上线，从而更容易采取简单粗暴的方式。

中学课本上有一篇课文叫"疑邻盗斧"，说的是从前有个乡下人丢了一把斧子，他怀疑是邻居家的儿子偷去了，于是便观察那个孩子，结果真的发现那个孩子走路的样子像是偷了斧子，脸色表情也像是偷了斧子，言谈话语更像是偷了斧子。但不久后，他在翻动自家谷堆时发现了斧子，第二天当他再见到邻居家儿子的时候，却发现那个孩子的言行举止无论怎么看都不像是个会偷斧子的人。为什么会这样？因为这个人首先假定了邻居家的儿子是个小偷，这个先入为主的观念就像一副有色眼镜，让他越看越觉得对方是小偷。这同样是一种投射。

不少家长也常常把孩子想得很坏，一旦有了这个观念，就更容易粗暴地对待孩子，意思就是，我这么对你，是因为你不好。这本质上是一种推卸责任的做法。

因此，当类似的冲突发生以后，成人需要反省自己的做法，问自己，刚才发生了什么？事实的真相是什么？

没有人天生就是合格的父母，每个人都是边实践边学习的，想成为一名合格的甚至是优秀的父母，需要敢于面对并且反思自己不当的教育行为，方向对了，才不怕路远。

禁止和孩子开恶意玩笑

　　每个孩子在出生前，都不了解父母的秉性，也不在乎父母的家境；然而，孩子却冒着巨大的风险，从那个遥远不知名的地方，勇敢地奔向父母的怀抱；无论对于父母，还是对于孩子来说，这都是一种难得的缘分，并且这种宝贵的缘分只有一次，就像香港著名主持人梁继璋在《给儿子的备忘录》中所写的那样："亲人只有一次的缘分，无论这辈子我和你会相处多久，也请好好珍惜共聚的时光，下辈子，无论爱与不爱，都不会再见。"因此，父母有义务保护孩子不受任何身体以及精神上的伤害。

　　然而，生活中有一种发生在孩子身上的伤害，却常常被父母所忽视，或者说让父母在面对此类事情时进退两难：周围亲戚朋友对孩子的一些恶意玩笑。比如告诉孩子：你知道吗，你妈妈生了弟弟以后就不要你了。看到孩子听了后表现得非常害怕甚至是大哭的时候，对方却乐得哈哈大笑，觉得孩子挺好玩的。再比如对孩子说：咦，你今天怎么穿得像女孩子一样。当孩子否认的时候，对方会找出更多的证据表明孩子的穿着确实像个女孩子，如衣服上有花，袖口上有红色等。尤其是一些长辈会直接拿自己的孩子和别的孩子比：你看人家某某的孩子又考了一百分，你怎么才考了这么一点呀，真是没出息。类似的案例在生活中屡见不鲜。

　　这些成人之所以如此热衷于拿孩子开玩笑，一个最重要的原因就是，在他们的心目中，孩子什么都不懂，充其量就是个玩具，根本不值得尊重。然而事实是不是像他们所想的那样？

　　为了证实孩子的"自我意识"何时会出现，美国著名的心理学家阿姆斯特丹曾经做过一次"点红"实验。实验的对象是 88 名 3 ~ 24 个月大的孩子。实验内容是在孩子毫无察觉的情况下，研究人员在他们的鼻子上涂一个无刺激的红点，然后观察孩子照镜子时的反应。研究者假设，如果孩子在镜子里能立即发现自己鼻子上的红点，并用手去摸它或试图抹掉，表明孩子已能区分自己的形象和添加在自己形象上的东西，这种行为可作为自我认识出现的标志。研究最后发现，孩子对自我形象的认知要经历三个发展阶段。第一个是游戏伙伴阶段：3~10个月。此阶段孩子对镜中自我的映像很感兴趣，但认不出他自己。第二个是退缩阶段：10~20个月。此时孩子特别注意镜子里的映像与镜子外的东西的对应关系，对镜中映像的动作随着自己的动作发生改变更是显得好奇，但似乎不愿与"他"交往。第三个是自我意识出现阶段：20~24个月。这是孩子在自我意识问题上出现的质的飞跃阶段，这时孩子能明确意识到自己鼻子上的红点并立刻用手去摸。1979年，心理学家路易斯和布鲁克斯借用了阿姆斯特丹的"点红"实验的镜像研究，另外还利用观看录像和相片的方法对孩子的自我意识做进一步的实验研究。结果发现：15~18个月的孩子听到自己的名字时，已能够指出自己的照片，并看着它微笑。

路易斯和布鲁克斯的实验结论与阿姆斯特丹的研究结果基本一致：1岁前的孩子不能区分作为主体的自己和外部的客体，他们还没有自我意识；2岁左右的孩子能抹掉不属于自己的"红点"，他们具备了自我意识。也就是说，2岁左右的孩子已经认识到自己是一个独立的生命个体。有了自我意识以后，孩子做什么都喜欢自己做主，而不是顺从外来的安排，这就是2岁左右被称为"人生第一个叛逆期"的根本原因。研究结果同时也表明，2岁左右的孩子已经因为有了自我意识从而具备了人格，是应该被尊重而不该被捉弄和嘲笑的，至少在孩子2岁以后不能被如此对待。孩子还无法对自己进行客观的认识，他对自己的评价往往建立在父母包括周围亲戚朋友等成人的评价的基础上。如果父母碍于面子对这些恶意玩笑采取听之任之的态度，这事实上就是在向孩子传递一个信息：对方说的是真的。长期接触这些负面信息，孩子会逐渐认同对方的说法，最终"自我实现"，或者因此遭受巨大的心理创伤。

因此，当发现周围亲戚朋友有类似举动的时候，父母一定要及时出面制止。如告诉对方：我听了你这样说我孩子，觉得很不舒服，相信孩子听了也不舒服，你看他的表情多害怕，希望你下次和我的孩子能聊些其他内容。通过陈述事实和说出自己的感受维护了孩子的利益，同时也不至于影响人际关系。

假如对方能意识到不妥并且及时向孩子道了歉，这样最好不过，如果由于某些原因对方没有道歉，而孩子还有负面情绪，则父母需要对孩子的心情表示理解：听阿姨刚才那样说，你肯定很害怕，担心我们有了弟弟后就不爱你了，妈妈能理解你的心情，但我们向你保证，那样的事绝对不会发生，你放心，我们永远都爱你。当孩子被父母理解后，困扰他的负面情绪很快就会消失了。

美国著名的思想家、文学家爱默生说过："教育的秘密在于尊重孩子。"但愿每个成人在面对孩子时，都能杜绝这种恶意玩笑。

及时满足还是延迟满足

　　1968 年，心理学家沃尔特·米歇尔在位于美国斯坦福大学的比英幼儿园进行了著名的"棉花糖实验"。在 32 名参与了实验的孩子中，年龄最小的 3 岁 6 个月，最大的 5 岁 8 个月。实验开始时，每个孩子面前都摆着一块棉花糖，孩子们被告知他们可以马上吃掉这块棉花糖，但是假如能等待 15 分钟再吃，那么就能得到第二块棉花糖。结果，有些孩子马上把糖吃掉了，有些等了一会儿也吃掉了，有些等待了足够长的时间，得到了第二块棉花糖。在那之后，先后有 600 多名孩子参与了这项实验。这项实验最初的目的只是研究孩子在什么年龄会发展出自控能力。然而，1988 年的跟踪调查却获得了意外的发现：当年"能够等待更长时间"的孩子，也就是说当年"自我满足延迟"能力强的孩子，在青春期的表现更出色。1990 年第二次跟踪的结果提供了更客观的依据：满足延迟能力强的孩子，SAT（美国高考）的成绩更优秀。2011 年，当初参加实验的孩子已经步入中年，他们接受了最新的大脑成像检查，结果发现早年满足延迟能力强的人，大脑前额叶相对更为发达和活跃，而这个区域负责人类最高级的思考活动。

　　对于该研究得出的结论，很多父母像发现新大陆一样兴奋不已，认为"孩子的需求究竟要及时满足还是延迟满足"这个始终令人左右为难的问题，终于可以一劳永逸地得到解决了：为了发展孩子的自控能力，必须对孩子的需求延迟满足甚至是不满足。

　　但其实，只要稍微思考一下就会发现，实验中提到的所谓"延迟满足"对孩子来说，其本质还是一种控制手段。人天生都喜欢掌握控制权，教育孩子更是如此。掌握了控制权可以让家长很轻松，不用劳神费力，还可以避免家长产生挫败感。然而，家长又担心这种极端方式会产生副作用，毕竟"己所不欲，勿施于人"，没有人喜欢被控制。于是，很多家长在控制孩子的同时内心也充满矛盾，希望最好能有一种理论可以支持自己的做法，以便让自己变得底气十足。这个研究结论的出现，正好迎合了很多人在心理上的需求，难怪人们对它趋之若鹜。

那么，这个实验得出的结论真的像人们想象中那样说服力十足吗？其实不然，该实验过程本身就不太科学。

首先，这个实验对象是 3 岁 6 个月到 5 岁 8 个月的幼儿。这个年龄段的孩子，其思维还是以形象思维为主，这个特点决定了孩子在行为上更在乎当下的感受，更容易受外界的影响，越小的孩子越是如此。比如，这个年龄段的孩子手里拿着一颗自己最喜欢吃的糖，如果家长跑过去告诉他，把糖给我，我明天给你一辆玩具车，估计大部分孩子都会拒绝，因为他们更在乎当下的这颗糖给自己带来的满足感，明天对于他们来说太遥远了。那实验中为什么有不少的孩子会选择等待呢？因为时间很短，只有 15 分钟。但我相信，能坚持等待 15 分钟的孩子，大部分都是年龄较大的孩子，尽管实验中没有说明相关的比例。和年龄小的孩子相比，年龄大的孩子自控力会更强，这是由孩子的发展规律决定的。更何况在 15 分钟的等待中，还有一个外部奖励因素在起作用，就是可以再得到一颗棉花糖。在这种外部条件的刺激下，与其说孩子是在坚持，倒不如说孩子是在忍。也就是说，不是他想坚持，而是为了得到另一块棉花糖的想法迫使他在坚持。如果撤销了这个外部因素，告诉孩子没有另一块棉花糖作奖励，等不等待 15 分钟让孩子自愿做选择，估计大部分孩子都会在第一时间马上吃掉棉花糖。因此，实验中孩子们所谓的自控，并不是真正的自控，而是由外在因素操控的自控，并非发自孩子的内心。这就好比因恐惧而表现得很乖的孩子，不代表他长大后必然是个乖孩子，反而更容易出事，因为这种所谓的"乖"是一种假象，不是发自孩子内心，而是被外界控制的。

其次，孩子能否坚持 15 分钟，还与他的个体经历有关系，也就是取决于他喜不喜欢吃棉花糖。如果一个孩子从来都不喜欢吃棉花糖，那么他肯定可以坚持 15 分钟，这和孩子的自控能力也就毫无关系。相反，如果一个孩子特别喜欢吃棉花糖，但是他的妈妈经常不允许他吃，担心吃多了有蛀牙，他的欲望已经被压抑了好长时间，在这种情况下，当他看到梦寐以求的棉花糖时，就会出现"讽刺性反弹"的行为，别说让他等 15 分钟，估计他连 1 秒钟都等不及，这同样和孩子的自控能力无关。

最后，这个实验并没有告诉父母们要从小培养孩子的满足延迟能力以及如何培养孩子的满足延迟能力，只是模糊地传递了一个信息：满足延迟能力与成才有关。即使这个结论是正确的，那么延迟能力也只是孩子成才的必要条件，而不是充分条件。也就是说，除了自控力，影响孩子成材的因素还有很多，比如自我认知、学习兴趣、人际交往等。

基于以上三点，该实验得出的所谓"满足延迟能力强的孩子未来更出色"的结论，有点牵强附会，如果家长以此为由常常对孩子的需求延迟满足或者不满足，结果肯定弊大于利。但不少家长采取的另一个极端做法也是不可取的，就是对孩子的所有需求都及时满足，因为进入社会后没有一个人的需求在任何时候都可以百分之一百得到满足。

那面对孩子的需求，家长究竟该怎么做？这要具体情况具体分析，该及时满足的时候要及时满足，该延迟满足的时候则要延迟满足。

对于3岁以前的孩子的需求，尽量及时满足。因为这个年龄段的孩子正处于和母亲建立"依恋关系"的关键时刻，依恋关系建立得越牢固，孩子的安全感就越足，内心也就越强大，越有勇气探索外部世界。及时满足这个年龄段的孩子提出的需求，对于孩子来说都和爱挂钩，都表明家长爱他。当他感到被爱的时候，他才会觉得自己是可爱的，由此才能形成积极的自我认识。客体关系心理学大师温尼科特先生曾做过专业的研究，最后发现了一个有趣的规律，那就是如果父母在孩子3岁之前，对孩子的合理要求不及时回应，孩子就容易对整个世界产生负面与错误的看法。尤其对2岁前的孩子的需求，更是必须要在第一时间及时满足。心理学的"点红"实验告诉我们，孩子的自我意识大概出现在2岁前后，也就是说，他在2岁左右开始感觉自己和妈妈是两个不同的独立个体。而在2岁前，他觉得自己和妈妈是共生关系，也就是和妈妈是同一个人。如果对这个年龄段孩子的需求没有在第一时间及时满足，就会让孩子失去存在感，从而产生巨大的恐慌，为孩子未来的心理健康埋下隐患。

孩子的生活必需品要及时满足，这是孩子生存的物质保障和前提条件。

家里有两个孩子的，如果给其中一个买了东西，另一个表示也想要同样的东西，在这种情况下也要及时满足。表面上这是要求买东西，本质上这是孩子在确认自己得到的爱不会少。

对于家里本来已经有不少同类的东西但是孩子还想买的情况，家长要延迟满足或者不满足，但前提是要告诉孩子：你的需求没问题，但妈妈不想买，因为家里有很多同样的东西。如果孩子哭闹，家长应在表示理解孩子心情的基础上，坚持自己的原则和立场。还有，如果孩子想同时买两个东西，家长可以只让他选择其中一个，这也是一种延迟满足。

对于见什么买什么的孩子，家长要考虑的不是及时满足还是延迟满足的问题，而是孩子是否感觉缺爱。心理学上有个说法：当爱不足的时候，孩子会选择用物质去填充。就好比很多女孩失恋后会疯狂购物或者疯狂吃东西一样。

总之，与爱挂钩的东西要及时满足，与物质有关的东西尽量延迟满足。

我们忘了自己曾经是孩子

家长咨询：

女儿上幼儿园学前班，学前班经常会把试卷作为作业布置给孩子，但每次做试卷的时候女儿想都不想就让我给她解释标题的意思。我让她自己想，因为我觉得考试的时候没人会给她解释标题，她就表现得很生气。而我觉得她已经快上小学了，这么简单的东西她应该会，否则以后进入小学怎么办。女儿很粗心，简单的题目都经常做错，写字的笔画顺序也多数是错的，每次看到这种情况，我就会大声指责她：你怎么总是那么粗心。过后我又觉得自己的做法不妥，便向她道歉，而她的反应常常都是很委屈地哭。像我女儿的这种情况，我可不可以在旁边陪着她做作业？还有，我现在发现自己都不会说话了，担心每句话都是说教。由于这种担心，即使看到她的行为不好，也不知道如何引导。比如，前几天，女儿抢了别人的玩具，当别人想要索回时，女儿居然扬言要给当警察的表哥打电话，把对方抓到监狱里去，结果对方吓得不敢要玩具了，还给女儿道了歉。

当一个孩子把他仅有的一颗糖放到家长手心里的时候，家长会觉得那只是一颗很普通的糖，没什么特别的意义，但在孩子的眼中，这颗糖的意义非常重大，因为这颗糖是他全部的财富。也就是说，家长常常习惯站在自己的角度看孩子，但忘了自己曾经也是孩子。

家长培养孩子应该尽量放手，孩子自己能做的事情自己做，家长不能代替或者包办，否则家长就越界了。这会让孩子产生心理依赖，不利于孩子的独立和成长。当然，这并不意味着家长可以对孩子所有事情都撒手不管，应该视孩子的实际情况给予适当的帮助和指导。

先说说孩子读不懂标题的事。对一个幼儿园孩子来说，读懂标题实在不是一件很容易的事，因为标题都是概括性比较强的，需要逻辑思维做支撑。而幼儿园学前班的孩子的形象思维比较发达，抽象思维却仅处于萌芽状态，对孩子提出和她身心发展不匹配的要求，有点强人所难。

很显然，本案例中孩子遇到的问题超出了她的能力范围。在这种情况下，就需要父母出手去协助孩子。

关键在于如何协助？可以把标题用孩子能理解的方式解释给孩子听，而不是单纯读一遍。就像不能告诉一个 2 岁的孩子在医院要"保持安静"，因为"保持安静"的概念已经超出孩子的理解范围，而应该告诉孩子"说话小声点"一样。因为这样的信息才容易被孩子理解，从而使其配合大人。

类似"你总是那么粗心"的话最好别说，因为这是一种强大的暗示。如果父母整天认为孩子粗心，时间一长，孩子就会认为自己肯定是个粗心的人，最后，孩子就真的变成了一个粗心的人，这就是心理学上所说的"自我实现"。更何况仅说孩子粗心，但不告诉孩子如何才能细心并且量化操作，孩子也不会有有努力的方向。本案例中，大人可以告诉孩子：你自己先把标题看三遍，如果还是不太理解，你再喊妈妈。

孩子写作业的时候要不要陪，视情况而定。当孩子需要的时候可以陪，但如果家长在忙，就告诉孩子没时间。陪也好，不陪也好，都不是大问题，关键要在平时引导孩子：作业是自己的事情。

孩子"写字的笔画顺序多数是错的"，这也不是什么问题，因为只有小学会强调笔画顺序，偶尔考试也会考，但到了中学和大学，根本没有人在乎你写字是先写横还是先写竖，只要你的字别人能认得出来就可以了，毕竟书面文字也好，口头语言也好，都只是交流工具而已，在这一点上父母不用纠结，更不用鸡蛋里挑骨头，否则，只会打击孩子对写字的兴趣和积极性。

至于"担心每句话都是说教，由于这种担心，即使看到她的行为不好，也不知道如何引导"，感觉家长又把教育当成教条了。说教，也就是通常所说的"讲大道理"，人之所以会反感，是因为说教者从开始说教的那一刻起，相当于认为别人不如他自己了。所以俗话才说：银子多了值钱，话多了不值钱。尽量避免给孩子"讲大道理"的方法，其实也很简单，就是在所讲的"大道理"前面，加上"我觉得""我是这样看的""我感觉""我的想法是""我认为"等类似的话，这样就不会给孩子造成太大的压力。

针对孩子在不讲理的情况下还总是说要给当警察的表哥打电话，把别人抓到监狱去这个不妥的行为，家长不用当时马上训斥孩子，给孩子留有面子，

也就是古人所说的"当众不责"。但事后一定要找个机会，心平气和地跟孩子聊聊，问问她：当别人用"让警察把你抓进监狱"这样的话来吓唬你的时候，你是什么感觉？先引导孩子换位思考，然后再和孩子一起讨论除此之外还有没有其他更好的解决方法。

要从小培养孩子的竞争意识吗

当社会处在转型期的时候，由于对未来的不确定和恐惧，人们普遍会产生焦虑和浮躁的情绪，这种情绪在家庭教育上的具体表现就是，很多家长认为孩子从小就要具备竞争意识，否则将来进入社会肯定会吃亏，再加上一些精明商家大肆渲染"不要让孩子输在起跑线上"的思想，更在无形中放大了人们的焦虑情绪。

根深才能叶茂

观察植物界就会发现，几乎所有未来注定要长得很高的植物，在生长初期都不会把营养用来生长树干，而是先扎根，根扎得越深，意味着将来才能承受越大的自然灾害，保证长势良好。

非洲草原上的尖毛草，是非洲大地上生长得最高的毛草之一，有"草地之王"的美称，但是它的生长过程却十分怪异。在最初破土而出的半年里，它几乎是草原上最矮的草，只有一寸高，人们甚至看不出它在生长。在那段时间里，草原上的任何一种野草长得都要比它旺盛，没有人能看出尖毛草会是今后的"草地之王"。但在半年后雨水到来之际，尖毛草就像是被施了魔法一样，以每天一尺半的速度向上疯长，三五天的时间，它便会长到 1.6 米至 2 米的高度。科学家研究表明，即使在生命的初期，尖毛草也一直在生长，但它不是在长身体，而是在长根部。在长达六个月的时间里，尖毛草的根部生长超过了 28 米，无声无息地为自己的将来做着准备。一棵草，竟然有 28 米以上的根茎，这是多么罕见的现象。当蓄积了足够的营养和能量后，尖毛草的长势便会一发不可收拾，可以在短短几天的时间里，一下子长成"草地之王"。

其实孩子也一样，童年正是孩子的"扎根期"，他的发展要遵循一个原则——先成熟，再成长。也就是说，孩子先要在生理上和心理上为生长打好基础，才能确保他日后的成长是健康的。孩子的成长有其内在的发展规律，需要一个漫长的周期。法国思想家、教育家卢梭说：大自然希望儿童在成人之前，就要像儿童的样子。如果我们人为地打乱这个次序，就会造成一些果实早熟，它们长得既不丰满也不甜美，而且很快就会腐烂，也就是说，我们可能会造就一些年纪轻轻的博士和老态龙钟的儿童。

竞争会让孩子忘了关注自己

当一个人只是一味地关注竞争对手的时候，他就没时间去关注自己发展自己了。道家强调的"清静无为"，佛家强调的"明心见性"，儒家强调的"正心修身"，其实都是让人要"向内求"，多关注自己，把自己做好，一切就都好了，因为人和这个世界的关系，说到底是人和自己关系的一种外在投射。

庄子曾经讲过一个故事。战国时期的齐宣王喜好斗鸡，请了一个非常有名的训练斗鸡的高手纪渚子专门为王室训练斗鸡。过了10天，齐宣王问训练的情况，纪渚子说："不行，这鸡表面气势傲慢，实际上没有战斗力。"又过10天，齐宣王再问，纪渚子说："还不行，这鸡听到声音、看到影子就会冲动紧张，心理不过关。"再过了10天，齐宣王心想应该可以了，但纪渚子仍认为不行，说："这只鸡目光如炬，盛气凌人，过于躁动。"直到一个多月后，纪渚子才向齐宣王禀报："基本可以了。"这只鸡来到斗鸡场以后，虽然听到其他鸡啼叫挑衅，但完全不为所动，看上去就像木头鸡一样呆呆的，然而其他的鸡见此情形都不敢应战，纷纷掉头逃窜，这就是成语"呆若木鸡"的来历。

这只呆呆的像木头鸡一样的斗鸡，为什么会取胜？就是因为它在战斗状态下只关注自己，丝毫不被外界影响因此震慑住了对方。我们所熟知的传说中的武林高手，成名前都是在深山老林里勤学苦练，隔绝外界干扰。当有一天竞争真正来临的时候，他们往往因为具备了足够的能力而出手必赢，就像老子所说的："夫唯不争，故天下莫能与之争。"

争强好胜的副作用

从小强调孩子要竞争，这将导致孩子长大后争强好胜，而这种争强好胜不是孩子自愿的，而是因为大人的期望不得不这么做。也就是说，在这种环境下长大的孩子，无论将来取得多大的成就，仍然有可能感受不到生活的幸福，因为他从来没有为自己活过。竞争意识过强，还往往容易对人造成巨大的伤害。28 岁的郭衡出生在中国兰州，在深圳长大，2001 年移民美国，2006年获得德州农工大学电机工程学士学位。毕业后搬到纽约市，曾经在华尔街的投资银行、私募基金及对冲基金工作过，2011 年就读于知名的麻省理工学院（MIT）斯隆管理学院。可当她走进世界级的精英群体时，却倍感压力，因为和别人相比，她觉得自己"除了中文之外别无优势"。最后，她用自杀的方式结束了自己的生命。

除此之外，争强好胜还会对健康造成很大的影响。心理学上把争强好胜称为 A 型性格，把不争强好胜，心态平和，对任何事都泰然处之的性格称为B 型。美国西北大学医学院曾针对 3 300 名 18 ~ 30 岁的年轻人进行了长达 15年的追踪调查，结果发现，A 型性格的人中年后患高血压的概率更高；85%的心脑血管疾病与 A 型性格有关；在心脏病患者中，A 型性格的人占 98%；A 型性格人群患冠心病的风险比 B 型性格人群高 5 倍。美国心脏病学专家弗里德曼和罗森曼在经过四年半、六年半和八年半的对照随访统计后也发现，相对于平和的 B 型性格组，A 型性格组的猝死率要高 4.5 倍。

成长不是短跑，而是一场马拉松。短跑比的是起跑速度，而马拉松比的是耐力，从这个角度来说，童年的背景音乐应该是轻音乐，而不是冲锋的号角。

做家务不能成为交易

一位爸爸最近遇到了一件很闹心的事，由于 8 岁的儿子平时不喜欢做家务，于是他就采用奖励的方式企图调动孩子的积极性，洗个碗 2 毛，洗个锅 5 毛，擦桌子 1 元，拖地 2 元。结果是儿子确实比以前喜欢干活了，但每次干活前都要和父母谈条件，最近竟然要求"涨价"，理由是现在物价上涨了。这位爸爸现在进退两难，不知如何是好：继续给钱吧，总感觉哪里不对劲；不给钱吧，又担心孩子没办法养成爱劳动的好习惯。

做家务的好处

通过做家务让孩子养成爱劳动的好习惯，对孩子的未来确实影响很大，这样的孩子成年以后，往往身体比较健康，生活也会比较幸福。美国哈佛大学调研小组历经 40 余年的研究，发现了一个值得注意的现象：适量劳动可使孩子快乐。这个研究起始于当时调研小组想要弄清青少年犯罪问题。研究人员在波士顿市老市区内研究了 456 名青年的生活，当他们到了中年，研究人员发现：不论智力、家庭、收入、种族背景或教育程度如何，那些童年时参加过劳动，甚至只是做过简单家务劳动的人，都比那些小时候从不做事的人生活得愉快。参加这项研究的精神病学家韦朗特认为：解释这个现象并不困难，因为孩子在劳动中，不仅获得了才干，而且还会意识到自己的社会价值。同时，研究还表明，孩子们童年时的活动与成年后的表现有着惊人的关系。那些童年劳动得分最高的人和其他人相比，他们成年后交游广阔的可能性高出 10 倍，获得高薪的可能性大 4 倍，易失业的可能性小 15 倍。而那些童年时很少劳动的人，犯罪被捕的可能性则较高，精神不健全的可能性也大 10 倍。

除此之外，做家务还可以培养孩子的自信心。人生的道路从来都不是一帆风顺的，总会遇到各种各样的困难，唯有拥有强大的自信心，才能具备克服一切困难的勇气。而自信心都是在做事中获得的。孩子靠自己的能力完成了一件简单的家务活，这在大人看来也许没什么大不了的，但对于孩子来说却意义重大，因为这意味着自己是有能力的。做的事情越多，他就感觉自己的能力越强，自信心也就越容易建立起来。更重要的是，自信心对当事人来说是一种巨大的暗示，在这种暗示下，当事人会放大自己的能力，缩小遇到的困难，从而更加容易在事业上取得成就。美国著名的家庭教育专家伊丽莎白·邦得里也在自己的《做父母的艺术》一书中强调：给孩子布置家务是让孩子建立自我认同感和相信自己能力的一种最好的方式。习惯于承担家务的孩子，在走向成年的过程中，往往比那些缺乏这种体验和责任感的孩子更容易适应生活。

经常做家务的孩子，未来独立生活能力更强。不少孩子长大后之所以成为"啃老族"，一个最大的原因就是从小动手能力不强，很多力所能及的事情常常由父母包办，由此产生的依赖心理导致孩子连最起码的照顾自己的能力都缺乏，从而对社会产生恐惧。

奖励的危害

既然做家务有这么多好处，对孩子如此重要，那要不要对孩子做家务给予奖励呢？答案是：不需要。这是由父母和孩子之间的关系所决定的。

父母和孩子的关系是亲情关系，与之接近的还有主要的社会关系，就是和周围亲戚朋友的关系，这两种亲密关系之所以在通常情况下牢不可破，一个最重要的原因就是它们都是基于感情而存在的。而感情一旦和金钱挂钩，则会变成冷冰冰的市场关系，这在我们的文化中是让人无法接受的，因为我们认为感情不能量化。在西方，不少父母确实会通过让孩子做家务来赚取自己的零花钱，因为西方国家更强调人与人之间的经济关系。然而事实上，并不是所有西方人都赞成付钱给孩子干活的做法。

有这么一个故事。一个美国小男孩杰克想买一样玩具，但自己没有钱，于是就想到了帮妈妈做家务活挣钱的好主意。他给妈妈列了一张清单，上面写着：洗碗一次，2美元；吸尘一次，3美元；除草一次，5美元。他妈妈看了之后什么也没有说，但同样列了一张清单放在桌子上，上面写着：生育杰克，0美元；杰克买奶粉，0美元；杰克看病，0美元；杰克上学，0美元。杰克看了妈妈的清单以后羞愧难当。因为妈妈通过这个清单给杰克传递了一个信息：这个家是属于大家的，家人需要互相帮助。每个人在享有权利的同时，也意味着要履行一份义务。

心理学上有一个著名的"雷珀实验"。心理学家雷珀挑了些爱绘画的孩子分为 AB 两组。A 组孩子得到许诺："画得好，就给奖品。"B 组孩子则只被告之："我很喜欢你们画画，我想看看你们画的画。"两组孩子都高兴地画了自己喜爱的画。A 组孩子得到了奖品，B 组孩子只得到了具体的点评。三个星期后，心理学家发现，A 组孩子大多不主动去绘画，他们绘画的兴趣也明显降低，而 B 组孩子则仍和以前一样愉快地绘画。后来，心理学家又把这个实验在不同国度、不同兴趣组中重复进行了很多次，结果都是一样的。

这也就是说，虽然大人奖励孩子的目的是希望孩子能养成爱劳动的好习惯，但大人的做法却会让孩子只关注奖励的钱从而变得自私贪婪。更何况奖励孩子做家务本身对孩子就是一种消极的暗示，暗示做家务活是一件苦差事，孩子会想：我喜欢玩，大人不奖励我；我喜欢看动画片，大人也不奖励我。唯独做家务大人奖励我，看来做家务肯定不是什么好事。这只会让孩子更加讨厌做家务。这和用奖励来刺激孩子学习是一样的道理。

奖励和惩罚都是来自于行为主义的做法。这种做法确实能带来一些效果，但从孩子的长远发展来看，这种行为往往带来了更大的隐患。因为行为主义的理论大都来自于动物实验，而人和动物毕竟是不同的，所以，这些做法更适合用以训练动物而不是教育人。行为主义创始人约翰·华生曾经说过："请给我十几个健康而没有缺陷的婴儿，让我在我的特殊世界里教养，那么我可以担保，在这十几个婴儿中，我随便拿出一个，无论他的能力、嗜好、趋向、才能、职业及种族是怎样的，我都能把他训练成为一个医生，或律师，或艺术家，或商界领袖，甚至也可以训练他成为一个乞丐或小偷。"行为主义又提倡"哭声免疫法"，认为婴儿哭的时候不要抱，不哭的时候才去抱。这些说法和做法，完全把人当成了没有感情的动物，让人感受到的不是爱而是残忍和冷酷，把人当成动物去训练，这只会导致人的心理扭曲变形。看看华生的后代，就能明白这一点。他的四个孩子都带着心理创伤长大，都被严重的抑郁症所困扰。华生的大儿子雷纳在三十多岁时自杀身亡，另一个儿子活下来了，但他将自己能够生存下来的原因归于长期的精神分析治疗，而不是行为主义的功劳。其前妻的两个孩子也一直生活不好，女儿多次自杀，儿子一直流浪，靠施舍度日。悲剧在第三代继续延续，其外孙女玛格丽特是酒精成瘾者，并多次试图自杀。

让孩子主动爱上家务

家长要"懒"一点，多提供机会给孩子，当然，前提是孩子力所能及。即使孩子能力达不到，但如果孩子的意愿很强烈，家长也需要协助孩子完成这件事，让他体会到自己的价值，而不是代替他完成。比如，孩子让家长帮忙洗袜子，家长可故意洗得脏一点，当孩子发现他比家长洗得还干净的时候，他自然不会再需要家长的帮忙了。或者孩子要帮家长炒菜，虽然孩子的能力还达不到，但家长完全可以扶着孩子的手协助孩子完成这个过程。总之，父母太勤快了，孩子就容易懒。其实两岁左右的孩子因为自我意识刚刚觉醒，通常都是愿意做事的，尤其喜欢帮父母的忙。只可惜很多家长为了防止孩子"越帮越忙"，常常会拒绝孩子的要求，时间长了，孩子也就慢慢变懒了。而在幼儿园则不同，老师会让表现好的小朋友去摆餐桌，或者是给小朋友发水果，劳动在孩子眼里变成了一件很光荣的事，所以孩子都会争先恐后地抢着干。

孩子做完事情后，家长要及时表达自己的感受和谢意，这样孩子就会获得满足感和自我认同感，从而更喜欢干活，形成良性循环。比如，孩子帮忙收拾完客厅，家长可以对孩子说：看到刚才还乱糟糟的客厅一会儿就被你收拾得这么整齐，真的没想到，谢谢宝宝。

每个孩子天生都有追求卓越和体现自我价值的需要，这是孩子不断发展的原动力，否则，他们将永远躺在摇篮里，不会说话也不会走路。所以，学会放手，多给孩子提供做事的机会吧。

三　成长阵痛

孩子"早恋"了

　　不少家长经常向我咨询关于"孩子早恋要不要管"的问题，其实咨询这类问题的，大部分都是自身比较焦虑的家长。一方面，早恋导致的伤害事件被一些新闻媒体过度放大和渲染，尤其是家长本人或者周围熟悉的人曾经经历过类似的事情，都成为家长焦虑的首要因素。其实，仔细分析每起类似伤害事件的背后，几乎都与家长的错误处理方式有关。即使排除人为因素，这样的伤害还是有可能发生，但发生概率小得几乎可以忽略不计，如果家长因此而产生焦虑，只能说是"杞人忧天"，就像《吕氏春秋·荡兵》记载的："有以噎死者，欲禁天下之食，悖。"意思是说，因为有人吃饭被噎死了，就想让天下人都不吃饭，这是多么荒唐的做法。另一方面，不少家长往往带着"性本恶"这样先入为主的观念看待孩子的行为，这会导致他们对孩子的所谓问题行为进行无限放大，就像一首苏格兰民谣唱的那样："少了一个铁钉，掉了一个马掌；掉了一个马掌，失了一匹战马；失了一匹战马，丢了一个国王；丢了一个国王，输了一场战争；输了一场战争，亡了一个国家。"这其实是典型的"以成人之心度孩子之腹"，孩子都是单纯的，龌龊的常常是成人，成人思想不健康，结果把这种不健康投射到孩子身上。

　　因此，我对"早恋"的看法是：学会放手，但应在必要的时候给孩子一定的引导。

"早恋"是个伪概念

　　"早恋"这个词，更多的是大人带着感情色彩对孩子的正常行为所下的一个错误定义。除了中国大陆以外，其他任何国家或地区都没有这种说法。因

为孩子到了青春期，由于心理和生理的发展已趋于成熟，自然而然会对异性产生好感，用孔子的话说就是：食色，性也。这是一种本能的需求，就像一个人渴了要喝水一样再正常不过。

清代著名学者袁枚在他的《子不语》一书中记载了一个故事。五台山某禅师收了一个刚满 3 岁的小和尚为徒，师徒二人一直在五台山顶修行，从不下山。十几年后，禅师与小和尚下山，小和尚对外面的世界一无所知，甚至连牛马鸡狗都不认识。禅师——为之解答，及至一年轻女子路过，小和尚询问禅师："这是什么？"禅师担心小和尚尘心萌动，态度严肃地告诉他："这叫老虎，接近她的人定会被咬死，并且尸首无存。"晚上二人回到山上，禅师问小和尚"今天在山下见到的东西有没有让你念念不忘的？"小和尚说："其他一切我都不想念，只想师父说的要吃人的老虎，心里很舍不得她。"歌德在《少年维特的烦恼》中也说，哪个少年不多情，哪个少女不怀春？在中国的 20 年调查表明，在青春期对异性萌发过好感的人很多，但大多数都是暗恋、单恋（单相思），真正能发展成恋爱关系的极少数，至于携手终身的更是少之又少。

心理学上的"禁果效应"

好奇是人的天性，所以，越是禁止的东西，对人的诱惑力越大。就像一本普通的书，往往很难引起人们的关注，但如果这本书曾经是禁书，相信很多人会马上毫不犹豫地买下然后仔细研究，因为人们想知道，究竟是什么原因让这本书被禁。

在古希腊神话故事中，有位叫潘多拉的姑娘，她从万神之神宙斯那里得到了一个神秘的小匣子，宙斯严禁她打开，这激发了姑娘的猎奇和冒险心理。一种急于探求盒子秘密的心理使她最终打开了盒子，于是灾祸由此飞出，遍播人间。如果当时宙斯对潘多拉说清楚打开盒子的后果，并让潘多拉自己去选择，相信结局会不一样。同样的例子还有：苏联心理学家普拉图诺夫写过一本《趣味心理学》，在书的前言中他特别提示读者"不要先阅读第八章第五节"。然而最后的调查结果表明：大多数读者都采取了与作者告诫相反的行为——其他的章节都不看，首先阅读第八章第五节。

对于情窦初开的青春期孩子来说，本来他们就对所谓的"早恋"认识不足，感觉很朦胧，还有一点好奇心，但是家长的刻意回避甚至强行禁止的做法，反而激发了他们更大的好奇心，致使他们更想去亲身体验，一探究竟。

青春期的孩子更愿意自己做主

青春期孩子的心理发展有个特点，就是"成人感"，他们要求人格独立，要求社会地位平等，要求精神和行为自主，更为重要的是，他们会特别在意自己在异性心目中的形象。如果家长不了解这些特点，依然像过去一样喜欢采用高压的手段控制孩子，必然会招致孩子的激烈反抗，家长越担心什么，孩子就越会做什么。以前接触过一个真实的案例，有两个初中学生，他们本来只是同学之间的正常交往，却硬被双方家长定性为"早恋"。双方家长性格暴躁，都对两个孩子采取了粗暴打骂的做法，并且闹到学校，最终导致两个孩子被学校开除。后来，男孩和女孩商量，反正已经落下这个名声了，那我们干脆就在一起吧。就这样，两个人开始在外租房同居，还生下了孩子。

当然，这其中还有一个重要因素在起作用。常言说：物以稀为贵。珍贵的东西都是由于稀有，越稀有，人就越愿意付出更多的代价得到它，并且得到后会更加珍惜。也就是说，干涉和阻拦，不但不会让两个孩子分开，相反会更容易让两个孩子之间所谓的"爱情"更加牢不可破。莎士比亚笔下的17岁少年罗密欧和13岁少女朱丽叶，他们从见面到私订终身，只用了不到24小时，而在此之前，他们对彼此根本一点都不了解。他们所谓的爱情是千古绝恋还是背后另有隐情？原来他们生活在两个世代仇恨的家族，然而正是这种干预和反对，让他们对彼此的一见钟情演变成向往自由、反抗世仇的爱情。美国密歇根大学发放的1 500份对恋爱中的学生问卷调查也表明，83%的恋爱中的学生表示父母的干涉越多，爱的体验越强。

"早恋"在国外

在美国，没有"早恋"这个说法，他们只有"约会"，也就是"恋爱实习期"。美国的小学每到"情人节"这天，老师就会鼓励孩子给自己喜欢的同学写贺卡；到了初中，学校每年都会组织好多次不同主题的舞会，给学生提供机会去认识更多的异性；至于高中的毕业舞会就更不用说了，完全就是一个成人礼。

当然，由于国情和文化的差异，我们不能照搬美国的做法，但至少我们可以看出他们对所谓的"早恋"是持开放和包容态度的。在美国人看来，健康的人际关系是学生必须掌握的生活技能之一，甚至像"怎样成功地进入和

维持一段约会关系"这样的内容都是美国中学生必须掌握的技能；相反，如果一个孩子没有丰富的约会经验，不懂得和异性交往，将来很有可能要通过一段失败的婚姻才能学会，而到了那时，付出的代价将是惨痛的。

如何引导

面对孩子的"早恋"，成人应该像大禹治水一样，要"疏"而不是要"堵"。

家长不要把"早恋"看作"洪水猛兽"，而应该看作是孩子长大的一种标志。在家长的呵护和陪伴下，孩子终于慢慢独立了，家长应该为此感到欣慰。面对孩子所谓的"早恋"，家长甚至可以通过自己的经历现身说法表示理解和尊重孩子，让孩子明白其实他（她）经历的是每个正常人都会经历的事，让孩子从小就能正确看待异性间的交往，学会与异性交往的方法。

家长要引导孩子明白喜欢和爱之间的区别。爱，更多意味着责任。看过一个真实的案例，我们国家一个9岁的女孩到德国一间小学读书，作为学校第一个黄皮肤、黑头发的女孩子，她的到来在班上引起了不小的轰动，不到一个学期，居然有一个德国的男孩子宣称他爱上了她。这在德国学校里是常见的事情，可这个中国小女孩的反应却不像西方小女孩那样得意，而是十分愤怒。那个德国男孩并不知晓，依然坦然地找尽一切机会来对她表示爱慕。有一天，小女孩生病了，请假没去上学，德国小男孩居然在班上大哭起来，说没有这个中国女孩子，他就不能继续上课，他要回家。老师既没有批评他，也没有阻挡他。回家后，他哭着对母亲说，他要和这个中国女孩子结婚。如果这件事发生在中国，估计父母即使不以此为羞，也肯定会表示担心和忧虑。但男孩子的母亲却说："那很好啊，但是结婚要有礼服、婚纱、戒指，还要有自己的房子、花园，这要很多很多钱。可是你现在什么也没有，连玩具都是妈妈给你买的，你要和这位可爱的中国女孩子结婚，从现在起，就得努力学习，将来才有希望得到一切。"男孩擦干了眼泪，居然从此十分用功起来。

在尊重孩子的前提下，大人应该给孩子讲解必要的性教育知识。一般来说，建议母亲和女儿聊，父亲和儿子聊，通过轻松坦然的交谈，让孩子学会保护自己的基本常识。不太擅长表达的家长，可以买些有关青春期的书籍，放在孩子的房间，让孩子自己经常翻阅。假如孩子失恋了，父母只要表示理解孩子的难受心情，然后把情绪处理的事情交给孩子。

先认同，再引导，是处理任何青春期问题的不二法门。

成熟需要耐心等待

　　磨蹭，就是行动迟缓，做事拖拖拉拉的意思，北方话叫"肉"或者"磨叽"。学龄前孩子的磨蹭，多属正常现象，这是孩子的发展还不成熟导致的。

正常的磨蹭

　　磨蹭的第一个原因是孩子能力达不到。比如，让一个 2 岁以前的孩子自己系鞋带，他会系得很慢，因为孩子的精细动作能力还在发展中。所谓精细动作，一般是指集中于手指部分的动作以及手眼协调能力，如撕东西、抓东西、握东西、做手工、把小东西分类等。手指的神经是和大脑神经直接相连的，通过刺激手部的发展，可以有效促进大脑的发育，所以苏联著名教育家苏霍姆林斯基才说"儿童的智慧在他的指尖上"，也就是人们常说的心灵手巧。同时，孩子做事需要一个过程，需要足够的时间做准备。要熟练地做好一件事，孩子往往要经历从不会做，到慢慢会做，最后才熟练掌握。大人也不例外，比如，让大人组装一台不熟悉的机器，刚开始的时候大人也会显得笨手笨脚，经过足够多的实践，才能达到熟能生巧的地步。因此，对于孩子能力不足所引起的磨蹭，家长要给予尊重，最好调整自己的节奏来配合孩子，一个简单的方法就是提前让孩子做准备。比如，家长九点要和孩子出门，八点半的时候就可以让孩子提前做准备，以便给孩子留有足够的时间，这样出发的时候就不会太匆忙。

　　如果对正常的磨蹭家长采取的是催促的做法，只会给孩子带来很大压力，毕竟孩子也想快，但确实快不起来。这种情况下本来孩子已经有压力，甚至感到挫败了，还要承受大人的催促带来的焦虑，孩子就会遭受双重伤害。

　　什么是双重伤害？这里有一个典型的例子。"喜剧之王"周星驰在接受采访的时候曾经回忆起小时候的一件事，至今让他耿耿于怀。他和爸爸妈妈出去逛街，看到了自己喜欢的玩具，非常想买，但爸爸妈妈坚持不买，他就开

始哭闹，最后被妈妈打了一顿。他对此感觉很委屈：你不给我买玩具已经够让我很难过了，你不但不表示理解，反而还打我。这就是双重伤害。

当然，也有父母会直接帮孩子收拾，父母认为这样可以节省时间。但孩子由于认识有限，他通过父母的行为接收到的信息却是：大人代替我做，说明我不行，我确实磨蹭。当孩子一直坚持这样消极的自我评价的时候，他最终就会成为一个真正磨蹭的孩子。

磨蹭的第二个原因是孩子无法长时间集中注意力，很容易受周围环境的影响，任何外界发生的事情都可以随时让孩子产生新的兴趣。比如，他在穿衣服准备和家长出门的时候，突然旁边来了一只小蚂蚁，孩子就会忘了穿衣服这件事，转而认真研究小蚂蚁了，这也会让孩子的行为成为家长眼中的磨蹭。其实，孩子的注意力不集中是符合发展规律的，能给孩子带来很大的好处。一方面，大千世界对孩子来说处处都充满了巨大的吸引力，凡是他不了解的东西他都想去探索，这种好奇心是人类学习的原始动力。因此，孩子不会把所有注意力都集中在一件事物上，而是会随时转移，越新奇的东西越容易分散孩子的注意力。另一方面，孩子接触的事物越多，建立的表象就会越多，理解事物和事物之间联系的机会也越多，也就是说，解决问题的能力会越强。所谓表象，心理学的解释就是：一件东西被拿走了，不在眼前了，但人的大脑里面仍然会留下一个它的形象。比如，家长在窗台上放一个玩具，然后告诉孩子：玩具给你了，你拿去玩吧。结果孩子跑过去的时候发现窗台太高了，自己够不着。这个时候，如果孩子的脑子里有一个"小椅子"的表象，同时还有一个"小椅子可以增高"的表象，那么孩子就会不假思索地搬椅子到窗台前，踩上去把玩具拿下来。相反，如果孩子没有这两个表象，他就只能选择哭或者寻求大人的帮助。所以，孩子的表象建立得越多，发展水平就越高。

对于这种磨蹭，家长只需稍微提醒一下孩子，告诉孩子延迟出门的直接后果是什么。受发展的限制，孩子很多情况下并不清楚行为和后果之间的必然联系，而且孩子更在乎当下的感受，对时间没有什么概念。比如，家长和孩子去看电影，已经商量好出发时间了，但出门的时候孩子还在磨蹭，那家长就可以告诉孩子：如果现在还不出门的话，就赶不上车，没办法看电影了，你自己决定是要继续玩，还是要马上出发。告诉孩子后果，然后把决定权交给孩子。只要电影对孩子有足够的吸引力，相信孩子马上会收回在其他地方的注意力，然后选择和大人一起迅速出门。

　　说到孩子的注意力，应要强调一下，不要让孩子经常看电视，看电视最容易导致孩子注意力不集中。电视画面的变化过于迅速，和现实生活的节奏不吻合，因此会扰乱儿童大脑神经元的连接，妨碍儿童专注力的发展。很多儿童在看电视的时候表现出来的"聚精会神"，其实是一种"假象专注"。等电视被关掉的时候，儿童往往会烦躁不安，好像吸毒上瘾一样，只有电视才能让他们安静下来。

人为因素导致的磨蹭

　　除了以上两种正常的磨蹭，还有两种磨蹭是人为因素导致的。

　　一是家长的示范。模仿是孩子的天性，尤其是学龄前儿童，他们往往不是用父母"怎么说的"去规范自己的行为，而是看父母"如何做的"，也就是所谓的"言传不如身教"。如果父母本身没有什么时间观念，做事效率也很低，孩子就会潜移默化地受影响，不知不觉也养成了做事磨蹭的不良习惯。

　　要改变孩子的这种磨蹭，父母先要树立榜样，从自身做起，尤其是当着孩子的面的时候，不要一味要求孩子"按我说的去做，不要按我做的去做"。否则，孩子只会感觉不公平，心里产生抵触情绪，从而变得更加磨蹭。

　　二是孩子的消极对抗。家长掌握着孩子需要的各种资源，且还具有体能上的优势，所以很多家长喜欢控制孩子，在这种情况下，孩子心里即使不高兴也只能服从，但孩子可以用磨蹭的方式表示不满。比如，家长逼着孩子学钢琴，孩子会迟到，或装病不想去；再比如，家长逼着孩子学习的时候，孩子也许会学习，但他可以选择不好好学，一会儿要喝水，一会儿要上厕所，能拖就拖。

　　要解决这类磨蹭只有一个办法，就是家长彻底放手，把责任还给孩子。比如，对于学习，家长要引导孩子认识到学习是自己的事，而不是时刻监督他或者干脆陪读，除非孩子遇到问题需要家长的协助。作业没做完，孩子自然会受到老师的批评，为自己的行为付出代价，以后更容易做好时间上的安排。

　　孩子只是孩子，在成长中一定会遇到问题，会犯错误，但问题一旦解决，他就会得到发展；孩子更是一个人，需要家长的尊重和无条件的爱，更需要家长用耐心等待孩子的长大，就像台湾作家张文亮在散文诗《牵一只蜗牛去散步》中写的：

上帝给我一个任务，

叫我牵一只蜗牛去散步。

我不能走太快，

蜗牛已经尽力爬，为何每次总是挪那么一点点？

我催它，我唬它，我责备它，

蜗牛用抱歉的眼光看着我，

仿佛说：人家已经尽力了嘛！

我拉它，我扯它，甚至想踢它，

蜗牛受了伤，它流着汗，喘着气，往前爬……

真奇怪，为什么上帝叫我牵一只蜗牛去散步？

上帝啊！为什么？

天上一片安静。

唉！也许上帝抓蜗牛去了！

好吧！松手了！

反正上帝不管了，我还管什么？

任蜗牛往前爬，我在后面生闷气。

咦？我闻到花香，原来这边还有个花园。

我感到微风，原来夜里的微风这么温柔。

慢着！我听到鸟叫，我听到虫鸣。

我看到满天的星斗多亮丽。

咦？我以前怎么没有这般细腻的体会。

我忽然想起来了，莫非我错了，

原来是上帝叫一只蜗牛牵我去散步。

成长过程中的 "退行"

"退行"是一种不成熟的心理防御机制，是指人在遭受挫折或面临焦虑、应激等状态时，放弃已经学到的比较成熟的适应技巧或方式，而退回到使用早期生活阶段的某种行为方式，以原始、幼稚的方法来应付当前情景，降低自己的焦虑的现象。这种现象大多发生在孩子身上，毕竟孩子受发展限制，还没有足够多的更好的方式去解决面临的问题，只好运用原始的本能，如果父母此时善于引导，孩子的退行行为就会随着发展而逐渐消失。如果父母没有及时引导，这种退行行为就很容易在孩子成人后演变成顽固的问题。

比如，有些女人一旦与丈夫发生矛盾，就采取"一哭二闹三上吊"的"表演方式"去逼迫对方就范，这其实就是一种退行，源自于儿时与父母之间错误的交往模式。在儿时，她们常常会采取哭闹的方式来要挟父母，以便达到自己的目的，而父母则选择了妥协或者让步。随着年龄的增长，她们就建立了一种根深蒂固的认知模式：你不满足我的要求，我就闹；如果你还不满足我，那只能说明我闹的力度不够。相反，如果当时父母能对她们的心情表示理解，但对于她们不合理的要求则做到坚持原则，相信她们长大后遇到问题或者冲突时就有可能采取更合理的方式。小时候的经历会对一个人产生持久的影响，正如英国著名教育家洛克在其著作《教育漫话》中说的："我们幼小时所受的影响，哪怕极小极小，小到无法觉察，但对日后都有极大极深远的作用。"这正如江河的源头一样，水性极柔，一丁点人力就可以使它的方向发生根本的改变，正由于从源头上的一丁点引导，河流便有了不同的流向，最后流到十分遥远的地方。

分离焦虑产生的退行

很多孩子在刚上幼儿园的时候，往往会哭得天昏地暗，死去活来，因为孩子的安全感还没有完全建立起来，对他来说，上幼儿园就意味着被妈妈遗

弃了，这种感觉会让他心里产生极大的恐慌。然而，不少家长不但不理解孩子的心情，反而还采取有点残忍的做法，比如直接把孩子丢下，然后头也不回地走了。也许事后幼儿园老师反馈的信息是：你走了以后孩子就不哭了，放心。但家长却很少对其进行反思：孩子是真的不哭了，还是不敢哭了？

其实，哭也需要一个安全的环境，就好比成人受了委屈后不会在外面哭而是回到家再哭，因为家里是安全的。同理，家长走了后孩子确实不哭了，其实更多情况下是因为孩子在陌生的环境不敢哭了。这种激烈的负面情绪被压抑着无处发泄，孩子就很有可能会出现退行行为，比如晚上尿床。面对类似的现象，家长要表示理解并且完全接纳孩子，因为通过尿床可以缓解孩子对幼儿园产生的焦虑和紧张。

关键是，家长要改变送孩子上幼儿园时简单粗暴的做法，如果孩子当时出现了大哭大闹的情形，最好的做法是理解孩子：爸妈不在身边，你有点害怕，所以就哭了，那你哭吧，哭一会儿会舒服点，爸妈陪着你。当然，在孩子哭的过程中，家长不能跟着哭，因为这样的表现会加剧孩子的害怕：看来幼儿园真的很可怕，连我爸妈都被吓哭了。通过允许孩子哭，可以让孩子排解负面情绪。等孩子哭了一会儿，再问孩子：感觉好多了吧，我们现在去幼儿园。如果孩子又哭，就继续陪着孩子，给孩子时间，等待他的情绪有所好转。这样的方法刚开始的时候确实很考验家长的耐心，但是只要坚持，不用多久，孩子的分离焦虑就会一劳永逸地得到很好的解决，同时避免了给孩子造成二次伤害。

如果条件允许的话，还可以让孩子带上一件安慰物，比如孩子和妈妈经常一起玩的玩偶，或者装有妈妈照片、没有安全隐患的小挂件，这些安慰物对孩子来说有非常重要的意义，因为这象征着父母的陪伴。同时，家长需要告诉老师不能没收这些物品或者借给其他的孩子玩，这样就可以大大缓解孩子的焦虑情绪。

老二出生导致的退行

在老二未出生之前，老大是全家人关注的焦点，独享父母的爱，安全感十足。一旦老二出生，父母会把关注的重心迅速转移到老二身上，再加上很多父母不会有意识地关注老大的内心感受，常常会在无意中忽略了老大，这些都会让老大产生巨大的"心理落差"，觉得父母不爱自己了；同时，老大通过父母照顾老二的表现，建立了一个错误的认知：要想重新夺回父母的爱，自己也要变得像老二一样处处需要父母照顾。于是，老大很可能出现退行行为，比如，变得比平时更爱哭，吃饭需要妈妈喂，啃指甲，喝水要用奶瓶等。

在这种情况下，要解决老大的退行行为只有一个办法，就是向老大传递一个信息：你担心爸爸妈妈不爱你，更爱弟弟或者妹妹，所以你才这样做；爸爸妈妈对你们的爱是一样的，只不过弟弟妹妹还小，需要更多的照顾；其实你像他们这么大的时候，爸爸妈妈也是这样照顾你的；所以，下一次你要是感觉爸爸妈妈对你不公平或者爱你不够的话，你可以直接告诉我们，相信一定会有更好的解决办法。行为都不是无缘无故的，其背后常常意味着某种需求没有得到满足，越是顽固的行为越是如此。一旦父母消除了孩子的顾虑，满足了孩子对爱的需求，孩子的退行行为也就失去了存在的意义，自然会消失了。

包办和限制导致的退行

包办和限制过多的家庭，孩子也容易出现退行，表现得胆小和退缩。因为包办和限制给孩子传递的信息是：你不行，你需要大人。所以，当孩子面对陌生环境、陌生事物和陌生人的时候更愿意退回到大人身后，对孩子来说，家长意味着安全，没有家长则意味着危险。

面对孩子的这种退行行为，家长要学会放手，在不妨碍别人也不存在安全风险的情况下，尽量不要干涉孩子。一方面，家长要多示弱，多提供机会让孩子帮助大人；另一方面，少点限制孩子，在和孩子相处的过程中，要学会"闭一只眼，少一只手"。用洛克的话说就是，给孩子的限制要尽可能地少，要比你想象的最少还要少。

遇到困难无法克服时导致的退行

"网络成瘾"一直是困扰很多家长的一个难题。其实在"网络成瘾"的儿童群体中，有相当大一部分孩子是因为学习上遇到了无法克服的困难，所以才退回到虚拟的网络世界中的。虚拟的网络世界对这些孩子来说是一个安全的世界，因为没有挫败感，没有消极的评价，只有鼓励和喝彩。而很多家长却错误地认为，孩子之所以无心学习，是上网导致的。如果在这个时候，

家长再向孩子传递一个不恰当的信息：你看你，就是因为喜欢上网才导致学习成绩下降的。那这个不恰当的信息就正中孩子的下怀，给了孩子一个继续沉溺网络的完美理由：我不是不行，只是我喜欢上网。这只会让孩子更加深陷其中无法自拔。

对孩子来说，对于学习不好是因为自己笨、自己不行，还是因为自己喜欢上网这个问题，从人性的角度而言，孩子更愿意选择后一种解释，毕竟没人喜欢承认自己是个笨蛋，这也就是我们常说的"两害相权取其轻"了。很多人宁愿选择在家里"啃老"也不愿意出去工作，和"网络成瘾"的孩子的心理是相似的。

面对类似的退行，父母需要协助孩子正视问题，而不是给孩子提供借口让孩子逃避。

一方面，家长需要先从改善和孩子的关系入手，尊重孩子，尽量避免高压手段，因为没有合作就没有教育；另一方面，家长要降低对孩子的期望值，从小处着手，从简单着手，通过让孩子体会到成就感，逐步协助孩子在学习上树立信心。

唯有用爱给孩子留了退路，让孩子意识到无论发生什么糟糕的事都不会"后院着火"，孩子才不会退回到幼稚的"安全世界"，而是带着家长的信任，勇敢前行。

看电视要适度

中学课本上有一篇课文叫"塞翁失马"。讲的是战国时期有一位老人被大家叫作塞翁，他养了许多马，一天马群中忽然有一匹马走失了。邻居们听到这事，都来安慰他不必太着急，年龄大了，多注意身体。塞翁见有人劝慰，只是笑笑说："丢了一匹马损失不大，没准还会带来福气。"邻居听了塞翁的话，心里觉得好笑，马丢了，明明是件坏事，他却认为也许是好事，显然是自我安慰而已。可是过了没几天，丢失的马不仅自己回家了，还带回一匹骏马。邻居听说马自己回来了，非常佩服塞翁的远见，向塞翁道贺说："还是您老有远见，马不仅没有丢，还带回一匹好马，真是福气呀。"塞翁听了邻人的祝贺，反倒一点高兴的样子都没有，忧虑地说："白白得了一匹好马，不一定是什么福气，也许会惹出什么麻烦来。"邻居们以为他故作姿态，纯属老年人的狡猾，心里明明高兴，却有意不说出来。塞翁有个独生子，非常喜欢骑马。他发现带回来的那匹马身长蹄健，嘶鸣嘹亮，彪悍神俊，一看就知道是匹好马。于是他每天都骑马出游，心中洋洋得意。一天，他高兴得有些过火，打马飞奔，一个趔趄，从马背上跌下来，摔断了腿。邻居听说，纷纷来慰问。塞翁说："没什么，腿摔断了却保住性命，或许是福气呢。"邻居们觉得他又在胡言乱语，他们想不出摔断腿会带来什么福气。不久，匈奴军队大举入侵，青年人被应征入伍，塞翁的儿子因为摔断了腿，不能去当兵。入伍的青年都战死了，唯有塞翁的儿子保全了性命，成语"塞翁失马，焉知非福"也因此而来。其实这个故事说的就是哲学上所谓的"事物具有两面性"：事物都有好的一面，也有不利的一面，并且在一定的条件下可以互相转换。

就拿孩子看电视来说，如果家长能把握好观看时间，并对不适合儿童收看的内容及时进行有效的引导，这对孩子的发展来说是有一定好处的。一来可以丰富孩子的课余生活，二来电视作为一种连接孩子和外部世界的媒介，可以帮助孩子拓宽知识面，让孩子直观地认识各种从未接触过的事物，从而获得广泛的信息。但如果让孩子长时间地沉浸在电视节目中，电视机成了孩

子的"保姆",也许这样可以让家长变得轻松,但给孩子带来的弊端却会远远超出大人的想象。

尤其是对于 3 岁前的孩子,如果可能的话,尽量让孩子远离电视,实在不行,最好每次能控制在 5 ~ 10 分钟内。一方面,这个年龄段的宝宝最主要的任务是和父母建立"依恋关系",这种关系建立得越牢靠,孩子的安全感就会越足,内心就越强大;另一方面,这个年龄段的孩子正处于大脑发展的关键期,而要保证大脑得到充分发展的方法只有一个,就是通过运动反复对大脑进行刺激。早在 2010 年,英国就有专家向国会递交报告,建议政府制定法律禁止家长让年龄低于 3 岁的儿童看电视。他们认为 0 ~ 3 岁是儿童成长最关键的时期,孩子需要在真实的世界中发展和构建自我,把孩子交给屏幕里的虚拟世界,除了能让家长轻松一些之外,是有百害而无一利的。著名心理学家和生物学家西格曼花了近 10 年收集的大量数据表明,孩子 3 岁之前无论看何种内容的电视都会对日后健康造成严重影响。美国儿科协会(AAP)也在做了大量的研究之后发现,3 岁前经常看电视的宝宝,到了 7 岁时注意力障碍问题的发生率就会增加 10%。法国也规定,让 3 岁前的宝宝看电视是违法的。

即使是对 3 岁以后的孩子来说,经常看电视也是弊大于利。

第一,经常看电视会对孩子身体造成伤害。2016 年的一份统计调查结果表明,我国现有近视患者已超过三亿人,占世界近视人数的 33%。其中 6 ~ 15 岁儿童的平均近视率已达 46.64%。尽管有其他因素的影响,但电视却称得上是罪魁祸首。孩子的视觉神经在 12 岁之前一直都处于发育阶段,而电视凭借生动形象的画面、绚丽的色彩、美妙动听的音乐,足以对尚不具备很强判断力和自控力的孩子产生致命的诱惑。在这种诱惑下,孩子很容易长时间紧盯着屏幕导致眼神经受损,从而引发近视、斜视和弱视。同时,经常看电视还容易导致孩子肥胖。一方面,长时间不运动会让身体的新陈代谢功能降低;另一方面,和平时相比,孩子在看电视,尤其是一些娱乐性或者刺激性很强的节目时会更容易进食,以此来进行生理上的调节。但由于孩子的注意力被精彩的电视节目所分散,他对于食物的味道以及饱胀的感知就会减弱,大脑神经中枢不能及时反馈信号控制进食量,最终会导致对食物的过多摄入。而众所周知,肥胖是很多重大疾病的潜在元凶。

第二,经常看电视会破坏孩子的专注力。电视画面的变化速度很快,一般是平均 5 ~ 6 秒变化一次,尤其是商业广告。这种高强度的变化频率会让孩子发育中的大脑无法承受,长此以往,会使得孩子的注意力和提取信息的能力不堪重负而受到极大伤害。同时，这种快速变化的画面让大脑无法进行系统思考，会慢慢变得麻木和毫无选择能力，只能被动地接收信息，很少对信息进行选择、编码、加工和处理，思维能力就会减退。孩子一旦适应了这种快速变化的模式，就无法把注意力集中到书本上了，从而对学习产生严重的阻碍。美国曾经有过一个调查，结果显示有大约 50% 的孩子患有不同程度的注意力集中障碍，而专家认为其根本原因就是经常看电视造成的。英国一家机构也通过研究发现，英国有超过 80% 的孩子因为经常看电视，导致注意力难以集中。而注意力越差，学习成绩也就越差。再加上电视画面产生的刺激会引起身体反应，比如想逃走或者想还击，但由于孩子看电视时是坐着不动的状态，所以肢体动作无法配合相关的反应，导致这些能量被压抑着，无法得到释放。一旦关掉电视，孩子的行为就会恶化，变得更加好动。

第三，经常看电视会剥夺孩子的想象力。爱因斯坦曾经说过："想象力远比知识更重要，因为知识是有限的，而想象力概括着世界上的一切并推动着进步。"想象才是知识进化的源泉。雨果也说过："科学到了最后阶段，便遇到了想象。"没有想象力，富兰克林发明不了避雷针；没有想象力，莱特兄弟发明不了飞机。人类的任何探索，最后靠的都是想象力。只有无边的想象，才能帮助我们冲破已有知识的困境，从而发现一片新天地。成人都有类似的经历，如果我们先看一本书，然后再去看由其改编而成的电视节目，大部分情况下我们会比较失望。因为在看书时，想象力可以不受限制、天马行空地创造出所有的情节，人物的形象，说话的语气，甚至主角的表情。而变成电视剧输出以后，情节和角色都被模式化了，这会缩小我们的想象空间。2003年 12 月 19 日，法国巴黎第五大学教授阿兰·邦托利在法国《世界报》上发表了一篇题为"电视文化是学校教育的头号敌人"的文章。他说，"可预见性"是电视节目的一个重要特点，而这"正是读书的致命敌人——它将导致书籍与读者分离"。他得出的结论是，电视正在进一步使学生失去胆量、勇敢精神和接触其他方面知识的欲望，如果长期看电视，人们的理解力就会降至"零水平"。表面上听起来邦托利教授的观点有些极端，但科学家通过实验进一步证明了看电视是如何束缚孩子想象力的。科学家把孩子分成两组，一组听老师讲白雪公主的故事，一组看白雪公主的动画片。之后让两组孩子分别画出心目中的白雪公主。听故事的孩子画出的白雪公主各不相同，而且孩子们会根据想象，赋予白雪公主不同的形象、装束和表情；看动画片的孩子画出的白雪公主则全都大同小异，因为他们看到的都是一样的。过了一段时间，

科学家又让这两组孩子再画白雪公主，听故事的孩子这次画的和上次的又不一样，因为他们又有了新的想象，而看动画片的孩子画的和上次还是基本一样的。

第四，经常看电视的孩子容易被不良节目误导。美国著名心理学家班杜拉曾经做过一个"波波玩偶实验"，通过让孩子观察成人袭击玩偶来检测孩子最终是否会模仿成人的暴力行为。实验结果表明：成人的暴力行为会诱发孩子的暴力行为。这源于孩子天生具有极强的模仿能力。2013 年 4 月，江苏省3 个孩子模仿动画片《喜羊羊与灰太狼》里的情景玩"绑架烤羊"游戏，导致其中 2 个孩子被严重烧伤；2016 年 2 月，陕西省一个 10 岁的女孩模仿动画片《熊出没》里的光头强，用电锯划伤了 5 岁妹妹的脸；天涯网友"涛声还依旧"更称自己 6 岁的儿子天天看《虹猫蓝兔七侠传》，有一集的内容是蓝兔为了救虹猫割破动脉血管，血流了一池塘，儿子问她："妈妈，为了朋友可以什么都做吗？"吓得她赶快解释清楚。类似孩子被电视节目误导而伤害他人或自身的负面新闻比比皆是。更重要的是，经常观看暴力电视节目的儿童会认为社会生活中存在着大量的暴力和危险，从而更容易先入为主地相信暴力行为是解决问题的一种可取并且有效的手段。

第五，经常看电视会影响孩子的人际交往能力。电视输出的信息对于孩子来说属于单向信息，不需要孩子参与互动，而现实生活中真正的人际交往则都是双向互动的。同时，孩子沉浸在电视画面里，完全隔断了与外界的沟通，会对周围事物表现得漠不关心，性格因此也容易变得孤僻，长大后很有可能成为心理有障碍的人。英国儿童文学家达尔在其闻名世界的著作《查理与巧克力工厂》一书中写道："电视腐蚀了脑中的感官！它扼杀了想象力！它阻塞、搅乱了心灵！它把孩子变得如此迟钝与盲目。孩子再也不能了解幻想与梦境！他们的脑子变得像奶酪一样松软！他们的思考力生锈、冻结！"

因此，让孩子尽量远离电视吧。与其把孩子交给电视，不如想办法让孩子爱上阅读。就像美国作家理查德·W 说的那样："关掉电视，阅读伟大的著作，它会开启你的智慧之门。"

做孩子背后的支持者

家长咨询：

女儿上小学，每周二学校都有钢琴课。上钢琴课的时候因为老师忙不过来，所以每个琴房都会配有一个小助手（女儿的同班同学，钢琴弹得比较好）。这个小助手每次会先教大家弹一次，然后就开始让同学们一个一个弹给小助手听，如果同学中有谁弹不出来，小助手就马上让其停止，并要求这个同学面壁思过，我女儿也面壁思过了好几次，为此，她感到很沮丧。女儿回家告诉我之后我很能理解女儿的心情。但我该怎么解决这个问题？

孩子在学校遇到了困难能及时向家长开诚布公地诉说，本身是一件可喜可贺的事情，说明家长在孩子心目中是值得信任的。更加难能可贵的是，案例中的妈妈始终和孩子站在同一战线，而不是擅自给孩子的行为贴一个负面标签。

如果是一些不懂孩子的家长，很有可能会直接告诉孩子：她让你面壁你就面壁，你傻呀；或者：你怎么这么窝囊呀。这样的话无助于问题的解决，反而会让孩子产生更大的挫败感和无助感，觉得自己无能。同时，孩子如果以后再遇到类似无法解决的事情时，很可能会选择不告诉父母，本来在学校已经受了委屈，回到家还要被父母说教和指责，这会对孩子造成二次伤害。于是，孩子的心门从此对父母关上了，有了心事，孩子宁愿选择告诉同学或者朋友，听取他们的意见。然而，毕竟同龄人的阅历有限，这些所谓的"高见"其实多数是一些"馊主意"，更容易误导孩子。那么这个问题到底该如何解决呢？

首先，要对孩子的心情表示理解。无论是谁，被惩罚以后都会有负面情

绪，尤其是遭遇了不公平对待时。因此可以用类似的话呼应孩子：小助手的做法确实让人有点生气；或者：小助手这样做有点不公平。这么做对孩子来说有两个好处：一是可以尽快释放孩子的负面情绪，便于父母接下来对孩子进行正确的引导。引导有个前提，就是孩子必须处在理智状态，而有情绪的时候，人常常处于非理智状态，无法被正确引导或者大部分引导都是无效的。一个最明显的例子就是，面对父母的大道理，孩子常常是"左耳进右耳出"，主要原因就是这种方式让当时还带有对抗情绪的孩子反感。二是被大人理解后，孩子会获得一种心理上的力量，以后遇到困难不但有了底气，而且会更加信赖父母，便于父母及时掌握孩子的心理动向。

其次，界定好"问题归属"。很明显，这个问题是孩子自己的问题，而不是家长的问题，一旦家长全面插手，比如直接找老师或者直接找小助手的父母，孩子就失去了一次学习面对并且想办法解决问题的宝贵机会。这对孩子的成长极为不利，毕竟家长无法永远跟在孩子身边充当"保护伞"，就有句话说的，这个世界上所有的爱都以聚合为最终目的，只有一种爱以分离为目的，那就是父母对孩子的爱。父母真正成功的爱，就是让孩子尽早作为一个独立的个体从你的生命中分离出去，这种分离越早，你就越成功。

再次，有效引导。家长要引导孩子自己想办法来解决目前遇到的问题，能想到的办法越多越好，并且家长暂时不要评价每个办法是否合理，避免挫伤孩子的积极性。把所有的方法都罗列出来后，家长再和孩子进行筛选，筛选的原则是"这个方法会造成什么样的后果"，最后选择一个最适合的办法。

当然，孩子也有可能说想不到办法，这个时候家长可以说说自己的想法，但不能直接给孩子建议，因为建议本身就是在给孩子传递压力：我懂，你不懂。这会让孩子感觉自己无能。家长应该以这样的说法回应："如果是妈妈的话我会这么做……你觉得呢？""妈妈觉得这样做可能会比较好……你觉得呢？""妈妈认为这样做比较好……你觉得呢？"这样不会给孩子任何压力，因为大人只是在说自己的想法，最终的决定权依然在孩子手里。

最后，当孩子采取了相应的措施后依然无法解决问题，甚至问题更加严重的时候，家长就要考虑介入了。对于孩子，家长要尽量放手没错，但放手并不代表撒手不管，必要的时候，家长需要扶孩子一把。比如，向班主任或者学校领导反映一下，或者和小助手的家长聊聊。

为人父母要始终谨记一点，我们不是孩子成长路上的引路人，但我们永远是孩子成长背后默默的、坚定的支持者。

隔代教育， 如何化弊为利

"隔代教育"尽管会给父母解决不少眼前问题，但从总体上来看，老人带孩子仍然弊大于利。

一个网友在网上吐槽：

我的先生就是隔代养大的，而我们的孩子现在也正面临着隔代抚养的状况，真的是轮回呀。正因为他自己是隔代养大的，所以他不认为把孩子交给他的父母有什么问题。我一直在争取自己带孩子的权利，他却坚决不同意，说我没有能力带好。他父母生他的时候，正赶上恢复高考后的几年，因为都考上了大学，只好把仍处于哺乳期的他丢给了农村的爷爷奶奶。公公经常回忆起回家看孩子的场景：爷爷奶奶在田里干活，田埂上铺着一张草席，孩子坐在草席上哇哇大哭，屎泡着麻花，汽水瓶倒在一边混着尿。公公说他至今为这个场景心如刀绞。先生学习很争气，是传说中的学霸。以前所有同学都感觉他是非常棒的一个人，谦和有礼，乐于奉献，高大帅气，家庭条件不错，专一上进，看着是非常好的一个男同学。但随着年龄增大，各种"隔代教育"留下的后遗症都出来了：①轻度抑郁症，强迫性行为，在国外需要看心理医生。②因为被农村的老人带大，缺乏对各种美和艺术的鉴赏能力，听任何音乐都会烦躁，觉得绘画摄影都是卖弄显摆，更拒绝碰触哲学宗教等话题。③与爷爷奶奶的感情更为亲近，他在国外会经常给爷爷奶奶打电话，却从不给父母电话。爷爷生病他说着就会哭。④极度容易被他人的情绪左右。他不知道自己要什么，只知道父母的期望是让他多读书，他就拼命读书，不去健身不去交友也没有任何社会经验，读了一个博士又申请另一个博士。他欠缺父母的关注和爱，幼年被"抛弃"的经历导致他潜意识里觉得"是我不够好"，爸爸妈妈才"不要"我。⑤非常偏执，完全不像是高知家庭出来的孩子。

尽管是个案，但"隔代教育"普遍存在着两大不容忽视的主要弊端：第

一，老人喜欢限制孩子；第二，老人容易溺爱孩子。

限制，让孩子无能

老人之所以喜欢限制孩子，是因为担心孩子万一有个三长两短，自己没办法对子女交代，而要想保证孩子绝对安全只有一个办法，就是处处限制。有些老人对孩子的限制甚至到了有点变态的程度。以前看过一个真实的案例，有个奶奶端着饭碗喂孙子，孙子告诉奶奶说：我不饿，不想吃。奶奶说：不行，必须把这碗饭吃完。孙子坚持不吃，奶奶气得实在不行了，就狠狠掐了孙子一下，孙子哭了，奶奶趁着孩子张口的时候迅速塞了一勺饭。就这样，掐一下，喂一口，满满一碗饭就是这么喂完的。吃饭本来是人的本能，吃不吃、吃多少孩子心里会有数，如果连本能都要被逼迫和限制的话，很难想象以后这个孩子对吃饭该有多么恐惧，给孩子心理上造成的伤害又该有多大！难怪有人调侃说：最可怕的饿，叫奶奶觉得你饿。

除了吃饭，老人对孩子最大的限制还体现在行为上。一位家长在咨询中说：我家孩子的衣服可以穿上一周，还是跟刚洗的一样干净。因为孩子要玩沙子，奶奶说脏；孩子要玩秋千，奶奶说危险。就连孩子走个台阶，奶奶也不允许，理由是容易摔跤。

当一个孩子被处处限制的时候，他会产生这样的念头：为什么别人能做而我不能做？看来是我不行。长此以往，孩子就会不断否定自己，导致在人际交往或者做事时，容易变得胆小怕事，遇到困难就退缩。我曾经接触过不少到了小学甚至中学后变得好动、注意力不集中的孩子，一了解几乎都是从小被老人带的时候限制过多，没有让孩子充分玩好玩够导致的，这就是心理学上所说的"补偿"。

玩是孩子的天性，更是孩子发展自我的重要方式。通过玩，孩子才能为未来的生活做好心理和生理上的准备，就像诗人海桑写的一首诗《一个小小孩》中说的那样：

> 一个小小孩，如果他干干净净，
> 衣帽整齐，如果他规规矩矩，
> 这可并非一件多好的事。
> 如果他一开口，

便是叔叔好阿姨好再见再见你好，

如果他四岁就能让梨，

这又有什么意义？

一个小小孩，应该是满地乱滚，

满街疯跑，脸和小手都脏兮兮的，

还应该有点坏，有点不听话。

他应该长时间玩着毫无目的的游戏，

他是一只自私、可爱又残酷的小动物。

他来到世上，是为了教育我们，

让我们得以再一次生长，

而不是朽坏下去。

溺爱，让孩子依赖

老人为什么喜欢溺爱孩子呢？这是自我认同感不足导致的。想起一个笑话，说的是一位局长退休后不久生病了，浑身不舒服，去医院做了各种检查都没查出病因，最后，他老伴心里明白了是怎么一回事。从医院回来的第二天开始，老伴一反常态，做任何事前都会写个字条请示这个局长。比如，今天吃西红柿炒鸡蛋可否？请批示。局长很高兴，马上在纸条上批示：同意！就这样没过多久，局长的病竟然好了。由此可见，很多时候人的价值就是通过"让别人需要自己"的方式来实现的。老人溺爱孩子就是这个心理：虽然退休了，没办法发挥余热了，但孙子需要我，带孙子可以让我找到自己的价值。于是，老人就会处处宠着、迁就着孙子，最好能让孙子离不开自己，依赖自己，这样更能体现自己的价值。

孩子需要发展自己的独立性，以便在未来独自面对生活的风雨，而老人的溺爱却恰恰破坏了孩子的这个需求。老人给孩子的环境是一种现实生活中根本不存在的真空环境，就像海市蜃楼一样，会让孩子产生幻觉。带着这种以自我为中心的交往模式进入社会后，孩子就会四处碰壁，这会让孩子产生严重的挫败感和无助感，甚至可能从此害怕与人交往，干脆躲在家里当"啃老族"。因此，希腊哲人柏拉图才说：对一个小孩最残酷的待遇，就是让他"心想事成"。美国电影《迷离境界》中有一个令人难忘的片段：主人公开始

是躺在医院的病床上，但醒来时发现自己在一个酒店的房间。不管他想要什么东西，马上就会有侍者出现，满足他的愿望。过了数天之后，这个人厌倦了这种无须努力的存在方式，对侍者说："我有点想到另一个地方去。""什么地方？"侍者问。"哦，我想我已经死了，来到了天堂。但是我厌倦了，也许地狱会好一些。"侍者回答说："这就是地狱。"

化弊为利

相信每一位稍有点教育常识的家长都知道隔代教育带来的弊端，也愿意在条件允许的情况下亲自带孩子，然而，理想是丰满的，现实却是骨感的，很多人之所以选择让老人帮忙，实在是出于无奈之举。那么怎么办呢？给大家推荐两个方法。

第一个方法是个体心理学创始人阿德勒的方法，即尽量不要和老人住在一起，但可以住近一些，比如住在同一个小区或者相邻的小区，这样方便老人照料孩子的生活，但教育的主体，还是孩子的父母。第二个方法是，如果条件限制，必须要和老人一起生活，最好提前和老人说好规则，你可以疼你的孙子，我没有意见，但我教育他的时候，请你不要插手，更不能和我唱对台戏。那么下次当孩子提出无理要求的时候，父母可表示理解，但一定要坚持原则：爷爷奶奶很爱你，我也很爱你，但我们爱你的方式不一样，我有我的底线。面对父母在原则上的不妥协与老人充当孩子的"保护伞"这两种态度，孩子能学会运用灵活的方式和不同的人打交道。

小时偷针，长大了未必偷金

家长咨询：

孩子趁同学午睡时，从对方的口袋里偷了十块钱。当我知道这个消息的时候，有种天旋地转的感觉，"小时偷针，长大偷金"的古话当时一下子就冒了出来，新闻报道中小偷被法办的情景也跟着一起浮现。我越想越怕，越想越气，于是孩子回来后我狠狠地揍了他一顿，结果发现孩子的行为不但没有丝毫收敛，反而变本加厉，变得更加隐秘，大到同学的钱，小到橡皮擦，见什么偷什么。

"小时偷针，长大偷金"这句话我不太认同，甚至有点反感，说这句话的在我看来至少是一个不了解孩子的人。

三毛在她的著作《倾城》里收录了一篇文章叫《胆小鬼》，说的就是她小时候偷钱的一段往事。她把偷钱的事情告诉了姐姐和弟弟，"说着说着，发觉姐姐弟弟们在笑，原来都偷过钱，也都感觉不好过，这一段往事，就过去了"。也就是说，在没明白"物品所有权"是什么的幼儿时期，每个孩子都曾经或多或少地拿过不属于自己的东西。对幼儿来说，我的是我的，你的也是我的，我喜欢的还是我的，这种行为与成人世界的道德判断没有丝毫联系，而是每个孩子成长路上的必然经历，从这个角度来说，每个小孩都曾经是"小偷"。如果按照"小时偷针，长大偷金"这种逻辑，岂不是意味着所有的小孩都会成为品行不端的人？显然不是，绝大部分孩子长大后还是成了遵纪守法的合格公民。更重要的是，这句话很容易误导大人把孩子偶尔的错误行为上升到最终对孩子人格进行"盖棺定论"的高度。一旦大人认定了孩子是个小偷，孩子就会被暗示，时间长了，连孩子都觉得自己是个没有尊严的、

可耻的小偷,那他将来就很有可能成为真正意义上的小偷。孩子年龄还小,无法客观认识自己,他对自己"究竟是一个什么样的人"的认识完全取决于父母的评价。父母是孩子成长过程中的一面镜子,孩子从这面镜子中看到自己是个什么样的人,他就可能成为什么样的人。因此,不能把这句话当成判断孩子的金科玉律,对孩子的行为上纲上线。

我甚至有一个在常人看起来有点极端的观点:要让孩子把在他这个年龄段正常的"错误"都犯了,才可以避免孩子长大后再犯类似的幼稚错误。相信大家对 2002 年发生的清华大学学生刘海洋"硫酸泼熊"事件还记忆犹新,他之所以做出如此令人大跌眼镜的举动,其实只是为了满足自己"考证黑熊嗅觉是否灵敏"的好奇心,假如他的好奇心在小时候已经得到了充分满足,相信他也不至于如此疯狂,这就是行为被压抑到一定程度后的"讽刺性反弹"。

对于"偷盗"行为的引导

这么说当然不是鼓励孩子去偷东西,而是说要对孩子的这种发展过程中必然发生的行为正确看待,并且加以引导。

首先,当孩子拿了不属于自己的东西后,家长要给孩子传递一个信息:爸妈知道你很喜欢这个东西所以才拿的,但这不是你的,我们一起把它还回去吧,你要是很喜欢的话爸妈可以买给你。这个信息对于孩子来说有三个好处:①用"拿"而不是"偷",防止给孩子贴一个"负面标签",因为"负面标签"都有极大的暗示作用。②"把它还回去"给了孩子犯错后改正和努力的方向。③"如果你喜欢的话爸妈买给你",让孩子明白想要自己喜欢的东西可以有正确的途径。

其次,家长在家里要逐步帮孩子建立"物权所有"的概念。比如,这个杯子是宝贝的,那个杯子是爸爸的,另一个杯子是妈妈的,喝水的时候自己用自己的杯子,没有经过别人的允许,不能拿别人的杯子,因为一旦找不到了,别人会很着急。还可以通过玩游戏来加深孩子的印象,比如,把孩子的游戏机藏起来,问他找不到自己的东西是不是很着急、很难受。让孩子明白没经过对方的同意而拿了对方的东西,对方的感受是什么,孩子就慢慢学会了移情,自然而然就不会轻易拿别人的东西了。

不正常行为的来源

除了成长过程中的"偷窃"行为，孩子还会有几种真正的问题行为，但这常常只意味着孩子的某种需求没有得到满足，于是采取了错误的方法。也就是说，孩子的需求都没有问题，有问题的只是选择了不合适的方式和手段。对此，我有切身体会。

小时候的我在父母包括周围的亲戚眼中就是一个典型的"小偷"，只有外婆不这么认为。尽管每次被父母发现后对我都是一顿胖揍，但我却并未因此而收敛，反而乐此不疲，就像《挨打歌》里面所说的，"首次挨打战兢兢，两次挨打哭不停；十次挨打眉头紧，百次挨打骨头硬；千次挨打功夫到，我自酣然对你笑。"我发现在几种情况下我会偷东西：

喜欢但是又无法得到的东西，我就会去偷。我从小喜欢看"小人书"，但无奈家里贫穷买不起，所以只要看到谁家有"小人书"，看完后趁别人不注意我就会顺手牵羊偷偷拿回家。日积月累，有一段时间我竟然拥有了上百本属于自己的"小人书"，内心得到了极大满足。同时我还会把一部分"小人书"拿到学校给同学看，以此来炫耀和收买人心，我也因此成了同学们眼中的"带头大哥"。如果当初父母哪怕只是花很少的钱，偶尔从旧书摊上给我买几本过时的"小人书"，稍微满足一下我内心小小的需求，我也不至于这样疯狂地偷，毕竟每次偷完东西后我还是心有不安的。

在同伴的怂恿下我会去偷。这种偷，事实上是虚荣心在作怪，否则凭什么当别人的"头领"。我会带着小伙伴去果园偷水果，去瓜地偷西瓜。这样造成的后果常常是，果园和瓜田的主人总会在第一时间找到我家，父母也因此赔尽了不是。

刚被父母打骂完后我会再去偷，以此来表示对父母粗暴教育方式的反抗和报复。并且这种情况下的偷，会让我更有成就感，尽管会迎来父母更严厉的打骂，但我看到他们生气的样子，会觉得很解气。

尤其是在父母吵架甚至要离婚的时候，我的偷窃行为可以说已经有点变态了。小到同学的橡皮擦，大到爷爷奶奶的大面额钞票，我都偷过。我当时非常害怕，唯恐父母离婚了我会成为没人要的孩子，只有偷了东西才能转移我的注意力。这也许就是旁人常说的"爱不足，东西补"吧。

宽容的力量

我觉得自己今天能成为一个遵纪守法的公民，并没有因为小时候喜欢偷窃而成为一个品行不端的人，最应该感谢的是外婆。每当我偷了东西挨了打，甚至被周围的亲戚鄙视的时候，她总是会告诉我：小孩子都这样，长大自然就变好了。正是外婆对我发自内心的信任，让我时刻提醒自己做一个善良的人。

宽容和信任的力量是巨大的。雨果的《悲惨世界》里的主人翁冉阿让为了饥饿的外甥而去偷面包被判刑 19 年，出狱的时候，警察局局长沙威认为人偷了一次东西，他一辈子都是小偷了，不会改变，不会得到救赎。连冉阿让自己都认为不会得到救赎了。于是出狱后，当他发现做苦工得到的报酬只是别人的一半的时候，他再次开始偷窃。他在好心收留他过夜的米里哀主教家里偷了一套值钱的银器，刚逃出去不久便被警察抓住。当警察押着冉阿让来到主教家里时，主教却出人意料地告诉警察说，那些银器是他送给冉阿让的，还说冉阿让忘了带走一对银烛台，警察只得将冉阿让释放。最后，主教对冉阿让说："不要忘记，您拿了这些银器，是为了去做一个诚实人。"主教的信任让冉阿让很受感动，他觉得自己的存在应该有比偷窃更崇高的意义，于是决定改变自己的生活。经过 8 年努力，改名的冉阿让成为一家工厂的主人，并且还当上了市长。

所以，要想彻底解决孩子的偷窃行为，就要给予孩子足够的信任，即使孩子 100 次辜负了大人的信任，家长仍然要给孩子第 101 次的机会。毕竟，爱生爱，恨生恨。

四　关于学习

先玩够，再学习

有一个发生在台湾的真实案例：有个孩子念小学一年级，每天高高兴兴地上学，快快乐乐地回家，和同学相处得也特别好。但这个孩子有个缺点，每门功课都是全班最后一名，也正是因为如此，同学们都特别喜欢他。他爸爸一看，儿子确实很快乐，但在学习上长此以往肯定不行。有一天他对儿子说：从今天开始，爸爸和你玩一个游戏，你每天放学回来，老师教了什么，爸爸再教你一遍。儿子听说爸爸陪自己玩游戏，当然开心，所以每天都把老师教的内容告诉爸爸，然后爸爸再帮他巩固一遍。就这样坚持了没多久，等到下次考试的时候，孩子竟然考了全班第一名。爸爸吓了一跳，同学们也吓了一跳，老师更是想不到。孩子回到家非常开心，对爸爸说：我今天考了第一名。他爸爸语重心长地对儿子说：我只是想让你知道，只要你用功，就能考第一名，所以，你应该有自信。不过为了让你过得快乐一点，以后你还是继续考最后一名吧。于是，这个孩子在小学整整玩了六年，有快乐的童年和美好的回忆，也交了不少朋友，但功课仍然是最后一名。等孩子上了初中后，有一天孩子突然对爸爸说：我已经玩够了，从今天开始，我要好好念书了。后来从高中到大学，父母对孩子的学习再也没有操过心。虽然这个爸爸的做法有点冒险，但看了确实让人感动：有一个理解和支持自己，并且可以耐心等待子女自我觉醒的爸爸，对于孩子来说，是多么幸福的一件事。

这个爸爸的做法，让我想起了《夏山学校》这本书，作者 A. S. 尼尔是夏山学校的创办人。尼尔对待孩子在学习上的做法，几乎和这个爸爸如出一辙。每一个来到夏山学校的孩子，第一个任务就是先自由自在地玩个够，没有人会强迫孩子读书。一般情况下，孩子们会持续玩几个月才开始走进教室。曾经有一个从教会学校转学到夏山学校的女孩子整整玩了三年才开始学习。通

过玩，孩子在生理和心理上都对学习做了充分的准备，更重要的是，尼尔发现，当孩子做好了准备的时候，学习效率会非常高，在传统学校七八年才能学会的知识，夏山学校的孩子常常只需要花费两年多的时间，因为这些孩子学习的动机是来自内部的"我要学习"，而不是来自外部的"你要我学习"。自己主动学习心情自然好，心情好自然就能学得好，这也就是爱因斯坦说过的"兴趣是最好的老师"。

上述两个案例的做法，估计很多父母都难以接受，毕竟在应试教育的大背景下，这样的做法显得太过另类，实际操作起来也不容易。但其实大人完全可以采取折中的办法，就是至少在该玩的时候要让孩子玩个够，用李大钊的话说就是，要玩就玩个痛快，要学就学个踏实。

很多父母之所以会不让孩子玩，一方面是因为自己对未来恐惧而产生了焦虑，担心孩子的前途；另一方面是因为这些父母心中有个不成立的假设：如果孩子玩多了，就没心思学习了。但是他们却忽略了一点：孩子本身是有其内在成长规律的。就像面对一颗种子，我们不需要告诉这颗种子如何成长，只需要提供合适的条件，这颗种子就可以自己成长为参天大树，除非遇到不可控的因素。孩子走路不是家长教会的，是他做好了准备，开始对走路有了兴趣，自己想走路了；孩子说话也不是家长教会的，是他成熟到一定程度，对说话开始感兴趣了。这就是教育学上经常强调的一点，要让孩子先成熟，再成长。

至于怎么放手让孩子玩，其实方法很简单，就像放牛一样，人只要做好两件事：①安全：牛不会掉进河里或者跑到马路上；②不妨碍别人：牛不要偷吃或者破坏别人的庄稼。除此以外，家长要管住自己的嘴和手。用英国教育家洛克的话说就是："给孩子的限制要尽可能地少，要比你想象的最少还要少。"

先让孩子尽情玩吧，玩就是孩子的工作，玩好了，孩子自然会茁壮成长。不要急于用所谓的"知识"逼迫孩子过早适应社会，就像印度哲人克里希那穆提所说的："真正的关怀就好比关心一棵植物，为它浇水，认清它的需要，给它肥沃的土壤，温柔亲切地照料它。可是如果你只培养你的孩子适应社会，你就是在训练他们如何斗争，那么他们就会被社会宰割。如果你真的爱你的孩子，怎么还会鼓励他们加入这场人间的苦战？"

阅读有多重要

　　看过一篇感人的新闻报道：有位母亲独自在偏远山村抚育三个孩子，每天晚上干完农活回到家给孩子们做完饭后，她都会翻开一本书静静地阅读，直到灯油燃尽。受她的熏陶，三个孩子也都十分喜欢读书学习，最终三个孩子全都考进了一流名牌大学，轰动全国。有记者去采访这位母亲，看到家徒四壁，只有几本书摆放在墙角。记者好奇地问："这是您平时看的书吗？"母亲摇摇头："我大字不识一个，以前看书，都是装出来的。"苏联著名的教育大家苏霍姆林斯基也曾经说过两句话：①让孩子变聪明的方法，不是补课，不是增加作业量，而是阅读、阅读、再阅读；②一个不阅读的孩子就是学习上的潜在差生。

为什么阅读如此重要？

　　首先，整个小学阶段的教育任务，不是要确保孩子学到多少知识，而是要想办法让孩子爱上学习，喜欢学校，懂得与同伴相处。而阅读，无疑是孩子爱上学习的捷径，也是孩子未来在学业上保持良好发展势头的核心竞争力。正因为如此，所以新加坡政府规定：孩子到了18个月，父母一定要给孩子读书。同时，小学阶段的学习任务相对来说比较轻松，孩子的空闲时间比较多，这为孩子的大量阅读创造了良好的外在条件，所以父母应该把握好这段时间，引导孩子珍惜阅读时间，因为以后到了中学，孩子要学习的功课会增加，学

习任务也加重，孩子的阅读时间也相应地大幅减少。

在心理学上有个"三年级效应"，即很多孩子在一、二年级成绩都很好，而一旦到了三年级，这些孩子的学习成绩就大幅度下滑，甚至出现了厌学倾向，其中的原因就是三年级的课程设置中增加了作文和应用题，开始考察一个孩子的综合能力，比如理解能力、分析能力、判断能力、抽象思维能力等，而这些能力无一例外都可以通过阅读培养。陆游的儿子曾经问过父亲："如何才能写好诗？"陆游告诉儿子："汝果欲学诗，功夫在诗外。"也就是说，要写好诗歌，不仅仅要在诗词本身下功夫，更重要的是在"外围"下功夫，要多体验生活，多观察，多思考。同样的道理，阅读便是孩子在学习方面最主要的"外围功夫"。有"韩国首席妈妈"之称的全惠星，把自己的6个子女全部培养成了哈佛大学和耶鲁大学的博士，她在接受美国哥伦比亚电视台专题采访时，透露了自己独特的教育理念："我在研究中国古代文化时受到了启发，中国有句话'功夫在诗外'，运用到我的教育方法中就是'功夫在学外'。"在她的教育理念中，很重要的一条就是：从小给孩子创造一个能随时随地读书的环境。

其次，人在任何学校学到的东西都是有限的，真正的热爱学习指的是一个人即使进入工作岗位后还能保持学习兴趣，也就是人们所说的"终身学习"。只要爱看书，爱学习，即使这个人将来没有考上大学，相信他比那些从所谓名牌大学毕业但毕业后再也不看书、不学习的人要强百倍。比尔·盖茨、李嘉诚、松下幸之助都没有大学毕业，但这并没有妨碍他们成材，因为他们在工作中仍然不断学习和提升自己。

更重要的是，阅读会改变一个人的命运。读与专业有关的"有用的书"，却可以改变人的外在命运，提升人在社会上的地位；读与专业无关的所谓"无用的书"，可以改变人的内心世界，丰富人的心灵生活，使人们的内心变得强大，时刻立于不败之地。难怪博尔赫斯说，天堂应该是图书馆的模样。

网络上流传着这么一段话：其实文凭不过是一张火车票，清华北大是软卧，本科是硬卧，专科是硬座，民办的站票，成教的厕所挤着。火车到站，都下车找工作才发现——领导其实并不太关心你是怎么来的，而只关心你有没有能力。

所以，让孩子从小喜欢上阅读吧，他将成为一个同时拥有能力和幸福的和谐的人。

作业那些事儿

在我十多年的家庭教育生涯中，被家长问得最多的问题之一，就是关于孩子的作业问题，这其中包括幼儿园孩子的作业和小学生的作业。那么，家长如何做到既能理性对待作业，不让作业成为孩子的包袱，同时又让作业发挥它应有的功能呢？

幼儿园孩子的作业

一所幼儿园实施的教育是否优质，一个最重要的衡量标准是幼儿园的教师是否采用了游戏化教学，这是由幼儿的天性决定的。对幼儿来说，最好的学习是有目的的游戏，最好的游戏是愉快的学习，唯有把学习和游戏恰到好处地无缝衔接，才能保证教育效果的最大化。然而，和好的教育教学方式相比，很多家长往往更在乎孩子学到了什么，只要结果而不顾后果，这是急功近利思想在教育上的具体表现。也就是说，作业仅仅满足了成人的需要，是成人把对未来的焦虑投射到孩子身上的产物。

这类成人，大部分是知识水平不高的父母，他们喜欢孩子在小的时候能表现出聪明，鼓励孩子成人化，这是一种典型的心理补偿，本质是把自己未了的心愿强加在孩子身上。而知识水平高的父母，往往更愿意接受让孩子按照自然的方式慢慢成长。结果是后者的孩子比前者的孩子要发展得更好。所以，每当有家长问孩子在幼儿园要不要写作业的时候，我的态度很明确：除了一些带有游戏性质的手工作业，书面作业根本不需要，尤其是一些"暴力"作业更是要坚决反对，比如，让幼儿把一个字抄满一页纸，或者把一个数字写20遍。

做任何事情都有一个前提，就是身体和心理要先具备一定基础。就好比面对一个饥饿的婴儿，相信没有哪个家长会喂他吃面条，因为婴儿的肠胃还没有发展到可以消化面条的程度。孩子写作业也是同理，他在各方面都还没

有准备好。

首先，孩子的身体没有准备好。孩子的手部关节骨化过程还在发展中，这导致了孩子手部肌肉的力量很有限，无法胜任持久用力的动作。要求此时的孩子拿起笔来写作业，就好比让家长拿起碗口粗的笔写字，两者的难度是相同的。同时，写作业需要手、眼、脑的协调能力来配合，而幼儿显然都是活泼好动的，手、眼、脑的协调能力比较差，因此写作业的时候常常必须盯着笔尖，而为了看清笔尖，孩子势必要全身向前向下，这样不但容易导致孩子驼背，也容易导致孩子近视。

其次，孩子的心理也没有准备好。写作业是一项需要注意力高度集中的任务，而幼儿显然还无法长时间集中注意力。幼儿心理学已经证明：小班幼儿只能集中注意力 3 ~ 5 分钟，中班幼儿是 10 分钟左右，大班幼儿为 10 ~ 15 分钟。

因此，无论从生理还是心理上来说，让幼儿写书面作业都不是明智的选择。如果在孩子力不能及的时候，家长还采取一些强制的手段，比如说教、逼迫、打骂，会对孩子产生更大的影响。心理学上有个说法叫"首因效应"，指在对待一件事物的看法上，人往往依赖第一印象，并且这种印象因为先入为主的原因会非常牢固。也就是说，如果孩子在未进入小学前，对学习产生的第一印象是痛苦的，这将直接导致孩子产生厌学倾向。

其实，孩子在幼儿园只有最重要的两个任务：玩和阅读。玩让孩子为未来的正规学习做好身体和心理上的准备。在成人眼里毫无意义的玩，对孩子来说却意义深远。比如，玩沙子，可以锻炼孩子的手部肌肉加速其成熟，为以后握笔写字打好基础；还可以培养孩子的注意力，这是孩子未来获取知识的前提；又可以培养孩子的想象力，这样他将来在学习上遇到困难时就会有更多的解决思路。而通过给孩子读书，引导孩子喜欢上阅读，则是在培养孩子的核心竞争力。只要一个孩子从小喜欢读书，喜欢学习，即使他将来没有考上大学，他的表现也会比那些从名校毕业但再也不学习的人要强得多，因为在这个知识信息大爆炸的时代，唯有保持旺盛的学习兴趣才能获得可持续发展。

小学生的作业

孩子一踏入小学，作业就名正言顺地走进了孩子的生活，甚至可以说走进了每个家庭，围绕作业而产生的亲子冲突，也越来越频繁。这种冲突有几方面的原因：①学校的应试教育体制，把分数作为考量孩子的唯一标准。当然，这种主流的教育方式不是靠个人之力可以改变的，与其埋怨，不如接受。②家长觉得作业和成绩有因果关系，作业做得多成绩必然就会好。其实，作业只是用来巩固孩子课堂知识的，和成绩也有一定的关系，但不是必然关系。《家庭作业之谜》的作者阿尔菲·科恩认为，过多的家庭作业只会削弱孩子的学习兴趣，甚至可能对他们的心理产生负面影响。她在书中援引了一系列统计数据，认为做家庭作业并不是学业成功的必然因素。另一本书《状告家庭作业》的作者莎拉·贝内特也指出，到目前为止，没有任何研究表明小学生的家庭作业和他们的学习成绩之间存在关联。杜克大学对已完成的180份有关家庭作业的研究报告进行评估发现，在小学，家庭作业和学习成绩之间几乎毫无关联，到了中学也关联不大。尽管到了高中做作业对学业有所帮助，但是一旦孩子们做作业时间超过两个小时，这些收益就开始急速降低。③很多家长在与孩子相处的过程中，常常弄不明白问题是属于谁的，对孩子的作业肆意干涉，结果改变了孩子的学习动机，让孩子感觉做作业是为了家长，而不是自己。人做任何一件事情都需要动机，而动机分为内部动机和外部动机，就拿孩子做作业来说，"我要做"和"你要我做"这两种动机产生的力量是不一样的，前者的力量更大，因为是自愿而不是被迫的。

因此，鉴于以上原因，我对小学阶段的作业问题提出几点建议：①大人要始终旗帜鲜明地向孩子表明态度：作业是你自己的事情，你想写就写，不想写就别写。估计很多家长刚开始的时候都难以做到这点，至少无法坦然面对，但只要坚持一段时间，好处就会显而易见。一方面，这可以防止孩子用作业来要挟家长；另一方面，当把作业的责任还给孩子后，家长几乎可以说是彻底解放了，甚至可以对孩子提出要求：到了某一个时间段，就不可以写作业了，因为担心对身体不好。至于他没有完成作业被老师批评了，那是孩子应该承担的后果，被批评几次后，一般情况下孩子就能逐渐学会有效管理和分配自己的时间。当然，放手并不代表撒手不管，当作业的难度超过孩子的能力时，家长要适当协助一下孩子，即便如此也要适可而止，不能直接告诉孩子答案或者完全代劳，最好采用启发孩子的方式，比如，对关键问题用通俗易懂的话给孩子解释一下，或者通过示弱，让孩子借助外部资源，比如，查字典、打电话问同学。②除了课堂作业，家长没必要再给孩子布置额外的作业，至于上补习班更没必要，除非孩子自己愿意或者孩子的学习方法出了

问题，因为上补习班本身就暗示孩子是一个差等生，这会打击孩子的自信心。③在小学期间加大孩子的阅读量。尤其要让孩子多阅读与学习无关的课外书，这是保证孩子拥有足够学习后劲的唯一来源，因为学习任何一门功课都需要四种基本能力：理解能力、分析能力、逻辑能力、判断能力，而这四种能力都可以从阅读中获得。④对于带有惩罚性质的作业要坚决拒绝。比如，孩子写字的时候少写了一点，结果老师就罚孩子把该字抄写100遍，这就是惩罚性的作业。惩罚性的作业从本质上来说是对孩子犯错后的一种报复，这样的作业会迅速毁掉孩子的学习兴趣，因为趋乐避苦是人的天性。对于这类作业，只要孩子写了两三遍后写对了，剩下的就完全可以不用写了。如果孩子担心被老师批评，家长就需要和老师沟通一下，沟通的时候要注意语气。首先对老师的工作表示理解，毕竟应试教育像一辆战车，绑架孩子的同时也绑架了老师。同时向老师传递一个信息但不是指责老师：我发现孩子写了两遍就再也没出错了，所以剩下的我就没让孩子写，因为我担心继续写会打击孩子的学习积极性。⑤孩子刚开始写作业的时候，家长可以适当陪伴几次，目的在于让孩子从心理上对作业逐渐适应，毕竟中国当下的幼小衔接是个"急拐弯"，孩子需要做好缓冲。当然，这种陪伴需要找个借口，比如，家长告诉孩子自己要在不远的地方看书。但是陪伴绝不能成为常态，否则孩子就会养成依赖的习惯。在平时，家长还是要通过各种方式告诉孩子，作业是他自己的事，他应该为此负责。

能放手的事情尽量放手，家长退一步，孩子才能进一步。

学习好的三要素

在应试教育的大背景下，孩子的学习可以说是大多数家长都关心的"头等大事"，一旦孩子的学习出了问题，则会变成让家长"头大的事"。那如何才能让孩子爱上学习呢？唯一的方法就是从小培养孩子的学习兴趣，有了兴趣，孩子才愿意主动学习，从而彻底解放家长。

爱因斯坦曾经说过"兴趣是最好的老师。"孔子也曾经说过"知之者不如好之者，好之者不如乐之者。"而人要喜欢做一件事，必须满足三个必要条件，缺一不可。

心情好才能做得好

心理学上有句话叫"心情好才能做得好"，没有一个好的心情，做任何事情都会是事倍功半，甚至徒劳无功，毕竟开心的事大家都愿意去做，痛苦的事大家都尽量回避，这是人的天性。

心理学上有一个原理，叫"关联原理"，类似于巴甫洛夫的条件反射，意思是，当人和某种事物建立联系时，媒介的作用非常重要。"名人效应"就是一个很好的例子：我们之所以信赖名人代言的产品，是因为名人充当了我们和产品建立联系时的"媒介"，这个"媒介"是值得我们信任的，因此我们对该产品建立的条件反射模式就是："产品 = 信任"。同样的道理，面对孩子的学习，如果家长或者老师采用了让孩子痛苦的方式，这种方式就会成为一个不好的媒介，孩子因此而获得的条件反射模式就是："学习 = 痛苦"。这些痛苦的方式表现在以下几个方面。

（1）满足家长的补偿心理。这类家长自己小时候学习不好，于是迫切希望孩子能在学习上出人头地，这样心理上就可以取得平衡。另一类家长的心理是"反向补偿"，自己学有所成，于是想当然地希望孩子能"长江后浪推前浪"，比自己更胜一筹。在这种"补偿心理"的驱使下，这两类家长都会一厢

情愿地把意志强加在孩子身上，其结果往往是事与愿违。在《庄子·外篇·至乐》中记载了这样一则寓言：从前，有一只海鸟停留在鲁国国都的郊外，鲁王让人驾车迎接它，并且在宗庙里对它敬酒，演奏音乐使它高兴，准备牛、羊、猪的肉作为它的食物。于是海鸟眼花了，忧愁悲伤，一块肉也不敢吃，一杯酒也不敢喝，没过三天就死了。鲁王以为自己喜欢喝酒，喜欢听高雅的音乐，喜欢吃肉，海鸟应该也喜欢，他的出发点绝对是善意的，而带来的结果却适得其反。

（2）提前教育。人不会去教一个刚生下来的婴儿学走路，因为都知道婴儿的心理和生理还没有做好准备，这是常识。而一旦用在教育上，很多家长就连这点最基本的常识都不懂了。

孩子有自己内在的发展规律，当孩子身心没有成熟到一定程度时，任何人为强加的外部力量，都是徒劳甚至有害的。美国著名的心理学家格赛尔曾经做过的"同卵双生子爬楼梯实验"就证明了这一点。他让一对同卵双胞胎练习爬楼梯，其中一个实验对象（代号为 T）在他出生后的第 46 周开始练习，每天练习 10 分钟，另外一个（代号为 C）在他出生后的第 53 周开始接受同样的训练，两个孩子都练习到他们满 54 周的时候，T 练了 8 周，C 只练了 2 周。这两个小孩哪个爬楼梯的水平高一些呢？大多数人肯定认为应该是练了 8 周的 T 比只练了 2 周的 C 好，但是，实验结果出人意料——只练了两周的 C 爬楼梯的水平比练了 8 周的 T 好，C 可以在 10 秒内爬上特制的五级楼梯的最高层，T 则需要 20 秒才能完成。格塞尔分析说，其实 46 周就开始练习爬楼梯，为时尚早，孩子还没有做好准备，所以训练只能取得事倍功半的效果；53 周开始爬楼梯，这个时间就非常恰当，孩子做好了准备，所以训练就能达到事半功倍的效果。这个实验对父母的启发是，教育一定要循序渐进，一步一个脚印，当孩子尚未在身心上做好准备的时候，任何超前教育或者提前教育，都会打乱孩子内在发展的时间表，为孩子的未来埋下隐患。

（3）对孩子进行"盖棺定论"。我曾有一次在一个超市排队付款，前面是一位爸爸和他儿子，儿子考试考了五十八分，那位爸爸骂他儿子：你笨得像头猪一样，不对，连猪都能考及格。当时真想反问一下那位爸爸，你见过能考五十八分这么聪明的猪吗？但最终还是忍住了，因为中国的父母有一个观念，孩子是自己的私有财产，想怎么教育就怎么教育，与别人无关，所以，即使我说了，他也未必会听进去。孩子小的时候还没有自我评价的能力，也就是说他不知道自己是个什么样的人，他对自己的认识来自于父母对他的评价，父母认为他是一个什么样的人，他最终就很可能会成为一个什么样的人，这就是心理学上所说的"自我实现"。

（4）横向对比。很多家长喜欢拿自己孩子和别的孩子比，尤其喜欢拿孩子的短处和别人孩子的长处比。人和人都是不一样的，尤其是孩子，每个孩子都有自己的长处，也都有自己的不足。如果经常拿自己孩子的短处和别人的长处比，只会把孩子比得一文不值，并可能使孩子学会了嫉妒别人，唯独忘了发展自己。所以，如果要对比，只能纵向对比，也就是说让孩子自己和自己比，比如今天比昨天有没有进步。这次比上次有没有进步，这样，孩子才会把所有的精力都集中在自身的发展上，不会轻易受外界所谓的竞争对手的影响。

为奥巴马夫人设计晚礼服的纽约华裔设计师吴季刚就是一个很好的例子。他从小喜欢芭比娃娃，并且喜欢为它们设计衣服。一般的父母无法接受儿子有这样异于常人的爱好，但吴季刚的母亲却认为这是他的长处，为了避免别人的言行对儿子产生影响，于是她把儿子送去了加拿大，让他按照自己的爱好去发展，最终成就了吴季刚。因此，教育孩子要有一个非常重要的观念就是，取长补短，不如扬长避短。

（5）帮助和限制过多。一个人要在社会上生存，必须具备自身的价值，有了价值，人才能有归属感，而价值都来自于做事的能力。在孩子小的时候，如果父母对孩子的帮助和限制过多，这无疑是在向孩子传递一个信息：你不行。这会让孩子产生习得性无助，丝毫感觉不到自己的存在价值。因此，和孩子相处的过程中，父母要尽量对孩子放手培养，除非他的行为妨碍到别人或者存在安全隐患。否则，孩子自己能做的就让孩子自己做，孩子想做但能力还达不到的父母就"搭把手"。父母太聪明了，孩子就容易笨；父母如果太能干了，孩子就容易懒。

（6）学校教育。应试教育奉行的是"分数高于一切"，分数成为判断一个学生好坏的唯一标准。每当学校的考试成绩不理想时，教育主管单位会找学校的负责人谈话，因为这影响了主管单位的政绩；接下来学校负责人又找各班班主任开会，强调问题的严重性；然后班主任又找各科老师分析原因；紧接着各科老师马上行动，把家长请到学校一起商量对策；家长回到家又会训斥孩子；最终，孩子成为承受这一切压力的"千斤顶"！人的承受能力都有一定的限度，超过了这个限度，人就会"反其道而行之"。这种情况在家庭教育中时常发生：孩子做错事情本来很内疚，但如果父母批评孩子时没有把握

好一个"度",而是对此喋喋不休,孩子的内心感受就会从开始的不安到不耐烦到最后的反感讨厌,更不利于问题的解决。

"标准答案"是残害中国学生的另一把利器。前段时间看到一道小学一年级的考试题:雪融化了是( )。一个孩子填的是"春天",结果被老师打了一个大大的红叉,老师还要求孩子必须记得"雪融化了是水"。可以想象这个孩子当时该有多么失落!这种僵化的教学思维,直接限制了中国孩子的想象力发展。

尽管应试教育还存在这样或者那样的弊端,但我相信,只要父母在家庭教育方面下足功夫,完全可以把应试教育产生的副作用降到最低。

动力要足

一只狮子在追赶一只黄羊,二者都拼命奔跑,结果狮子跑得疲惫不堪也没能追上黄羊。其他动物都笑话狮子,狮子却说:"我是在为一顿饭奔跑,而黄羊是在为生命奔跑,我怎么能追得上黄羊?"做一件事情能做到什么程度,取决于人的内在动力有多大,就像释迦牟尼之所以能把佛教发扬光大,是因为他的动力是要"普度众生",帮助人们脱离苦海。相信很多人都学过一篇课文《为中华之崛起而读书》,说的是周恩来总理小时候的一件事。老师问同学们:你们为什么要读书呀?有的同学说"为了当官",有的同学说"为了吃饭"。最后问到周恩来的时候,周恩来站起来响亮回答:"为了中华之崛起而读书。"这种"心系苍生"的抱负所产生的动力该有多大!正是这种动力,让周恩来成了一代伟人。我们从抗日战争影视剧中也能体会到动力的重要性。每到冲锋关头,红军战上总会高喊:"同志们,为了新中国,冲啊!"

因此,平时要告诉孩子,他学习是为了更好地帮助和服务他人,只有这样,学习的动力才有可能充足。英国文艺复兴时期哲学家弗朗西斯·培根也说:"我确信自己生来是为人类服务的。"

有能力

单纯有好心情和动力还不够,还要有能力作为后盾,足够的能力会让人产生成就感。就好比踢足球,即使心情再好,动力再足,如果从未进过一次球,人的自信也会逐渐消失。

教育学上强调"语文是百科之母",而阅读可以说是"语文之母",因为孩子学习其他功课的基本能力都来自阅读。不仅如此，阅读直接促进了一个人的精神发育。莎士比亚说过："生活里没有书籍，就好像没有阳光；智慧里没有书籍，就好像鸟儿没有翅膀。"台湾地区前领导人的办公室里有副对联：万事皆空善不空，黄金非宝书为宝。正因为阅读如此重要，所以几乎所有犹太人都爱书如命。相传当他们的孩子稍微懂事时，犹太人的家长就会在《圣经》上滴几滴蜂蜜，然后叫小孩去舔《圣经》上的蜂蜜。这种仪式的意思不言而喻：书本是甜的。让孩子从小就懂得读书是一件甜蜜而快乐的事情，以此唤起孩子对书，对文字的兴趣。

要让孩子爱上阅读，一个最简单的方法就是家长先喜欢阅读。家长喜欢读书，这种行为对孩子来说本身就是一种强大的暗示，向孩子传递了一个信息：读书很有趣。而孩子天生都喜欢模仿，他也会在不知不觉中认为书本是有趣的，否则爸爸妈妈怎么那么喜欢呢？相反，如果父母当着孩子的面经常玩手机，这对孩子来说也是一种暗示：手机很有趣。

其次要吊足孩子的胃口。日本有位教育专家叫铃木镇一，他同时也是位著名的小提琴演奏家，据说无论孩子的天赋如何，他都有办法让孩子爱上小提琴。他的方法其实很简单，刚开始先让孩子站在旁边看别人拉，看了一段时间后让孩子摸一下小提琴，然后继续看别人拉，当孩子的兴趣被充分激发起来以后，铃木镇一才会开始教孩子拉小提琴。培养孩子爱上阅读也是同理。除此外，家长不但不能逼迫，相反还可以尝试在初期给孩子制造一些小小的障碍，比如，规定孩子每天只能看一小段时间。这种以退为进的做法会让孩子更加珍惜阅读时间。

再次，要经常给孩子读书。新加坡要求父母在孩子18个月大的时候，就开始读书给孩子听。读的时候尽量声情并茂，并且语调上要抑扬顿挫，这会进一步强化孩子对书本的兴趣。

最后，当孩子的识字量达到一定程度的时候，让孩子给父母读书。在这个过程中要切记：不要"鸡蛋里挑骨头"，放大孩子的错误。比如，这个字读错了，那个句子不通顺，这样会让孩子产生挫败感，严重打击孩子的自信心。同时也不能功利性太强，总喜欢用书里的内容考孩子，这样只会让孩子感到压力巨大，就好比每次带孩子看完电影都要求孩子写一篇心得一样。

有句谚语说得好，你可以把一匹马牵到河边，但你没办法逼着它喝水。孩子的学习也是如此，任何强制的力量，都会引起孩子心理上的对抗，除非他自己对学习有了兴趣。

提早入学危害大

造物主都是尊重万物的，并且给出了充足的时间和自由去让万物释放自己最大的生命潜能，从而让万物都成了最好的自己；而人则不然，人都喜欢根据自己的意志去改造事物，结果打乱了事物的内在发展规律。这和老子的"无为"观点在本质上是一样的。所谓"无为"，不是什么都不做，而是做任何事都不能带着太强的功利性和目的性，否则，只会适得其反。

就拿孩子早上学还是晚上学这件事来说，法律规定小学的入学日期以 8 月 31 日为分界点，凡 8 月 31 日前年满 6 周岁的适龄儿童可以读一年级，这就意味着出生于 9 月 1 日之后的孩子只能等待次年的秋季入学。其实，除了我们国家有这个规定外，世界上绝大多数国家和地区，不论是发达国家，还是发展中国家，也不论是白种人、黑种人、黄种人、棕种人居住的地区，基本上都规定 6 岁以上的儿童才能入小学读书。而北欧教育强国如瑞典、芬兰，则规定孩子必须要到了 7 周岁才可以上小学。由此可见，这种入学年龄的规定，绝不是偶然的巧合，而是有科学依据的。然而现实情况则是，尽管不少孩子还没到法律规定的入学年龄，家长仍然会想尽一切办法选择让孩子提早入学。更有甚者，为了防止错过"班车"，分娩期没到就提前进行剖腹产。这类家长的理由看起来似乎很充分：比同龄的孩子早上学，孩子以后高考或者考研即使第一次不太理想，"二战"也为时未晚；早上学比晚上学更有优势，这样孩子就不会输在起跑线上了。其实类似的做法几乎都是和孩子的发展背道而驰的，至少弊大于利。

我曾经和不少外国人聊过这个话题，他们的观点惊人的一致：尽管政府规定到了 6 周岁要上学，但如果有可能，他们宁愿选择让孩子晚点上学，尤其是男孩子，因为男孩子开窍比较晚。这样的选择基于以下几方面的考虑。

首先，为了孩子的学习能力着想。在家里多待一年，能让孩子对未来的学习充分做好心理上和生理上的准备，防止孩子在学习上产生挫败感，从而极大地保护了孩子的自信心。孩子和成人不一样，年龄差几个月，表现的差距都会很大。只有年龄到了 6～7 岁，孩子身心和智商才能发展到具有一定的协调性和自我控制能力的程度，才能遵守相应的规则。

其次，为了孩子的人际交往着想。孩子之间的交往都有一个特点，年龄小的更愿意和年龄大的玩，并且在玩的过程中，更多情况下会听从年龄大的孩子的领导，那么大孩子的领导能力自然就更容易培养出来。西方的家长不太在乎孩子的学习成绩如何，但他们会特别留意孩子的社会化发展怎么样，情绪发展正不正常。因为他们知道成绩对孩子的发展不起决定性作用，孩子最终是需要走入社会与人交往的。因此，如果孩子在这方面出了问题，他们就会非常着急，并且会想方设法帮助孩子，比如送孩子去参加社会交往机能培训班。

再次，在参加集体活动时，如果年龄大一些，体力上或多或少都会具有某种优势，表现也就自然不会差，这有助于培养孩子的自我认同感，有了自我认同感，才会有归属感。

最后，让孩子晚点上学，父母就可以多点时间陪孩子，毕竟孩子总有一天会离开父母，去过属于自己的生活。

外国朋友的观点，让人听了很感动。和国内不少家长整天表面上喊"一切为了孩子"而实际上却是伤害孩子的行为相比，他们的做法才称得上是真正的"以孩子为本"。

在这其中，还有一点容易被中国的家长忽略，国外的幼小衔接都是自然过渡的，小学低年级孩子的教学方式和幼儿园很接近，因为这样能使孩子有足够的时间去适应小学的节奏；而反观我们国家，幼小衔接可以说是一个"急拐弯"，无论是从作息时间还是授课方式来说，幼儿园和小学简直是天壤之别。如果在这种情况下还要让孩子提早入学，可以想象孩子的压力和心理落差有多大。其实在孩子的成长过程中，掌握知识只是整个教育的一部分，尤其对低年级孩子来说，学业在教育中所占的比重更低。而孩子的情绪、心理发展、与人交往的能力、习惯、行为规范才是家长应该关注的重点。

一位美国儿童心理学家认为："让孩子晚点上学，是送给孩子最好的礼物。"我们中国人也常说，"欲速则不达"。所以，如果条件允许的话，尽量让孩子晚点上学，至少不用提前。

两头受气的滋味

儿子从小比较好动，因此一年级刚入学时老师就老骂孩子，天天打电话叫我们一定要严厉管教孩子，所以我们也配合老师天天回家打骂孩子。

孩子刚开始学习劲头很足，语文数学头两次考试都是一百分，老师说内容简单，考一百分正常，班里的同学几乎都考了双百；还有一次"写字比赛"孩子也是一百分，过两天老师又说字不规范减掉 1 分，变成了 99 分（后来，家长会上我们才知减掉 1 分的原因，因为考一百分的学生可与校长在校门口合影，但每个班有名额限制，他们班名额超出了，所以把我儿子分数减了）。后来孩子就慢慢讨厌作业了，尤其是讨厌写字，发展到现在他考试都只做选择题和判断题，凡要写字的都不动，已经五年级了，字还不如幼儿园时写得好。

看到这个案例，第一时间想到了一句歇后语：老鼠钻进风箱里——两头受气。孩子在学校已经够委屈了，回到家还要被父母打骂，可谓到了"叫天天不应，叫地地不灵"的地步，难以想象孩子的内心有多么愤怒和无助。

老师对孩子有偏见，总是骂孩子，尤其让人感觉不公平的是：孩子凭成绩换来了和校长合影的机会，结果却因为一个根本不能成为理由的理由被取消了，不难想象孩子的心里又有多么失落！既然游戏规则是"每个考百分的孩子都可以与校长合影"，那为什么事到临头又要来一个"名额限制"？如果是因为场地，那就换个大一点的地方，因为孩子在乎的是和校长合影的这份荣誉，至于在哪里合影则并不重要。并且，从孩子以往的遭遇来推测，估计老师也没有向孩子充分说明减分的理由，或者给孩子道个歉。孩子的年龄还小，心理也很脆弱，无法承受突发事件带来的伤害，因而这种伤害可能会持续影响孩子的一生。

著名作家毕淑敏在她的文章《谁是你的重要他人》中，讲述了小学的时候发生在自己身上的一件"小事"，正是这件"小事"，导致毕淑敏从此以后再也不能开口唱歌。事情的经过是这样的，有一年学校组织歌咏比赛，要到中心小学去参赛，校长非常注重名次。而最被校长看好的就是学校的"男女小合唱"，毕淑敏也在其中，负责排练的是她的音乐老师——"长辫子"老师。有一天在排练的时候，"长辫子"老师总感觉有人跑调，于是走到每个人面前听，最后发现是毕淑敏跑调。"长辫子"老师直接当着所有的合唱队员的面训斥毕淑敏："原来就是你跑调！一颗老鼠屎坏了一锅汤！现在，我把你除名了！"用毕淑敏的原话说，她当时"灰溜溜地挪出了队伍，羞愧难当地走出教室"。虽然很难受，但这并没对毕淑敏造成多大的影响，她说，"那时的我，基本上还算是一个没心没肺的女生，既然被罚下场，就自认倒霉吧。"于是，当别人都在排练的时候，她就去操场打篮球。后来，因为少了毕淑敏，男女声部人数不平衡了，老师又让她加入合唱团，但有个条件：合唱的时候，包括比赛，你只能张嘴，但不能出声。可以想象毕淑敏当时有多么痛苦和委屈，"我好半天才明白了'长辫子'老师的禁令，让我做一个只张嘴不出声的木头人。泪水憋在眼眶里打转，却不敢流出来。我没有勇气对'长辫子'老师说，如果做傀儡，我就退出小合唱队。在无言的委屈中，我默默地站到了队伍之中，从此随着器乐的节奏，口形翕动，却不得发出任何声音。长辫子老师还是不放心，只要一听到不和谐音，锥子般的目光第一个就刺到我身上……"最后，尽管合唱团在比赛中取得了很好的名次，但毕淑敏却从此遗下了不能唱歌的毛病，甚至在遇到凡是需要唱歌的场合，毕淑敏根本连声音都发不出来。在文章的结尾，毕淑敏写道：弗洛伊德精神分析学派认为，即使在那些被精心照料的儿童里，也会留下心灵的创伤。因为儿童智力发展的规律，当他们幼小的时候，不能够完全明辨所有的事情，以为那都是自己的错。

当然，在目前的体制下，父母无法改变学校包括老师的一些做法，然而，父母完全可以在孩子受到不公平对待的时候，给孩子提供精神上的支持，这种支持，也许无法完全抵消孩子受到的伤害，但至少可以把伤害降到最低。显然，案例中家长的做法却正好相反，孩子在学校已经够委屈了，天天被老师骂，做家长的不但不理解孩子，还往孩子的伤口上再撒了一把盐，"配合老师天天回家打骂孩子"。带着这么糟糕的情绪，即使是大人，估计对学习也没

有什么兴趣了。至于"孩子就慢慢不爱作业了，特别不想写字"，则是老师"扣分"这个导火索直接引发了孩子在情绪上对学习的彻底对抗的体现。其实在孩子的眼里，老师也好，校长也好，都是"外人"，而父母不同，父母是最值得信任和最可靠的人，尤其对小学一年级的孩子来说，父母的接纳是孩子发展自我和克服困难的后盾。只要这个后盾足够稳固、足够强大，就可以降低"外人"带给孩子的伤害。一旦这个后盾倒塌了，孩子就会彻底孤立无援。

因此，这位妈妈当前最需要处理的，不是孩子的作业问题，也不是写字的问题，而是尊重和接纳孩子的问题，否则，单纯针对孩子的行为所采取的任何方法，都是治标不治本的。

父母先要树立一个观念，即孩子是一个独立的人，一个需要尊重的人，而不是家长的附属品或者私有财产。有了这个观念，家长简单粗暴的教育方式才有发生改变的可能性。我在家庭教育行业已经工作十多个年头了，还从未听到哪个家长说过："我用打骂的方式教育我的孩子，你看他现在过得多好呀！"相反，经常听到的说法是"我打也打了，骂也骂了，什么方法都用了，他却越来越不听话，越来越难教"。所以，摒弃这种教育方式吧！

接下来要告诉孩子：妈妈以前的做法错了，以后你遇到困难，妈妈和你一起面对。单是类似这样的话，就可以给孩子心理上增添不少的力量和勇气。

然后，把孩子上次因被故意减分而导致无法和校长合影的事情说出来，释放孩子积压的愤怒情绪。《圣经》上有句话：凡经过的，必留下痕迹。成人往往以为事情过去了也就过去了，殊不知涉及情绪尤其是负面情绪的事，不但不会过去，相反还会随着时间的推移对人的影响越来越大，因为它被压抑进潜意识了。而潜意识，几乎可以说是人所有行为的主宰者。

等孩子情绪正常的时候，家长再呼应孩子：你对老师不满意，认为写字是为老师写的，所以故意把字写得很差，甚至根本不想写字，对吗？

最后，在认同孩子行为而不是批评孩子行为的基础上，引导孩子思索：妈妈以前被老师批评的时候偶尔也会不写作业，以为这样可以报复老师，但最后才发现，学本领原来是为自己学的，而不是为老师学的，你觉得呢？孩子经过反思后做出的行为，才会成为真正意义上的自觉行为。只要没有情绪的枷锁，孩子其实很容易就能看到问题的真相，也更有力量去解决遇到的问题。

很多方法都是"术"，唯有理解和接纳孩子才是真正的"道"！

兴趣班，坚持还是放弃

孩子自己选的兴趣班，事前信誓旦旦地表示一定会坚持，然而好景不长，不久后孩子就反悔了，这个时候家长就会陷入进退两难的境地：是应该尊重孩子放弃的权利，还是苦口婆心地劝孩子坚持？尊重孩子吧，担心他容易养成做什么事都是虎头蛇尾、"三分钟热度"的坏习惯；逼着孩子坚持吧，又担心给孩子太大压力，让孩子彻底失去兴趣。

其实，这个问题没有固定的答案，一定要根据具体的情况具体分析。如果孩子刚一开口说不学了，家长不问青红皂白就马上点头答应，那为人父母的责任体现在哪里？相反，经过引导，孩子明确表示不喜欢了，家长却还要使出浑身解数强迫孩子，那父母又怎么谈得上对孩子有最起码的尊重？

兴趣和好奇不同

家长先要区分两个概念，什么是兴趣？什么是好奇？兴趣是比较持久的爱好，而好奇只是一时觉得新鲜好玩。尽管好奇是兴趣产生的前提，但从时间跨度上来说，好奇持续的时间要比兴趣短得多。孩子口中的"喜欢"，绝大部分都是好奇，真正是兴趣的则很少，这是一种探索需要，是由孩子发展规律决定的。

对于孩子来说，这个世界充满了神秘和未知，加上孩子面对世界的态度都是开放而不是封闭和保守的，所以当他们看到自己以前没有见过的东西或者没有经历过的事情，都喜欢去尝试。为什么看到一款新奇的电子产品，往往不用多久，孩子就可以玩得滚瓜烂熟，而成人却显得比孩子吃力，至少在熟悉的速度上比不过孩子呢？这正是因为孩子的主动探索能力比成人强。毕竟对于孩子来说，未知的东西都意味着不安全，而只有弄懂了是怎么一回事，才能找到对事物的控制感，更好地支配事物，这就是孩子发展的原动力。除了探索，好奇还有一个特点，就是持续时间比较短，这同样是由孩子的发展

规律决定的。大千世界，无奇不有，未知的万事万物都会对孩子产生非同寻常的吸引力，如果在一件事物上持续探索的时间过长，孩子就不会有精力去探索其他的事物，这就是孩子的注意力无法像成人一样能长时间保持集中的一个根本原因。

其实成人只要稍稍回忆一下自己小时候的梦想，就能理解孩子的做法了。看到开车的人可以自由地走南闯北，于是想当司机；不久又看到了解放军叔叔威风凛凛站岗的样子，又想长大了参军；上学后感觉老师站在讲台上很神气，开始想当老师；看到电影中的侠客劫富济贫，开始暗地里练功夫……最终，我们的大部分梦想都放弃了，因为当时只是觉得新鲜好玩而已，但并没有导致我们长大后一事无成或者做事没有耐心。

因此，如果父母判断出孩子对参加的兴趣班仅仅只是一时好奇，那么孩子放弃的时候就要尊重孩子的选择，因为这种经历对孩子来说是一次宝贵的信息刺激。换言之，如果孩子具有某方面的天赋，经过好奇的刺激后，大脑中与之相关的细胞就会被激活，等到以后条件成熟了，孩子的相关优势就会凸显出来。而好奇心转移，则说明这种刺激已经完成，孩子会发现地并不喜欢这种事物，父母只需跟随孩子去体验更好奇的事物。

了解行为背后的真相

一个现象的产生往往有很多种可能性，生活不是非黑即白的二元对立。好比一个负责任的医生，如果有病人说头疼，在没找到最终原因的情况下，他不可能随便开药。因为头疼的原因有很多，睡眠不足可以导致头疼，伤风感冒也可以导致头疼，神经衰弱同样会导致头疼。只有找到根本原因，医生才能对症下药。

孩子放弃兴趣班也是同理，其行为背后有很多种可能性存在。

可能是孩子不喜欢老师的授课方式。在这种情况下，家长要向老师表明自己的担心，只要老师的经验足够丰富，相信就可以提出变通的方法，因材施教。实在不行就换个老师，和面子相比，孩子的健康成长更重要。最好能在孩子选择兴趣班之前，先让孩子体验一段时间，或者家长找机会观察一下该老师的授课方式，再结合孩子的实际情况判断这种授课方式是否适合自己孩子。心理学上有个说法叫"爱屋及乌"，具体到孩子学习上面就是，孩子喜欢一个老师，他就很容易也喜欢这个老师所授的科目；相反，则会"恨屋及鸟"，孩子讨厌这个老师，也会讨厌这门功课。总之，一个和蔼可亲、讲究和孩子相处之道的老师，会让孩子的学习锦上添花，而一个无情凶狠的老师，则会让孩子的兴趣一天天消退。在特殊情形下，严师确实会出高徒，然而大多数情形下，严师会毁掉高徒，毕竟孩子的认识能力有限，在做一件事的过程中，和成人相比，他们会更在乎当下的心情如何，而不是依靠理智判断和分析。

可能孩子体会不到成就感。比如，很多钢琴老师会特别强调指法的重要性，其方式是不断重复地让孩子练习音阶，时间长了，孩子就会感觉枯燥乏味。在这种情况下，其实家长可以建议老师先教会孩子一首简单的并且是孩子喜欢的歌曲，再把指法练习贯穿其中，以此抵消或者降低单纯练习指法的枯燥感。

家长的高要求也会导致孩子容易放弃。这样的家长往往本身性格比较要强或者是自己小时候这种爱好因为种种原因没有得到实现，所以对孩子期望很高，高期望必然导致急功近利的行为，比如，一味关注孩子取得的表面成绩或者总是拿自己的孩子和别人作比较，这都会让孩子背负巨大的压力从而更容易彻底放弃。有一个真实的案例是这样的，一个7岁男孩，有一天突然告诉父母自己要学钢琴，将来长大了还要成为闻名世界的钢琴家。父母都是普通的工人，尽管家境并不富裕，但听到孩子的豪言壮语欣喜万分，认为天下无难事只怕有心人，于是到处借钱给孩子买了一架钢琴，不但整天监督孩子练琴，而且请人写了"钢琴大师"四个字贴在孩子的房间。没想到一年后家里买钢琴的债务还没有还清，孩子就对钢琴彻底失去了兴趣。从此，父母为此事和孩子闹得家里鸡犬不宁，而孩子也变得越来越叛逆，最后彻底成了一个问题孩子。兴趣和爱好都是发自内心的真实声音，一种油然而生的美好感受，一旦有外力强行介入，结果就会适得其反。

还有可能是孩子当时由于心情不好所以才随口说出"不想学了"类似的话，作为父母，这时就要找到问题根源在哪里，及时引导孩子解决。

排除了以上原因，如果孩子确实不想学了，作为家长就要尊重孩子的决定，这是用实际行动向孩子传递的一种信任。父母信任孩子，孩子就可以成为让父母信任的人。相反，如果孩子已经明确表示不学了，父母还是逼着孩子坚持，这不但会让孩子彻底讨厌这个兴趣，更重要的是，以后他即使找到了自己真正的兴趣，也不会告诉父母，因为他感觉上兴趣班就是一个圈套，进门容易出门难，而这种心理，会导致孩子错失开发潜能的最佳时机。

　　人之所以成功，就是因为找到了自己的优势，只不过每个人发现优势所需的时间长短不一样。放弃了踢足球，成就了"跨栏冠军"刘翔；放弃了当木匠，成就了一代国画大师齐白石。所以，放弃有时候是一种智慧，是为了更好地选择。但是还有一个大的原则：放弃的都应该是自己不擅长的，坚持的则是自己真正感兴趣的。

你在替孩子找借口

在生活中，有这么一类孩子，他们常常在其他方面表现得都不错，唯独面对学习的时候，他们就像变了一个人似的，懒惰、闲散，常常一副无所谓的样子。比如，作业总是不按时完成，能拖就拖；课堂笔记也是字迹潦草，能省就省；做数学习题不写过程，直接写答案。于是，他们变成了大人眼中十足的"懒孩子"。

其实，人的发展需要是与生俱来的，每个人都渴望能最大限度地发挥出自己的潜力，以此获得其存在的价值。一个婴儿如果没有发展的需要，他将永远躺在摇篮里，不会说话，不会走路，但是这样的婴儿几乎是不存在的，除非是有先天性的生理缺陷。同时，发展会给人提供动力，让人在遇到困难的时候不会轻易妥协，不断尝试克服困难。一旦屡战屡败，并且没有丝毫的希望，人就会逐渐走向彻底放弃的境地，这也就是心理学上所说的"习得性无助"。

"习得性无助"是美国心理学家塞利格曼 1967 年在研究动物时提出的。他用狗做了一项经典实验，起初把狗关在笼子里，只要蜂音器一响，就对它实施电击。狗关在笼子里逃避不了电击，多次实验后，蜂音器一响，在给电击前，先把笼门打开，此时狗不但不逃，还会不等电击就先倒在地上开始呻吟和颤抖，本来可以主动逃脱，但它却绝望地等待痛苦的来临。其实，这个实验也可以解释孩子在学习上表现出来的懒惰行为，这种现象之所以发生，大多数是因为孩子在学习上遇到了无法克服的困难，从而彻底放弃了。面对这类孩子，父母所要做的不是打骂或者强迫，因为这样只会强行改变孩子的内在学习动机，让孩子觉得学习是为了大人而不是为了自己。为了大人而学习，并且这种体验还是痛苦的，孩子就会形成一个错误的认知模式："学习 = 痛苦"。这只会让孩子更加讨厌学习。

父母要协助孩子先从一门功课的简单问题着手，通过让孩子体验到成就感，让孩子对该门功课树立起信心。孩子看问题的时候常常带着"全有或全

无"的思维：要么，我就是好的；要么，我就是不好的。只要孩子一门功课能学好，这个思维特点就很容易让孩子的信心发生泛化，从而带动其他功课。

尤其忌讳的是，父母不可以用类似这样的话暗示孩子：你就是懒，要不你肯定能学好。人性都有个特点，两害相权取其轻，也就是说，对自己不利的事情，人通常会选择伤害轻一点的，这是人的本能。毕竟和觉得自己笨、自己不行相比，"懒"的说法对自尊伤害没有那么大，更有利于保护自己，这就等于给了孩子一个完美的借口。其内心的想法是：不是我不行，而是我太懒了，我要是勤快点，肯定不会比任何人差。说孩子懒对孩子有好处，因为懒，孩子不需要背负大人的期望；因为懒，即使在学习上表现很差，孩子也容易取得自己和家长的原谅。因此，孩子自然不会想改变，并且时间长了，连孩子自己都信以为真，更加不愿意付出努力了。同样的道理，不少家长往往以为孩子是因为喜欢玩电脑游戏才导致学习不好的，也会说类似这样的话：你就是喜欢玩游戏，要不你学习不会这么差的。其实很多情况下刚好相反，不少孩子是因为学习不好才选择玩电脑游戏的，但听了家长这么一说，孩子终于找到一个逃避努力的借口了：我不是学习不好，只不过是因为我喜欢玩游戏。为了防止这个借口露出马脚，于是孩子选择了长期沉迷游戏。

所以，当孩子面临问题时，家长要和孩子一起面对，并努力协助孩子寻找能有效解决问题的方法，而不是无意中帮孩子为逃避努力找借口。